AF545594

CLV

Arthur T. Pierson

Georg Müller

Niemals enttäuscht

Falls nicht anders vermerkt, sind die Bibelzitate der Elberfelder Übersetzung 2003, Edition CSV Hückeswagen, entnommen.

Verschiedene englischsprachige Bezeichnungen und Buchtitel werden hier im Deutschen wiedergegeben.

Die Währungsbezeichnungen Pfund und Pfund Sterling werden synonym verwendet.

Will man außerdem die Geldbeträge aus der Zeit Georg Müllers mit heutigen vergleichen, gilt folgende Angabe als Richtwert: In der 1830er-Jahren, als die Waisenhausarbeit begann, war die Kaufkraft eines Pfund Sterling laut Internet-Informationen ungefähr 110- bis 130-mal höher als 2019 – ein Wert, der sich zu Lebzeiten von Georg Müller erstaunlicherweise kaum verändert hat. Dies verdeutlicht auch die Dimensionen des von ihm gegründeten Werkes.

1. Auflage 2023 der überarbeiteten Fassung

Ursprünglich erschien die von Arthur T. Pierson
geschriebene Biografie bei SCM Johannis unter folgendem Titel:
Georg Müller. Der Waisenvater von Bristol

Christliche Literatur-Verbreitung
Ravensberger Bleiche 6 · 33649 Bielefeld
Internet: www.clv.de

Satz: EDV- und Typoservice Dörwald, Steinhagen
Umschlag: Lucian Binder, Marienheide
Druck und Bindung: CPI books GmbH, Leck

Artikel-Nr. 256676
ISBN 978-3-86699-676-2

Inhalt

Vorwort

Es kommt nicht häufig vor, dass Menschen, die vor über 120 Jahre starben, immer noch reden und eine Motivation für viele sind. Georg Müller gehört dazu, obwohl die ersten 20 Jahre seines Lebens keinen Anlass dazu gaben. Gott berief diesen Mann, der ein Betrüger war, skrupellos und bösartig, um vielen Menschen durch seinen schlichten Glauben eine großartige Ermutigung zu sein und zu werden.

In Georg Müllers Leben können wir erleben, was Gottes Gnade zu tun vermag. Aus einem Gauner wurde ein Geber, aus einem leichtsinnigen Menschen ein sehr vertrauenswürdiger und fürsorgender Hausvater.

Georg Müller hat gezeigt, dass dem Gott, dem das Vieh auf tausend Bergen gehört, gern heute noch seine Fürsorge erfweist. Viele Tage, Monate, Jahre und Jahrzehnte erlebte er, dass Gott ein Vater der Waisen ist, der zu seinem Wort steht, der Glauben an einen großen Gott großartig belohnt.

Georg Müller war ein Mann mit Weitblick, der die Not der armen, verwahrlosten Waisenkinder ernst nahm, ihnen Heimat und Wärme schenkte und den Weg zu Gott vermittelte. Doch damit nicht genug, dass er Tausenden Kindern helfen konnte; seine Literaturarbeit erreichte Millionen. Zudem schlug sein Herz für Mission. Er bereiste selbst viele Länder und unterstütze darüber hinaus sehr viele Missionare.

Seine Glaubensprinzipien, seine Art, mit kleinen und großen Spenden umzugehen und alles aus der Hand seines himmlischen Vaters anzunehmen, hat viele inspiriert, seinem Vorbild zu folgen.

So gewissenhaft Georg Müller mit den ihm anvertrauten Gaben umging, so gewissenhaft betete er, liebte er die Bibel und diente den Mitmenschen.

Daher wünschen wir dieser Biografie aufmerksame Beachtung, um den Glauben nachzuahmen, den dieser Mann leben durfte.

Bielefeld, November 2022
CLV Bielefeld

Aus der Finsternis zum Licht

Ein Menschenleben, erfüllt mit der Gegenwart und Kraft Gottes, ist eine der kostbarsten Gaben Gottes an Seine Gemeinde und an die Welt.

Dem natürlichen Auge erscheinen das Unsichtbare und das Ewige fern und unbestimmt, das Zeitliche und Sichtbare dagegen lebendig und wesenhaft. Tatsächlich kommt das Geschaffene den meisten Menschen viel realer und wirklicher vor als der lebendige Gott. Darum liefert jeder Gläubige, der mit Gott wandelt und Ihn als seinen Helfer in jeder Not erfährt, der Gottes Verheißungen im täglichen Leben erprobt und in wirkliche Erfahrung umsetzt, ja, der mit dem Schlüssel des Glaubens Gottes Geheimnisse aufschließt, der Menschheit den Beweis, »dass er ist und denen, die ihn suchen, ein Belohner ist«.

In Georg Müller ist dieser Beweis deutlich geworden. Er war ein Mensch wie wir und versucht in allen Stücken wie wir, aber er glaubte Gott und lebte durch den Glauben. Er war ein Mann, der ernstlich darum betete, dass er durch sein Leben und sein Werk ein unwiderlegbares Zeugnis werden möge für die Tatsache, dass Gott Gebete erhört und dass es glückselig ist, ihm zu allen Zeiten unbedingt zu vertrauen. Wie Henoch wandelte er mit Gott und hatte das Zeugnis, dass er Gott wohlgefalle. Und als wir am 10. März 1898 vernahmen, dass er »nicht mehr ist«, da wussten wir, dass »Gott ihn hinweggenommen hatte«. Sein Tod glich mehr einer Hinwegnahme als einem Sterben.

Für diejenigen, die vertraut waren mit dieser langen Lebensgeschichte, und besonders für alle, die ihn genauer kannten und den weitreichenden Einfluss des persönlichen Umgangs mit ihm verspürt hatten, war er einer der Knechte Gottes mit der größten geistlichen Reife und ein lebendiger Beweis dafür, dass ein Leben des Glaubens möglich ist. Georg Müller erbrachte den Beweis für sich selbst und für alle, die sein Zeugnis annehmen wollen: dass Gott denen, die Ihn beim Wort nehmen und sich Seinem Willen ganz hingeben, »gestern und heute und in Ewigkeit derselbe ist« und dass die Zeiten göttlichen Eingreifens und göttlicher Rettung aus Notlagen nur für solche vorbei sind, für die auch die Zeiten des Glaubens und des Gehorsams vorüber sind – mit einem Wort, dass das gläubige Gebet noch jetzt die Wunder vollbringt, die unsere Väter in alten Zeiten erfuhren.

Man betrachtet wohl das Leben dieses Mannes am besten in einzelnen, für sich abgegrenzten Perioden, in die es von selbst zerfällt, wenn wir die wichtigsten Ereignisse und Erfahrungen, die wie Meilensteine daraus emporragen, ins Auge fassen.

1. Von seiner Geburt bis zu seiner Bekehrung und Wiedergeburt: 1805 – 1825.
2. Von seiner Bekehrung bis zum Eintritt in sein Lebenswerk: 1825 – 1835.
3. Von da an bis zu seinen Missionsreisen: 1835 – 1875.
4. Vom Anfang bis zum Ende dieser Reisen: 1875 – 1892.
5. Vom Ende der Missionsreisen bis zu seinem Tod: 1892 – 1898.

Auf diese Weise umfasst die erste Periode zwanzig Jahre, die zweite zehn, die dritte vierzig, die vierte siebzehn und die letzte sechs. Obwohl diese Zeitabschnitte von sehr ungleicher Länge sind, bietet doch jeder gewisse Züge, die ihn von den anderen unterscheiden und die ebenso lehrreich wie wichtig sind. So ist z.B. die erste Periode diejenige der verlorenen Tage der Sünde, welche die große Lektion von der Bitterkeit und Wertlosigkeit eines gottlosen Lebens lehrt. In der zweiten lassen sich die Vorbereitungen zu seinem großen Lebenswerk verfolgen. Die dritte Periode umfasst die Zeit, in der er die göttliche Mission, die ihm anvertraut worden war, ausführte. Weiter finden wir ihn, wie er im Verlauf von siebzehn oder achtzehn Jahren in alle Teile der Erde sein weltweites Zeugnis für

Gott trug, und die letzten sechs Jahre wurden von Gott gebraucht, um seine christliche Wesensart noch stärker zu formen und sie ausreifen zu lassen. Während dieser letzten Jahre wurde er in eine besondere Einsamkeit geführt, doch veranlasste ihn dies umso mehr, sich ganz auf den göttlichen Führer zu stützen, und alle, die mit ihm in engerer Verbindung standen, konnten wohl bemerken, wie er mehr als je himmlisch gesinnt war und die Lieblichkeit des Herrn, seines Gottes, auf ihm ruhte.

Über den ersten Zeitabschnitt dürfen wir schnell hinweggehen, handelt er doch nur von den Jahren einer Jugend ohne Gott. Immerhin ist er wichtig als ein Beispiel der Macht der Gnade auch gegenüber dem vornehmsten Sünder.

Wer könnte die Geschichte dieser zwanzig Jahre lesen und noch glauben, dass die Bekehrung das Resultat einer Entwicklung (Evolution) der Betreffenden sei? War es doch in diesem Fall vielmehr eine Umkehrung (eine Revolution) des ganzen früheren Lebens, und zwar eine so gewaltige und vollständige, wie sie in der Geschichte der Bekehrungen nur vereinzelt vorgekommen ist.

Bei Saulus war wenigstens noch ein Gewissen vorhanden, wenn auch ein irregeleitetes, und es gab noch eine äußere Rechtschaffenheit, wenn auch eine pharisäische. Georg Müllers ganzes Jugendleben aber war eine Empörung nicht nur gegen Gott, sondern auch gegen sein eigenes sittliches Bewusstsein. Wenn Saulus ein verhärteter Sünder war, wie hart muss ein Georg Müller gewesen sein!

Er wurde am 27. September 1805 in Kroppenstedt bei Halberstadt geboren. Etwa fünf Jahre später siedelten die Eltern in das benachbarte Hadmersleben über, wo sein Vater Steuereinnehmer wurde. Wieder elf Jahre später zog der Vater nach Schönebeck bei Magdeburg, wo er ein anderes Amt bekleidete.

Dem Sohn fehlte es an der rechten elterlichen Zucht. Die Art, wie sein Vater ihn vorzog, war für ihn wie für seinen Bruder ein Unglück, denn sie brachte, wie ehemals in die Familie des Erzvaters Jakob, Eifersucht und Entfremdung unter die Brüder. Beide Söhne bekamen zu viel Geld in die Hände, da der Vater meinte, sie würden dadurch lernen, es richtig anzuwenden und zu sparen; aber sie kamen so im Gegenteil zu sinnloser Verschwendung. Wenn die Söhne dann von ihren Ausgaben zuweilen Rechenschaft ablegen sollten, nahmen sie ihre Zuflucht zu Betrug und Lüge, um ihre Verschwendung zu verbergen. Der junge Georg betrog seinen Vater regelrecht, indem er die Zahlen der Ausgaben und Einnahmen nach Willkür fälschte. Kam sein Betrug einmal an den Tag, so besserte ihn die darauf folgende Strafe keineswegs, sie machte ihn nur schlauer und vorsichtiger in der Ausübung seiner Schlechtigkeiten. Georg hielt nicht das Stehlen, sondern nur die Tatsache, dass er dabei ertappt wurde, für etwas Schlimmes.

Georg Müller hat selbst Erinnerungen über seine Jugendzeit aufgezeichnet, und er schildert sich selbst als einen durch und durch schlechten Jungen. Bevor er nur das zehnte Lebensjahr erreicht hatte, war er ein Gewohnheitsdieb und ein ganz erfahrener Betrüger; sogar Staatsgelder, die seinem Vater anvertraut wurden, waren vor ihm nicht sicher. Allerdings wurde Verdacht geschöpft, und man stellte ihm eine Falle, indem ihm eine sorgfältig gezählte Summe so zurechtgelegt wurde, dass er sie sich leicht aneignen konnte. Er nahm das Geld auch wirklich und verbarg es in den Schuhen, die er an den Füßen trug. Allerdings wurde er durchsucht, das Geld wurde gefunden, und nun war es freilich offensichtlich, wer auch die früheren Diebstähle verübt hatte.

Trotz alledem, so unglaublich es klingt, hatte der Vater diesen Sohn, dessen Lebenswandel er doch kannte, zum Geistlichen bestimmt, und in seinem elften Jahr wurde er aufs Gymnasium nach Halberstadt geschickt, damit er sich auf die Universität vorbereiten konnte. Die Staatskirche bringt es ja freilich mit sich, dass der Dienst am Evangelium oft als ein gewöhnlicher Beruf angesehen wird, für den gewisse Verstandesgaben nötig sind, und nicht als eine göttliche Berufung. Die Hauptsache ist vielfach der Broterwerb, womit leider oft genug alles andere als ein heiliges Leben Hand in Hand geht.

Von dieser Zeit an ging das Studium des Jungen Hand in Hand mit dem Lesen von Romanen und allerlei sündhaften Vergnügungen. Das Kartenspiel und das Trinken wurden ihm bereits zur Leidenschaft. Mit vierzehn Jahren verlor er seine Mutter. In der Nacht, in der sie ihre Augen schloss, trieb sich ihr Sohn betrunken in den Straßen von Halberstadt umher, und auch ihr Tod konnte ihn weder in seinem Sündenlauf aufhalten noch sein schlafendes Gewissen aufwecken. Ja, es wurde sogar – wie es immer der Fall ist, wenn solche Warnzeichen am Lebensweg unbeachtet gelassen werden – noch schlimmer mit ihm.

Als er in das Alter kam, in dem er konfirmiert werden sollte, besuchte er den Konfirmandenunterricht; da dieser aber für ihn eine bloße Formsache war, brachte er keine Spur von Ernst dazu mit, und so kam er auf einen neuen Irrweg, indem er sich daran gewöhnte, heilige Dinge unheilig zu behandeln. Dadurch wurde sein Gewissen nur noch mehr verhärtet. Sogar unmittelbar vor der Einsegnung und seiner ersten Teilnahme am Abendmahl beging er grobe Sünden; tags zuvor, als er zum Geistlichen gehen musste, um nach lutherischer Sitte das Sündenbekenntnis abzulegen, plante und verübte er noch einen schamlosen Betrug, indem er von dem Geldgeschenk, das sein Vater ihm für den Geistlichen gegeben hatte, den weitaus größten Teil, elf Zwölftel, unterschlug und für sich behielt.

In einem solchen Seelenzustand und mit solchen Lebensgewohnheiten wurde Georg Müller zu Ostern 1820 konfirmiert und nahm am heiligen Abendmahl teil. Eingesegnet und dabei in die gröbsten Sünden versunken und überdies so gänzlich unwissend in Bezug auf die einfachsten Wahrheiten des Evangeliums, dass er keinem, der ihn über den Plan der Erlösung gefragt hätte, Antwort hätte geben können! Wohl machte die äußere Feierlichkeit der Handlung auf seine Sinne einigen Eindruck, und er fasste halbe Vorsätze hinsichtlich einer Änderung seines Lebens. Aber es war keine Rede von wirklicher Sündenerkenntnis oder Reue oder von einem Gefühl der Abhängigkeit von einer höheren Macht, und so waren sie von kurzer Dauer und wertlos, wie alle derartigen Anstrengungen zu sein pflegen.

Die Geschichte seiner in Schlechtigkeiten aller Art verbrachten Jugend bietet wenig andere Abwechslung als die Verschiedenheit der einzelnen Sünden und Verbrechen. Es ist eine Kette von Missetaten und dem Elend, das sie mit sich bringen.

Einmal, als er wieder seine ganze Barschaft leichtsinnig verschwendet hatte, trieb ihn der Hunger, einem Soldaten, der sein Stubengenosse war, ein Stück groben Brotes zu stehlen. Als er lange Jahre danach an diese Stunde äußerster Not zurückdachte, rief er aus: »O wie bitter ist der Dienst Satans sogar in dieser Welt!«

Als sein Vater im Jahr 1821 nach Schönebeck zog, bat Georg, das Gymnasium in Magdeburg besuchen zu dürfen, weil er hoffte, dadurch aus seinem Sündenleben und von seiner schlechten Kameradschaft wegzukommen und in anderer Umgebung aus eigener Kraft ein neues Leben beginnen zu können. Er machte also wohl gelegentliche Besserungsversuche, aber dabei fiel er in den gewöhnlichen verhängnisvollen Fehler, dass er nicht zu Jesus, der Quelle aller wahren Besserung, ging. Der Gedanke an Gott hatte noch keinen Raum in seinem Herzen, und so musste er denn bald merken, dass er mit dem Ortswechsel nicht auch die Sünde hinter sich ließ, sondern dass er sich selbst mitnahm.

Vorher beging sein Vater die Torheit, ihn einige Zeit allein in Hadmersleben zurückzulassen, wo er die Ausführung baulicher Veränderungen am Haus überwachen sollte. Daneben sollte er seine klassischen Studien unter der Leitung des Ortsgeistlichen, Dr. Nagel, weitertreiben. Aber als er nun so ganz sein eigener Herr und Meister war, erlag er wieder der Versuchung. Er hatte die Erlaubnis, Schulden für seinen Vater einzukassieren, und damit reichliche Gelegenheit zu Betrügereien; er zog denn auch große Summen ein, deren Eingang er vor seinem Vater verheimlichte.

Im November 1821 ging er nach Magdeburg, wo er eine sündenvolle Woche verbrachte, und dann nach Braunschweig, wohin ihn eine Leidenschaft führte, die ihn zu einem jungen katholischen

Mädchen zog, dem er kurz nach seiner Konfirmation begegnet war.

In dieser Zeit ging es Schritt für Schritt tiefer hinein in den Schmutz der Sünde. Schon die Erlaubnis seines Vaters zu der Reise hatte er sich durch eine Lüge verschafft. In Braunschweig spielte er mit dem Geld seines Vaters den großen Herrn und wohnte in einem teuren Hotel. Nachdem sein Geld verprasst war, suchte er seinen Onkel auf und blieb in dessen Haus, bis man ihn fortschickte; hierauf ging er wieder in ein kostspieliges Hotel und ließ seine Rechnung aufschreiben, bis der Besitzer auf Zahlung bestand. Da er kein Geld hatte, musste er seine besten Kleider als Pfand zurücklassen und konnte nur mit knapper Not dem Gefängnis entgehen. In Wolfenbüttel versuchte er darauf das gleiche verwegene Spiel, bis er, da er nichts mehr zu versetzen hatte, fliehen musste. Diesmal wurde er jedoch gefasst und ins Gefängnis gebracht. So war der erst Sechzehnjährige bereits ein Lügner und Dieb, Schwindler und Trunkenbold, in nichts so versiert wie im Schlechten, ein Gefährte erklärter Verbrecher. Einige Tage später kam noch ein Dieb in die gleiche Zelle, und bald unterhielten sich die beiden wie alte Bekannte und gaben einander ihre Abenteuer zum Besten. Der junge Müller, der nicht hinter dem anderen zurückstehen wollte, ersann Lügengeschichten und erzählte Schlechtigkeiten, die er nicht einmal begangen hatte, um jenen womöglich noch zu übertrumpfen.

Etwa zwei Wochen währte diese gottlose Freundschaft, dann entstand Streit zwischen ihnen, und die übrigen 24 Tage Gefängnishaft herrschte dumpfes Stillschweigen in der gemeinsamen Zelle.

Endlich erfuhr Müllers Vater, was geschehen war, und sandte Geld, nicht nur zur Deckung der Hotelrechnungen, sondern auch der anderen »Auslagen« und zur Heimreise. Aber so groß war die Verstockung und Verworfenheit des Sohnes geworden, dass er bei der Rückkehr zu seinem äußerst beleidigten und nur zu nachsichtigen Vater wiederum einen schlechten Burschen zu seinem Reisegefährten wählte.

Diesmal allerdings strafte der Vater streng, und der Sohn spürte, dass er einige Anstrengungen unternehmen musste, um dessen Gunst wieder zu erwerben. Er vertiefte sich daher mit eisernem Fleiß ins Studium und erteilte sogar in einigen Fächern wie Rechnen, Deutsch, Französisch und Latein Privatunterricht. Diese äußere Lebensbesserung gefiel denn auch seinem Vater so sehr, dass er das vorherige Treiben ebenso schnell vergaß wie vergab. Aber auch jetzt war es nur die Außenseite des Bechers und der Schüssel, die gereinigt wurde; das Verborgene des Herzens blieb von Grund auf böse und das ganze Leben in Gottes Augen ein Gräuel.

Georg Müller begann nun, wie er selbst es nachher nennt, »eine ganze Lügenkette zu schmieden«. Als sein Vater ihn nicht länger zu Hause haben wollte, verreiste er scheinbar nach Halle, in die Universitätsstadt, um (in dem Gymnasium des Waisenhauses) das Aufnahme-Examen abzulegen, in Wirklichkeit aber nach Nordhausen, wo es ebenfalls ein Gymnasium gab. Er vermied Halle, weil er die dortige strenge Aufsicht fürchtete. Nach Hause gekommen, versuchte er, vor seinem Vater den Betrug zu verbergen; aber als er eben wieder nach Nordhausen zurückkehren wollte, kam die Sache doch an den Tag. Dies machte nun allerdings wieder neue Lügen nötig, damit die Kette nicht zerreißen und der Vater erfahren würde, dass er ihn in allen anderen Stücken ebenso getäuscht hatte. Der Vater war zwar zornig, erlaubte ihm aber doch, nach Nordhausen zurückzukehren, wo er von Oktober 1822 bis Ostern 1825 blieb.

Während dieser zweieinhalb Jahre beschäftigte er sich neben Französisch, Geschichte usw. mit Studien der Klassiker und lebte in der Familie des Gymnasialdirektors. Sein Betragen wurde so musterhaft, dass er in der Gunst seiner Vorgesetzten stieg und den übrigen Schülern oft als Vorbild hingestellt wurde. Der Direktor nahm ihn mit sich auf seinen Spaziergängen und unterhielt sich Lateinisch mit ihm. Sein Fleiß war in dieser Zeit groß; regelmäßig stand er um 4 Uhr morgens auf und studierte bis abends 22 Uhr.

Aber hinter dieser tugendhaften Außenseite lagen, wie er selbst bekennt, völlige Gottentfremdung und geheime Sünde verborgen.

Seine Laster verursachten endlich eine schwere Krankheit, die ihn 13 Wochen lang an sein Zimmer fesselte. Er hatte zwar gewisse religiöse Empfindungen (darum las er bisweilen Werke wie Klopstocks *Messias*), aber am Wort Gottes hatte er nicht das mindeste Interesse, und das Bewusstsein, Gottes Gebote mit Füßen zu treten, verursachte ihm nicht den geringsten Schmerz. In seiner Bibliothek, die jetzt etwa dreihundert Bände zählte, war keine Bibel zu finden. Zweimal im Jahr ging er der Sitte gemäß zum Abendmahl; bei solchen Gelegenheiten erwachten unwillkürlich tiefere Empfindungen in ihm. Wenn das gesegnete Brot und der gesegnete Kelch seine Lippen berührten, schwor er sich manchmal, besser zu werden, und ein paar Tage enthielt er sich darauf solcher Sünden, die in die Augen fielen. Allerdings war kein geistliches Leben in ihm, das als Kraft hätte wirken können, und er vergaß seine Gelübde ebenso schnell, wie er sie abgelegt hatte. Satan war zu stark für den jungen Müller, und wenn die heftigen Leidenschaften seiner verderbten Natur wach wurden, dann erwiesen sich seine Vorsätze und Anstrengungen so schwach wie die neuen Stricke bei Simson, als er von seinem Schlaf erwachte.

Es ist fast unglaublich, dass dieser junge Mann von fast zwanzig Jahren lügen konnte, ohne nur zu erröten, ja, mit der Miene völliger Unschuld. Wenn seine Verschwendung ihn in Schulden gestürzt hatte und sein Taschengeld nicht reichte, sie zu decken, nahm er wieder seine Zuflucht zu den gewagtesten Betrügereien. Einmal gab er vor, das Geld, das er verschwendet hatte, sei ihm geraubt worden, und um die Sache glaubhaft zu machen, studierte er eine förmliche Schauspielerrolle. Nachdem er die Schlösser an seinem Koffer und Gitarrenkasten aufgesprengt hatte, rannte er halb angekleidet in das Zimmer des Direktors, scheinbar in großer Aufregung, da er beraubt worden sei. Man glaubte ihm und hatte solches Mitleid, dass man für ihn sammelte, um seinen angeblichen Verlust auszugleichen. Gleichwohl erwachte nachher Misstrauen gegen ihn; man argwöhnte, dass er geheuchelt habe, und er gewann das Vertrauen seines Lehrers nie wieder ganz. Müller erkannte zwar auch jetzt seine Sünde nicht im eigentlichen Sinne, aber er schämte sich doch sehr über die Entdeckung seiner Gemeinheit und Heuchelei, dass er von da an vermied, der Frau des Direktors wieder zu begegnen, hatte sie ihn doch in seiner langen Krankheit wie eine Mutter gepflegt.

In solchem Zustand war der Mann, der nicht allein seine akademische Laufbahn an der Universität Halle in allen Ehren antreten durfte, sondern auch zum theologischen Studium zugelassen wurde mit dem Ziel, in der lutherischen Kirche predigen zu können. Dieser Student der Gottesgelehrtheit wusste nichts von Gott oder Seinem Heil und kannte nicht einmal den Ratschluss der rettenden Gnade nach dem Evangelium. Er spürte zwar das Bedürfnis, ein besseres Leben zu führen, aber keine göttlichen Triebkräfte kamen ihm dabei zu Hilfe. Wenn er sich ändern wollte, so geschah das nur aus eigennützigen Gründen; er wusste wohl, dass er sein altes Leben nicht fortführen könne, ohne dass schließlich seine Schande offenbar würde und er dann keine Pfarrstelle bekäme. Um schließlich eine gute »Pfründe« und ein gutes »Einkommen« sicher zu haben, musste er nicht nur einen gewissen Grad theologischer Gelehrsamkeit besitzen und ein gutes Examen ablegen, sondern auch einen wenigstens einigermaßen ordentlichen Ruf haben. So gebot ihm die einfache Klugheit, nicht nur fleißig zu studieren, sondern auch seine Lebensführung zu bessern.

Wieder wurde er zuschanden, denn er hatte ja die alleinige Quelle und das Geheimnis aller Kraft noch nicht gefunden. Kaum hatte er Halle betreten, als seine guten Vorsätze wie schwache Spinnenfäden zerrissen, außerstande, ihn von seinen lasterhaften Gewohnheiten zurückzuhalten. Wohl nahm er an Zweikämpfen und öffentlichen Schlägereien nicht teil, weil er wusste, dass er sonst in seiner Freiheit beschränkt würde; aber in moralischer Hinsicht konnte er sich so wenig wie früher Zügel anlegen. Sein Geld war bald wieder aufgebraucht, und als er sich bloßgestellt sah, borgte er, solange er jemanden fand, der borgen wollte, und nachher versetzte er seine Uhr und seine Kleider.

Natürlich war er tief unglücklich. Die weltliche Klugheit erhob laut ihre Stimme, um ihn zurückzurufen, aber die Weisheit aus Gott wollte er noch nicht hören. Er rang sich indessen dazu durch, sich einem jungen Mann und früheren Schulkameraden namens Beta anzuschließen, dessen ruhiger Ernst, wie er hoffte, ihm selbst helfen sollte, ein tugendhafteres Leben zu führen. Aber er stützte sich auf einen zerbrochenen Rohrstab, denn Beta war selbst ein rückfälliger Christ. Wieder wurde Müller krank; Gott ließ ihn »leiden den Hohn seiner Jugend«. Als er nach einigen Wochen genesen war, nahm sein Leben erneut den Schein einer Besserung an.

Aber den rechten Leitstern hatte er bis jetzt nicht gefunden. Ja, er hatte geradezu eine wahre Meisterschaft in allerlei unlauteren Unternehmungen erlangt. Was er noch hatte, verpfändete er nun, um Geld zu bekommen, denn er wollte mit Beta und zwei anderen eine Vergnügungsreise durch Süddeutschland und die Schweiz unternehmen. Hindernisse waren genug im Weg, denn die jungen Leute hatten weder Geld noch Papiere; aber sie machten sich nichts daraus und hofften, sich schon Mittel verschaffen zu können. In der Tat brachten sie es auch zustande. Durch gefälschte Briefe, hinsichtlich derer sie vorgaben, sie stammten von ihren Eltern, verschafften sie sich Pässe; dann versetzten sie ihre Bücher und kamen so zu Geld.

43 Tage verbrachten sie auf der Reise, größtenteils zu Fuß, und Georg Müller, der wie Judas den Beutel führte, handelte auch wie dieser, nämlich als ein Dieb, an seinen Reisegefährten. Er verstand es, ein Drittel seiner eigenen Reisekosten aus ihrer Kasse zu bestreiten.

Die Gesellschaft war vor Ende September wieder in Halle, und Georg Müller verbrachte den Rest seiner Ferien zu Hause. Um seinen Vater über seine Ausgaben zu täuschen, hatte er schnell wieder ein Lügengewebe beisammen; das war das Ende seiner guten Vorsätze.

Wie wenig ahnte Georg Müller bei seiner Rückkehr, dass die Zeit für ihn nahe war, eine neue Kreatur in Christus zu werden! Ja, er sollte Gott finden, und damit sollte sein ganzes Leben in vollständig andere Bahnen gelenkt werden. Wenn wir die Geschichte der Sünde und des Elends dieser zwanzig Jahre erzählt haben, so geschah es, damit umso klarer das göttliche Werk in seiner Bekehrung zutage trete, die ohne Gott unerklärlich wäre.

In ihm selbst war sicherlich nichts, dass ein solches Ergebnis hätte hervorrufen können, noch war etwas Derartiges in seiner »Umgebung«. In der Universitätsstadt Halle gab es sicherlich keine natürlichen Kräfte, die eine solche Umwandlung des ganzen Charakters, wie sie bei ihm eintrat, hätten bewirken können. Von den 1260 Studenten der Universität waren zwar 900 Theologen, aber wie Georg Müller selbst sagt, waren unter diesen vielleicht nicht einmal neun, von denen man hätte behaupten können, dass sie gottesfürchtig seien. Das Glaubensmäßige war den meisten eine bloße Formsache, und bei vielen verbargen sich Unsittlichkeit und Unglaube hinter einem Bekenntnis der Frömmigkeit. Gewiss hätte ein solcher Mann in einer solchen Umgebung auf natürliche Weise nicht zu einem neuen Leben kommen können. Dazu brauchte es Kraft von oben. Wie diese Kraft in ihm wirksam wurde, werden wir jetzt hören.

Die Wiedergeburt und das neue Leben

Wir treten also in die zweite Periode des Lebens ein, das wir betrachten wollen. Die verlorenen Tage der Sünde sind nun vorbei; eine neue, glückliche Zeit beginnt, ein Himmel auf Erden.

Wer noch glauben sollte, dass eine solche Umwandlung ohne göttliches Eingreifen möglich gewesen wäre, dem rufen wir ins Gedächtnis zurück, dass sie zu einer Zeit geschah, in der der junge Sünder gedankenloser denn je war, was sein Heil betraf; jahrelang hatte er keine Bibel in der Hand gehabt, er besaß überhaupt keine; selten besuchte er einen Gottesdienst, und eine wirklich lebendige, evangelische Predigt hatte er noch nie gehört. Nie hatte er von einem Gotteskind ein Zeugnis über den Glauben an den Herrn Jesus und das Leben in Gott und nach Seinem Wort vernommen; auch von den einfachsten Wahrheiten der göttlichen Lehre hatte er nicht den geringsten Begriff. So glaubte er nichts anderes, als dass alle Menschen gerade so seien wie er, höchstens mit gewissen Unterschieden in Bezug auf den Grad der Verkommenheit und Gottlosigkeit.

Er war ins Mannesalter getreten, ohne die grundlegende Wahrheit gelernt zu haben, dass Bekehrte und Unbekehrte sich nicht dem Grad, sondern der Art nach unterscheiden, und dass nur, wenn jemand in Christus ist, er eine neue Kreatur ist. Und doch wurde das harte Herz eines solchen Menschen zu dieser Zeit und unter solchen Verhältnissen durch den Heiligen Geist so umgewandelt, dass er plötzlich in eine neue Dynamik des Lebens versetzt und mit allen nötigen Fähigkeiten ausgerüstet wurde, um darin zu gedeihen.

Die Hand Gottes in dieser Lebensgeschichte wird doppelt deutlich, wenn wir jetzt, da wir zurückblicken können, wahrnehmen, dass dies auch die Zeit der Vorbereitung für sein Lebenswerk war, einer Vorbereitung, die umso wunderbarer ist, weil er damals von jener Arbeit weder eine Vorstellung noch eine Ahnung hatte. Während der nächsten zehn Jahre können wir beobachten, wie der göttliche Töpfer, für dessen Dienst Georg Müller ein auserwähltes Gefäß war, dasselbe für Seinen Gebrauch formte und bildete.

Eines Samstagnachmittags gegen Mitte November 1825 sagte Beta zu Müller, als sie von einem Spaziergang nach Hause gingen, dass er an diesem Abend noch in eine Versammlung gehen werde, in das Haus eines gläubigen Mannes, wo er gewöhnlich samstags hingehe und mit einigen Freunden zusammenkomme; man singe, bete und lese das Wort Gottes und eine gedruckte Predigt. Ein solches Programm hatte gewiss wenig Anziehungskraft für einen jungen Weltmenschen, der gewohnt war, täglich sein Vergnügen beim Kartenspiel und Weinglas, beim Tanz und im Theater zu suchen, und dessen Gesellschaft aus jungen Menschen bestand, die geradeso ausschweifend waren wie er selbst. Und doch spürte Georg Müller auf einmal den Wunsch, in diese Versammlung zu gehen, obwohl er nicht hätte sagen können, warum. Es war ohne Zweifel eine bewusste innere Leere, die ihn dazu trieb; es war eine innere Stimme, die ihm zuflüsterte, dass er dort Nahrung für den Hunger seiner Seele finden könnte, ein befriedigendes Etwas, nach dem er sein bisheriges Leben lang unsicher und blind getastet hatte. Er drückte also den Wunsch aus, ebenfalls hinzugehen; doch ermutigte ihn sein Freund wenig dazu, weil er fürchtete, eine solche Zusammenkunft werde einem, der sonst nur in lärmenden und sinnlichen Vergnügungen seinen Zeitvertreib suchte, außerordentlich missfallen. Gleichwohl holte er den jungen Müller ab und nahm ihn mit zu der Versammlung.

Beta hatte während seiner Rückfallperiode lange Zeit Georg Müller auf seinen Sündenwegen begleitet; seit ihrer Schweizerreise waren in ihm jedoch das Schuldbewusstsein und die Sündenerkenntnis doch so sehr erwacht, dass er sich gedrungen fühlte, seinem Vater ein volles Bekenntnis abzulegen. Durch einen christlichen Freund, Dr. Richter, der früher ebenfalls in Halle studiert hatte, war er dann mit Herrn Wagner bekannt geworden, in dessen Wohnung die Erbauungsstunden stattfanden. So gingen also die beiden jungen Männer miteinander dorthin, und der frühere Rückfällige wurde von Gott benutzt, »einen Sünder von der Verirrung seines Weges zurückzuführen und dessen Seele vom Tod zu erretten und eine Menge von Sünden zu bedecken«.

Dieser Samstagabend war der große Wendepunkt in Georg Müllers Geschichte und Geschick. Er befand sich in seltsamer Gesellschaft, in neuer Umgebung, und er atmete eine neue Luft ein. Er fühlte sich geradezu als Eindringling, sodass er sich veranlasst sah, seine Gegenwart zu entschuldigen. Nie vergaß er aber Bruder Wagners liebevolle Worte: »Kommen Sie, sooft Sie wollen; Haus und Herz stehen Ihnen offen!« Er wusste damals ja noch nicht, welche Freude die Herzen fürbittender Kinder Gottes erfüllt, wenn ein Sünder seine Schritte zu einem Gebetsort hinlenkt, mag es auch noch so zögernd und zaghaft geschehen.

Alle Anwesenden setzten sich und sangen ein Lied. Dann fiel ein Bruder, der später für die Londoner Missionsgesellschaft nach Afrika ging, auf seine Knie und erflehte Gottes Segen für die Versammlung. Dieses Knien vor Gott im Gebet machte auf Müller einen unvergesslichen Eindruck. Er stand in seinem 21. Lebensjahr, und doch hatte er nie zuvor jemanden kniend beten gesehen; selbstverständlich hatte er selbst nie vor Gott gekniet.

Ein Kapitel aus Gottes Wort wurde nun gelesen und – weil alle Schriftauslegung durch jemanden, der kein ordinierter Geistlicher war, damals noch unzulässig war – eine gedruckte Predigt gelesen. Als jetzt nach abermaligem Singen der Hausherr betete, musste sich Georg Müller sagen: »Ich bin viel gebildeter als dieser ungelehrte Mann, aber ich könnte nicht beten wie er.« So merkwürdig es ist, er fühlte bereits eine zuvor nie gekannte Freude in seinem Herzen aufquellen, für die er so wenig eine Erklärung gehabt hätte wie für seinen Wunsch, in die Versammlung zu gehen. Aber es *war* so, und auf dem Heimweg konnte er sich nicht enthalten, zu Beta zu sagen: »Alles, was wir auf unserer Schweizerreise sahen, und alle unsere früheren Vergnügungen sind nichts im Vergleich mit diesem Abend.«

Ob er, als er in sein Zimmer kam, selbst zum Gebet niederkniete, daran erinnerte er sich später nicht; aber es blieb ihm eindrücklich, wie ein neues und ihm bis jetzt unbekanntes Gefühl von Friede und Ruhe ihn erfüllte, als er an jenem Abend im Bett lag. Waren es die Fittiche des Herrn, die sich über ihn ausbreiteten, nachdem er aus Torheit so lange vom Nest geflohen war, wo der göttliche Adler über seinen Jungen schwebt?

Wie unumschränkt und wunderbar ist Gott in Seinen Wegen! Bei einem solchen Sünder wie Georg Müller hätte die Theologie als Vorstufe zu einem neuen Leben eine Zeit ernster »Gesetzesarbeit« verlangt. Indessen gab es bei ihm zu dieser Zeit noch ebenso wenig tiefere Sündenerkenntnis wie Gottes- und Heilserkenntnis, und vielleicht war der Mangel an Letzterem die Ursache des Mangels an Ersterem.

Unsere Theorien über die Bekehrung erweisen sich angesichts solcher Tatsachen als unhaltbar.

Ein Kind wurde von einem alten Mann, der auch der Meinung war, es könne ohne eine tiefe Sündenerkenntnis und Buße keine rechte Bekehrung zustande kommen, gefragt: »Aber wie ist es, mein Kind, mit dem Sumpf der Verzweiflung[1]?« Da antwortete das kleine Mädchen, das einfältig auf den Heiland vertraute: »Ach, lieber Herr, ich bin nicht diesen Weg gekommen.«

Georg Müllers Augen waren erst halb offen; er sah »Menschen umhergehen, als sähe er Bäume«; aber Jesus hatte diese Augen berührt. Er wusste wenig von dem großen Heiland; irgendwie aber hatte er doch den Saum Seines Gnadenkleides berührt, und Kraft ging aus von Ihm, der dieses Untergewand ohne Naht trug und der auf die schwächste Berührung der erlösungsbedürftigen Seele antwortet. Und so begegnen wir hier einem neuen Beweis der unendlichen *Verschiedenartigkeit* des göttlichen Wirkens, der

---

1 A. d. H.: Ort in der *Pilgerreise* von John Bunyan.

Gnade, die so wunderbar ist wie die Tatsache des Wirkens selbst. Dieser Samstagabend im November 1825 war der Scheideweg für den jungen Studenten in Halle. Er hatte geschmeckt, dass der Herr freundlich ist, obwohl er selbst keine Rechenschaft hätte geben können über die Freude, die ihm jetzt bei der Beschäftigung mit den göttlichen Dingen geschenkt wurde. Gewiss ist aber, dass ihm eine Woche zu lang vorkam, bis er wieder geistliche Speise genießen konnte, und dreimal, ehe der nächste Samstag kam, suchte er Bruder Wagners Haus auf, um dort mit der Hilfe anderer Brüder in der Schrift zu forschen.

Wir würden eine der Hauptlektionen dieses Lebensbildes verlieren, gingen wir zu schnell über ein Ereignis wie diese Bekehrung und die genauen Einzelheiten hinweg. denn hier findet sich der erste große Schritt in der göttlichen Vorbereitung des Arbeiters für sein Werk.

Die Ereignisse unseres Lebens sind nicht zerstreute Gliedmaßen, zufällige Bruchstücke. In Gottes Buch waren sie alle verzeichnet, als noch nichts davon ins Dasein getreten war, außer dem Plan in Gottes Herzen, wie es wohl in Psalm 139,16 ausgedrückt ist.

Wir sehen Steine und Balken, die auf einen Bauplatz gebracht werden – die Steine aus verschiedenen Steinbrüchen und die Balken aus verschiedenen Werkstätten, und verschiedene Handwerker haben daran gearbeitet zu Zeiten und an Orten, die alles bewusste Zusammenwirken ausschlossen.

Und doch passen die Balken zusammen, und die Steine fügen sich ineinander, und wenn das Gebäude fertig ist, stellt es ein harmonisches, einheitliches Ganzes dar, als wenn alles in derselben Werkstätte hergerichtet worden wäre. Unter solchen Umständen wird kein vernünftiger Mensch daran zweifeln, dass *ein* denkender Geist, *ein* Baumeister den Plan gemacht hat, obwohl es so viele Steinbrüche und Werkstätten und Arbeiter gab.

Ebenso ist es mit der Lebensgeschichte, die wir schreiben. Derjenige, dessen Geist die Jahrhunderte misst, hatte einen Plan, zu dessen Verwirklichung alle menschlichen Werkmeister, ohne dass sie es ahnten, mithelfen mussten.

Welches war nun der Ausgangspunkt des geistlichen Lebens bei Georg Müller? In einer kleinen Versammlung von Gläubigen, wo er zum ersten Mal ein Kind Gottes auf seinen Knien beten sah, fand er seine erste Begegnung mit einem sündenvergebenden Gott. Und dieser Mann sollte künftig ganz besonders einfache, schriftgemäße Zusammenkünfte von Gläubigen leiten nach dem Muster der ursprünglichen Gemeinden der Apostelzeit, die dem Gebet, dem Lobpreis sowie dem Lesen und Erklären der Schrift gewidmet waren, wie sie ohne Zweifel im Haus der Maria, der Mutter des Markus, stattfanden – Versammlungen hauptsächlich und vorwiegend für Bekehrte, die dort abgehalten wurden, wo sich gerade ein Ort dazu fand, selbst wenn es sich dabei um kein »geweihtes Gotteshaus« handelte.

Derartige Zusammenkünfte sind unzertrennlich mit dem Namen Georg Müller verbunden, und in einer solchen sang und betete er auch noch mit in der letzten Nacht, ehe er heimging.

Aber nicht allein das, sondern das Gebet auf den Knien, sowohl im stillen Kämmerlein als auch in der Gemeinschaft von Gläubigen, sollte fortan das eine große Geheimnis seines geheiligten Lebens und Dienstes sein. Auf diesen Eckstein des Gebets sollte sein Lebenswerk aufgebaut werden. Das Gebet um direkte göttliche Leitung bei jeder Entscheidung, klein oder groß, war seine Kraft und Stärke.

Wo wäre also irgendeine Zufälligkeit zu finden in der Art und Weise, wie er zuerst zu Gott geführt wurde, und in den besonderen Umständen seiner Bekehrungsgeschichte? Ist denselben nicht vielmehr durch ihre Eigenart und Wichtigkeit ein unauslöschliches Siegel aufgedrückt worden?

Es waren allerdings nicht alle alten Sünden auf einmal ausgelöscht, denn eine solch umfassende Umwandlung setzt eine tiefere Erkenntnis des Wortes und Willens Gottes voraus, als Georg Müller sie besaß. Aber doch war wirklich bei ihm eine neue, ausscheidende und heiligende Macht am Werk. Ihn ekelte nun vor den sündhaften Freuden und dem Umgang mit den früheren Gefährten; der Besuch des Wirtshauses hörte völlig auf, und wenn die Zunge noch lügen wollte, wie sie es gewohnt war, fühlte sie sich wie gebunden. Eine Wache wurde vor das Tor der Lippen gestellt, und jedes Wort, das herauskam, wurde untersucht, sodass keine zuchtlose Rede mehr Durchlass fand.

Er hatte zu jener Zeit angefangen, einen französischen Roman ins Deutsche zu übersetzen, indem er hoffte, die dafür zu erwartende Vergütung werde ihm eine Reise nach Paris ermöglichen. Zuerst gab er den Gedanken an die Vergnügungsreise auf, dann kam die Frage, ob er die Arbeit als solche fortführen dürfe. Sie wurde zwar beendet, aber nie veröffentlicht. Der Herr fügte es, dass der Verkauf und die Herausgabe des Manuskripts verzögert wurden, bis klarere geistliche Erkenntnis ihm zeigte, dass die ganze Sache nicht aus dem Glauben kam und daher Sünde war, sodass er schließlich seine Arbeit verbrannte – wieder ein wichtiger Schritt von seiner Seite, denn es war der erste mutige Akt von Selbstverleugnung im Gehorsam gegenüber der Stimme des Geistes; damit war ein neuer Stein oder Balken für das neue Gebäude fertig geworden.

Er begann nun nach verschiedenen Richtungen hin einen guten Kampf gegen die Sünde, und obwohl er noch schwach war und oft in der Versuchung fiel, war er doch nicht mehr gefangen unter dem Gesetz der Sünde, und er betrübte den Herrn nicht, ohne in gottgemäßer Weise darüber traurig zu sein. Offene Sünden wurden seltener, und die geheimen verloren ihre Macht. Er las das Wort Gottes, betete oft und liebte die Jünger Jesu, besuchte die kirchlichen Gottesdienste aus lauteren Absichten und stand tapfer auf der Seite seines neuen Meisters, ohne sich um die Vorwürfe und den Spott seiner Mitstudenten zu kümmern.

Georg Müllers nächster Schritt auf dem neuen Weg war die Entdeckung, wie kostbar das Wort Gottes ist. Seine ganze Lebensgeschichte ist auch so sehr mit einigen wichtigen Bibelstellen verbunden, dass man sie eigentlich jedes Mal groß drucken sollte, wenn sie vorkommen. Und unter diesen ist vor allen das »kleine Evangelium« in Johannes 3,16 (»Denn so hat Gott die Welt geliebt, dass er seinen eingeborenen Sohn gab, damit jeder, der an ihn glaubt, nicht verlorengehe, sondern ewiges Leben habe«) die hauptsächlichste geworden, denn durch sie fand er ein volles Heil.

Diese Worte erschlossen ihm die Einsicht in den Plan der Erlösung, warum und wie der Herr Jesus Christus als unser stellvertretender Mittler unsere Sünden an Seinem Leib auf dem Fluchholz getragen hatte und wie Seine Leiden in Gethsemane und auf Golgatha es für immer unnötig machen, dass der bußfertige, gläubige Sünder seine eigene Schuld tragen und dafür sterben sollte.

Gewiss ist, dass das Ergreifen dieser Tatsache der Beginn des wahren und rettenden Glaubens ist. Wer glaubt und weiß, dass Gott ihn so zuerst geliebt hat, kann nicht anders, als Gott wiederzulieben, und der Glaube wirkt durch die Liebe, das Herz zu reinigen, das Leben umzugestalten und die Welt zu überwinden.

So war es mit Georg Müller. Er fand im Wort Gottes die eine große Tatsache: die Liebe Gottes in Christus. Von dieser Tatsache ergriff der Glaube – nicht das Gefühl – Besitz, und dann kam das Gefühl selbstverständlich nach, ohne dass man darauf wartete oder danach suchte. Was alle Befehle, Züchtigungen und Zurechtweisungen seitens seines Vaters sowie die dringenden Mahnungen seines Gewissens und die wiederholten Selbstverbesserungsversuche nicht fertiggebracht hatten, dazu trieb ihn und verhalf ihm die Liebe Gottes; sie gab ihm Kraft zu einem völligen Verzicht auf die sündhafte Weltliebe und ihre Genüsse. So lernte er früh die zweifache Wahrheit, die er danach mit so großer Freude und solchem Ernst den anderen nahebrachte, dass in dem Blut des Opferlammes der Quell der Vergebung und Reinigung ist. Ob wir Vergebung der Sünde oder Macht über die Sünde suchen: Die einzige Quelle, wo sie zu finden ist, ist in dem Erlösungswerk Christi.

Das neue Jahr 1826 war in der Tat ein neues Jahr für seine wiedergeborene Seele. Er fing nun an, Missionszeitschriften zu lesen, die eine Flamme in seinem Herzen entfachten. Er spürte ein – wenn auch noch unbestimmtes – Sehnen danach, selbst ein Bote des Heils für die Völker zu werden, und häufiges Gebet vertiefte und verstärkte diese Impulse. Während seine Kenntnis von dem Missionsgebiet sich ausdehnte und er tiefere Einblick in das Elend und den Jammer der Heidenwelt erhielt, nährte seine Missionsmotivation sich davon immer mehr.

Indessen hätte eine sündhafte Neigung beinahe das göttliche Feuer in ihm wieder erstickt. Er fühlte sich zu einem entschieden gläubigen Mädchen seines Alters hingezogen, dem er in den Samstagabendversammlungen begegnet war; er musste aber ziemlich sicher annehmen, dass ihre Eltern sie nicht für den Missionsdienst hergeben würden, und so begann er, halb unbewusst, sein Verlangen nach dem Dienst des Herrn auf die Waagschale zu legen gegenüber der Tatsache, dass er in diese junge Gläubige verliebt war. Und die Neigung siegte leider über die Pflicht. Das Gebetsleben verlor seine Kraft und hörte eine Zeit lang fast auf; natürlich versiegte damit auch seine Freudigkeit. Sein Herz wandte sich von dem fernen Arbeitsfeld und von allem Dienst der Selbstverleugnung ab. Sechs Wochen vergingen so in einem Zustand geistlichen Rückgangs, als Gott einen eigentümlichen Weg einschlug, um den in seinem Wachstum Steckengebliebenen wieder zu wecken.

Ein junger Bruder, Hermann Ball, reich und gebildet, der eine glänzende Laufbahn vor sich gehabt hätte, entschloss sich, alle seine Gaben und seine beruflichen Aussichten Gott auf den Altar zu legen und, während er daheim in Überfluss hätte leben können, nach Polen zu gehen, um unter den dortigen Juden zu arbeiten.

Diese Wahl machte auf den jungen Müller einen tiefen Eindruck. Unwillkürlich musste er seinen Weg mit dem seines Freundes vergleichen. Um einer Leidenschaft für ein junges Mädchen willen hatte er das Werk aufgegeben, zu dem er sich von Gott berufen fühlte, und war infolgedessen in seinem Gebetsleben arm und freudlos geworden, während der reiche, gebildete Hermann Ball wie Mose die Schätze Ägyptens um Jesu willen für nichts achtete.

Das Ergebnis dieser Prüfung war ein neuer Verzicht – er löste die Verbindung, die er ohne Glauben und ohne Gebet eingegangen war und die sich für ihn als eine Ursache der Gottentfremdung erwiesen hatte.

Nach Maßgabe des Lichts, das er damals besaß, hatte sich Georg Müller nun bedingungslos und ohne Einschränkung Gott hingegeben und wandelte darum im Licht. Er musste auch nicht lange auf die Belohnung warten, denn das Leuchten der Liebe Gottes entschädigte ihn reichlich für den Verlust irdischer Liebe, und der Friede Gottes wurde ihm zugeeignet, weil der Gott des Friedens mit ihm war.

Jede neue Quelle innerer Freude verlangt einen Ausfluss, und so fühlte auch er sich gedrungen, ein Zeugnis abzulegen. Er schrieb an seinen Vater und den Bruder von seiner glücklichen Erfahrung und bat sie, in Gott dieselbe Ruhe zu suchen und zu finden, da er meinte, wenn sie nur den Weg wüssten, der zu solcher Freude führt, dann würden sie ebenso begierig sein, ihn zu betreten, wie er selbst es getan hatte. Aber eine zornige Antwort war alles, was er bekam.

Um diese Zeit kam der bekannte Dr. Tholuck als Professor nach Halle und zog viele Studenten auch von anderen Universitäten dorthin, sodass sich der Kreis gläubiger Freunde um Georg Müller vergrößerte, was ihm sehr zum Segen wurde. Natürlich erwachte nun auch der Missionstrieb wieder, und zwar mit solcher Stärke, dass er seinen Vater um Erlaubnis bat, mit einer deutschen Missionsanstalt Verbindung aufzunehmen. Sein Vater aber war darüber sehr unzufrieden, ja, unglücklich und machte ihm harte Vorwürfe. Er erinnerte Georg an das viele Geld, das er für seine Studien schon ausgegeben hatte in der Erwartung, er werde es ihm dadurch vergelten, dass er eine Anstellung auf Lebenszeit bekomme, die auch dem Vater ein sorgenloses Heim für seine alten Tage sichere; ja, er wurde sogar zornig und erklärte, er wolle ihn nicht länger als seinen Sohn betrachten.

Als er dann sah, dass der Sohn in seinem Entschluss fest und unbeweglich blieb, änderte er die Tonart und ging von Drohungen zu Tränen und Bitten über, denen zu widerstehen noch viel schwerer war. Das Ergebnis davon war ein dritter wichtiger Schritt in der Vorbereitung zu der Lebensaufgabe des Sohnes. Sein Entschluss, dem Herrn um jeden Preis zu folgen, stand fest; aber er sah jetzt klar, dass er, um von Menschen unabhängig sein zu können, noch völliger von Gott abhängig sein müsse und dass er fortan von seinem Vater kein Geld mehr annehmen dürfe. Wenn er dessen Unterstützung annahm, so legte ihm dies auch die Verpflichtung auf, sich nach den Wünschen des Vaters zu richten, und es wäre das größte Unrecht gewesen, sich von ihm unterhalten zu lassen, wenn er nicht seine ihm wohlbekannten Erwartungen rechtfertigen konnte. Wollte er vom Geld seines Vaters leben, so tat er das unter der stillschweigenden Voraussetzung, dass er dessen Pläne verwirklichen und eine gute Pfründe als Pastor in der Heimat suchen wollte. So lernte Georg Müller früh, dass man seine Unabhängigkeit wahren müsse, wenn man Gewissensfreiheit beanspruchen wolle.

Gott leitete Seinen Diener in seiner Jugend dazu an, sich auf Ihn hinsichtlich des irdischen Fortkommens zu verlassen. Es war kein leichter Schritt, denn die zwei Jahre, die er noch an der Universität zubringen sollte, brachten mehr Kosten mit sich als die vorhergehenden. Aber er fand auf solche Weise früh in Gott denjenigen, der ihn treu versorgte und ihm in der Not zur Seite stand. Kurz danach öffnete sich ihm durch die Empfehlung von Professor Tholuck eine Tür. Er konnte einigen amerikanischen Herren, wovon drei Professoren waren und in Halle Literaturforschung betrieben, Deutschunterricht geben. Sie vergüteten die Stunden und seine für sie verfertigten schriftlichen Arbeiten so gut, dass alle seine Bedürfnisse mehr als gedeckt waren. So wurde frühzeitig ein anderes Wort in goldenen Buchstaben in sein Gedächtnis eingeschrieben: »Fürchtet den HERRN, ihr seine Heiligen! Denn keinen Mangel haben, die ihn fürchten« (Ps 34,10).

Das erwählte Gefäß wird zubereitet

Wer für Gott arbeiten will, muss auf Ihn warten, bis Er ihm das Werk zeigt, das Er getan haben will, und die Bedingungen beachten, unter denen es geschehen soll.

Erfahrene Brüder in Halle rieten Georg Müller, mit seinen Missionsgedanken zunächst in der Stille auf die göttliche Weisung zu warten; allein er fühlte sich dazu außerstande. Vielmehr verfiel er in den leider so häufigen Fehler, auf fleischliche Weise die Entscheidung herbeiführen zu wollen. Und zwar nahm er seine Zuflucht zum Lotterielos und erwartete nun in einer so heiligen Sache wie der Wahl eines Arbeitsfeldes für Gott, durch das »Glücksrad« geleitet zu werden. Wenn sein Los ein Treffer sein würde, wollte er dies als Zeichen annehmen zu gehen. Er gewann in der Tat eine kleine Summe und wandte sich nun sofort an die Berliner Missionsgesellschaft. Er wurde jedoch nicht angenommen, weil sein Aufnahmegesuch nicht mit der väterlichen Einwilligung einherging.

Gott hielt ihn vom Missionsfeld fern – ihn, der noch nicht einmal die Anfangslektion gelernt hatte, dass nämlich natürliche Hast in solch einer Angelegenheit schlimmer ist als Zeitverlust. In der Tat hatte Georg Müller damit bewiesen, dass ihm zum Dienst in der Mission noch grundlegende Voraussetzungen fehlten.

Der Gott, der einen Mose vierzig Jahre warten ließ, bevor Er ihm befahl, Israel aus seiner ägyptischen Gefangenschaft herauszuführen, der einen Saulus von Tarsus drei Jahre in Arabien zurückhielt, ehe Er ihn als Apostel in alle Welt sandte, und der sogar Seinen Sohn dreißig Jahre in der Verborgenheit ließ, bevor Dieser sich als Messias offenbaren sollte, dieser Gott hat keine Eile, wenn es gilt, andere Arbeiter ans Werk zu stellen. Er sagt zu den ungeduldigen Seelen: »Meine Zeit ist noch nicht da; eure Zeit aber ist stets bereit.«

Georg Müller lernte dabei zweierlei:

1. Der sichere Führer bei jeder Entscheidung ist das gläubige Gebet in Verbindung mit dem Wort Gottes – und nichts anderes.
2. Anhaltende Ungewissheit über den einzuschlagenden Weg ist eine Anweisung zu weiterem Warten.

Über diese Wahrheiten darf man nicht so leicht hinweggehen, denn sie sind von großer Tragweite.

Das Herz des natürlichen Menschen ist ungeduldig bei allem Verzug, sowohl bei der Entscheidung als auch in der Ausführung. Daher sind alle seine Entschlüsse unreif, und alle seine eigenen Wege sind Irrwege. Gott lässt uns oft warten, damit wir ins Gebet getrieben werden, und hält die Erhörung zurück, damit der Eigenwille lernt, sich vor dem Willen Gottes zu beugen.

Bei einem Rückblick auf seinen Lebensgang viele Jahre später sah Georg Müller klar ein, dass er damals »eilig zum Los gelaufen« sei, und wie dies gerade in der Frage der göttlichen Berufung für den Missionsdienst ganz und gar unangemessen war. Er erkannte auch, wie untüchtig er zu jener Zeit noch für das angestrebte Werk gewesen war. Ja, er fragte sich, wie es nur möglich gewesen sei, dass jemand, der noch so unwissend war wie er, auch nur habe daran denken können, andere lehren zu wollen. Das Erste, was er hätte tun müssen, wäre gewesen, durch viel Gebet und Forschen im Wort Gottes sich eine tiefere Erkenntnis und tiefere Erfahrung der göttlichen Dinge anzueignen. Seine Ungeduld in einer so wichtigen Sache war, wie er nun einsah, ein Zeichen völliger Unfähigkeit zu rechtem Dienst, insbesondere »zu leiden als ein guter Streiter Jesu Christi«. Wer beim Beginn des Werkes nicht warten kann, bis er des Willens Gottes gewiss ist, der kann später auch auf dem Arbeitsfeld nicht wie »ein Ackerbauer auf die köstliche Frucht der Erde« warten und ist außerstande, mit Ruhe und Gelassenheit den tausend Hindernissen und Widerständen in der Arbeit unter den Heiden entgegenzutreten.

Außerdem musste Georg Müller zu folgender Überzeugung kommen: Wenn er seinen Willen hätte ausführen können, wäre dies ein Fehlgriff für sein ganzes Leben gewesen. Er hatte damals seinen Blick nach Ostindien[2] gerichtet; allein die nachfolgenden Ereignisse bewiesen klar, dass Gott eine völlig andere Wahl für ihn getroffen hatte. Er bot sich noch verschiedene Male an; aber obwohl er nun mit Besonnenheit und großem Ernst vorging, öffnete sich dennoch keine Tür für ihn. Gott hatte für ihn ein größeres Feld bereit, als Indien es gewesen wäre. Es wurde ihm nicht gestattet, nach »Bithynien« zu gehen, weil »Mazedonien« auf seinen Dienst wartete.

Inzwischen wurde er immer mehr in das ernste, anhaltende Gebet vor Gott hineingeführt, auch für die kleinsten Angelegenheiten, die ihm auf dem Herzen lagen. Dieser Mann sollte ja besonders in der Fürbitte den Gläubigen ein Vorbild werden, und darum schenkte es ihm Gott von Anfang an, eine sehr einfältige, kindliche Stellung Ihm gegenüber einzunehmen.

Da er nun durch den göttlichen Ratschluss von Indien ferngehalten worden war, begann er, endgültig in der Heimat zu arbeiten, obwohl er noch wenig verstand, es allein mit dem Herrn zu tun. Er sprach mit anderen von ihrem Seelenheil und schrieb an frühere Sündengefährten, verteilte auch Traktate und Missionszeitschriften. Seine Arbeit war nicht ohne ermutigenden Erfolg, wenngleich er es oft ungeschickt anging. Einmal z. B., als er mit einem Bettler, den er auf dem Feld antraf, darüber sprach, dass er gerettet werden müsse, schrie er ihm laut in die Ohren, als wenn er durch das Schreien dessen stumpfe Gleichgültigkeit und Herzenshärte hätte überwinden können.

Seinen ersten Predigtversuch unternahm er im Jahr 1826. Ein Schullehrer in der Umgebung von Halle war durch ihn zur Bekehrung und zum Frieden gekommen, und dieser bat ihn, in seinem

---

2 A. d. H.: So wurde damals Britisch-Indien bezeichnet, zu dem vor allem das heutige Indien, Pakistan und Bangladesch gehörten.

Dorf dem dortigen alten, kranken Pfarrer auszuhelfen. Da er ja Theologe war, hatte er das Recht zu predigen; aber seine Unwissenheit, derer er sich wohl bewusst war, hatte ihn bis jetzt daran gehindert.

Er meinte nun, wenn er eine gute Predigt auswendig lerne, biete er seinen Zuhörern mehr, als wenn er Eigenes bringe. Die Vorbereitung war harte Arbeit für ihn, und das Auswendiglernen der Predigt nahm ihn mehr als eine Woche in Anspruch. Sie wiederzugeben, war für ihn ebenso beschwerlich, denn die lebendige, von Gott gegebene Kraft fehlte. Er hatte auch noch nicht das Licht einzusehen, dass es ja Unlauterkeit war, die Predigt eines anderen für seine eigene auszugeben. Ebenso fehlte ihm die geistliche Einsicht zu erkennen, dass es nicht Gottes Art ist, jemanden zum Predigen zu berufen, der noch nicht genug von Seinem Wort und vom geistgewirkten Leben aus Gott versteht, um eine eigene Predigt halten zu können.

Wie wenige selbst unter den Verkündigern wissen, dass Predigen ein gottgemäßer Dienst ist und im Grunde nichts mit einem menschlichen Beruf zu tun hat, dass die Verkündigung der Wahrheit mit dem Zeugnis der Erfahrung verbunden sein muss und dass die Wiedergabe der Predigt eines anderen bestenfalls ein unnatürliches Gehen auf Krücken ist.

Am 27. August des genannten Jahres hielt also Georg Müller seine gut auswendig gelernte Predigt um 8 Uhr morgens in der Filialkirche und drei Stunden später in der Pfarrkirche. Da er gebeten wurde, auch am Nachmittag zu predigen, aber keine zweite Predigt vorbereitet hatte, musste er entweder schweigen oder sich auf die Hilfe des Herrn verlassen. Er dachte, er könne wenigstens Matthäus 5 lesen und dieses Kapitel einfach auslegen. Kaum hatte er aber angefangen, über die erste Seligpreisung zu reden, als er sich mächtig getragen fühlte. Es wurden ihm nicht nur seine Lippen aufgetan, sondern auch die Schrift wurde ihm aufgeschlossen. Seine Seele floss über, und ein Friede und eine Kraft, die er bei seinem matten, mechanischen Hersagen am Morgen durchaus nicht verspürt hatte, gingen nun mit seiner einfachen Auslegung einher.

Diese hatte zudem den Vorzug, dass sie ganz dem Verständnis der Anwesenden angepasst war und nicht über ihre Köpfe hinwegging. Seine auf die Zuhörer eingehende und zugleich ernste Art fesselte ihre Aufmerksamkeit.

Auf seinem Rückweg nach Halle sagte er sich: ›Dies ist die richtige Art des Predigens.‹ Indessen war er im Zweifel, ob wohl eine so einfache Schrifterklärung auch für die Stadt passen würde, wo oft gebildete Leute versammelt waren. Er musste noch lernen, dass die »vernünftigen Reden menschlicher Weisheit das Kreuz Christi zunichtemachen« und dass gerade die rechte Einfachheit die Gewähr bietet, von allen verstanden zu werden.

Das war ein neuer, wichtiger Schritt in seiner Vorbereitung für den kommenden Dienst. Er blieb sein Leben lang einer der einfachsten und schriftgemäßesten Redner. Dieser erste Versuch führte dazu, dass er sehr oft predigen musste, und je einfacher und einfältiger in Christus er dabei war, umso mehr fand er Freude an der Verkündigung des Wortes Gottes und hatte Segen davon. Sichtbare Frucht unter seinen Zuhörern gab ihm Gott damals weniger. Georg Müller war noch nicht reif zum Ernten, kaum zum Säen. Seine Vorbereitung geschah zu wenig mit Gebet, und es fehlte noch die allumfassende Befähigung durch den Heiligen Geist.

Um diese Zeit tat er einen Schritt, der besonders wichtig war, weil er dadurch später zu dem Werk geführt worden ist, das mit seinem Namen so eng verknüpft sein sollte. Er machte nämlich Gebrauch von den Freiquartieren für arme Studenten in dem berühmten Waisenhaus von August Hermann Francke. Dieser Gottesmann, Professor der Theologie zu Halle, hatte 1698 in völliger Abhängigkeit von Gott ein Waisenhaus gegründet. Halb unbewusst hat Georg Müller für sein Lebenswerk in Bristol sowohl die Anregung als auch das Vorbild durch Franckes Waisenhäuser in Halle bekommen. Das Gebäude, in dem der junge Müller wohnte, war ihm wie eine Predigt – ein sichtbarer, greifbarer Beweis dafür, dass der lebendige Gott Gebete erhört. Hier hat Georg Müller diese Lektion bekommen. Das war ein Beispiel dafür, wie der Ansporn, einen gottgemäßen Dienst zu tun, von einer Generation zur anderen weitergegeben wurde!

Er erinnerte sich später oft daran, wie viel er in seinem eigenen Glaubenswerk dem Beispiel Franckes verdankte. Sieben Jahre danach las er sein Lebensbild und wurde dadurch noch mehr darin gestärkt, es diesem Nachfolger Christi gleichzutun.

In Georg Müllers geistlichem Leben ging es in dieser ersten Zeit noch recht wechselvoll zu.

Er arbeitete und schrieb damals oft bis zu 14 Stunden am Tag und war manchmal so überarbeitet, dass nervöse Verstimmungen und allerlei Versuchungen die Folge waren. Er ließ sich dann wohl gehen und besuchte Wirtshäuser, hatte aber nachher heftige Gewissensbisse darüber. Zuweilen hegte er bei seinem Grübeln böse und undankbare Gedanken in Bezug auf Gott. Aber der Herr suchte ihn nicht mit Strafen heim, sondern überschüttete ihn mit neuer Gnade.

In einer Geldverlegenheit schrieb er an eine reiche, vornehme und wohltätige Dame und bat sie um ein Darlehen. Er erhielt genau die Summe, um die er gebeten hatte, mit einem Brief, dessen Unterschrift lautete: »Jemand, der den Herrn Jesus innig liebt«. Es war nicht die Dame, an die er geschrieben hatte, sondern jemand anders, in dessen Hände sein Schreiben durch besondere Fügung gefallen war. Der Brief enthielt Worte der Warnung und des treuen Rates, wie Georg Müller sie gerade nötig hatte. Er erkannte darin ganz deutlich die Hand des Herrn.

Diese »Botschaft von Gott« bewegte ihn tief, umso mehr, weil sie zu einer Zeit kam, in der er nicht nur eines Jüngers Jesu unwürdig wandelte, sondern auch manchmal gedacht hatte, dass sein himmlischer Vater ihn hart behandeln würde.

Er ging hinaus, um allein spazieren zu gehen, und dabei überwältigte ihn der Gedanke an die Güte seines himmlischen Herrn und seine eigene Undankbarkeit dermaßen, dass er hinter einer Hecke niederkniete, obwohl der Schnee fußhoch lag, und eine halbe Stunde in Anbetung und neuer Selbstübergabe verbrachte, während er alles um sich her vergaß.

Aber welch ein Abgrund ist das Menschenherz! Wenige Wochen später war er erneut innerlich so zurückgegangen, dass er allen Gebetsgeist verloren hatte und in stumpfer Gleichgültigkeit dahinlebte, ja, eines Tages die Stimme des Gewissens im Weinglas ersticken wollte.

Doch der barmherzige Vater gab Sein Kind nicht auf. Georg Müller fand keinen Geschmack mehr an solchen Vergnügungen; sie erregten ihm Ekel, und die Stimme des Heiligen Geistes ließ sich nicht mehr unterdrücken.

Dieses Auf und Nieder in der christlichen Erfahrung hing zum Teil damit zusammen, dass es damals so wenig Gelegenheit gab, Stärkung für den inneren Menschen zu empfangen. Er ging oft zur Kirche, aber das wahre Evangelium hörte er dort selten. In dieser Stadt von über 30 000 Einwohnern fand er unter allen Geistlichen nicht einen, der wirklich erweckt gewesen wäre. Wenn sich ihm daher Gelegenheit bot, einen Prediger wie Dr. Tholuck zu hören, konnte er darum 16 bis 24 Kilometer weit gehen.

Die Versammlungen in Herrn Wagners Haus dauerten fort; auch am Sonntagabend fanden sich gewöhnlich sechs oder mehr gläubige Studenten ein, und diese beiden Zusammenkünfte (samstags und sonntags) waren für den jungen Müller kostbare Gelegenheiten, in der Gnade zu wachsen. Von Ostern 1827 an bis zum Ende seines Aufenthalts in Halle wurde diese Zusammenkunft in seinem eigenen Zimmer abgehalten. Ehe er Halle verließ, war die Zahl der Teilnehmer an dieser wöchentlichen Versammlung auf 20 angewachsen.

Diese Zusammenkünfte waren außerordentlich einfach. Dem Gebet, Singen und Lesen des Wortes Gottes fügte ein Bruder etwa ein Wort der Ermahnung hinzu, oder er las einige Stellen aus einem Andachtsbuch vor. Hier öffnete auch der junge Müller sein Herz freimütig den anderen, und ihre Gebete und Ratschläge halfen ihm, aus mancher Schlinge frei zu werden.

Eine wichtige Sache musste er noch lernen, nämlich die, dass die alleinige Quelle aller Weisheit und Kraft die Heilige Schrift ist.

Wie viele Kinder Gottes ziehen religiöse Bücher dem Buch Gottes vor! Georg Müller hatte zwar bereits erkannt, welch wertloser Ballast z. B. Romane seien, mit denen selbst Gläubige noch oft ihren Geist beschäftigen. Aber er hatte sich noch nicht angewöhnt, das Wort Gottes täglich und fortlaufend zu lesen, wie er es in späteren Jahren tat, indem er andere Lektüre fast völlig hintenansetzte. In seinem 92. Lebensjahr äußerte er sich gegenüber dem Verfasser dieses Buches, dass er wohl für jede Seite gewöhnlichen Lesestoffs zehn Seiten aus der Bibel gelesen habe.

Aber bis zu jenem Novembertag 1825, da er zum ersten Mal einer betenden Jüngerschar begegnete, konnte er sich nicht daran erinnern, jemals ein Kapitel in dem Buch der Bücher gelesen zu haben, und noch in den ersten vier Jahren seines neuen Lebens zog er mehr andere Bücher der Bibel vor.

Nachdem er dann einmal am Wort Gottes Geschmack gefunden hatte, begriff er selbst nicht mehr, wie er es je hatte so vernachlässigen können. Es wurde ihm eines klar: Wenn Gott sich herabgelassen hatte, selbst der Verfasser eines Buches zu werden, indem Er heiligen Männern eingab, was sie schreiben sollten, dann musste dieses Buch gewiss die größten Lebenswahrheiten enthalten. Seine Botschaft an die Menschheit musste alles in sich fassen, was nur irgend ihr geistliches Wohl betraf.

Während der letzten 20 Jahre seines Lebens las Georg Müller die Bibel jedes Jahr vier- bis fünfmal sorgfältig durch und spürte dabei, wie er immer näher mit den Gedanken des Heiligen Geistes, durch den sie eingegeben worden war, bekannt wurde.

Es ist merkwürdig, dass auch treue Kinder Gottes so wichtige Gründe für das Bibellesen übersehen können. Ruskin, ein englischer Schriftsteller, stellt in seinem Vortrag *Von den Schatzhäusern des Königs*[3] darüber eine Betrachtung an. Er spricht von dem Ehrgeiz der Menschen, vom Verlangen, im Leben vorwärts-

3 A. d. H.: Dieser Vortrag ist in deutscher Übersetzung enthalten in: *Sesam und Lilien*, Leipzig 1900.

zukommen und in »die gute Gesellschaft« zu gelangen. Was kostet es aber, bis man bei den Großen und Vornehmen dieser Erde Zutritt hat, und wie viel braucht es, um wirklich Audienz bei diesen »Königen« und »Königinnen« der menschlichen Gesellschaft zu bekommen? Uns jedoch steht eine Gesellschaft ersten Ranges offen, mit der wir Umgang haben können, solange wir nur wollen, so unwissend, arm und niedrig wir auch sein mögen – nämlich die Gesellschaft der heiligen Verfasser des Buches der Bücher.

So schreibt Ruskin in zutreffender Weise.

Dem, der über das Gesetz des Herrn sinnt Tag und Nacht, der hineinblickt in das vollkommene Gesetz der Freiheit, gilt die einzig herrliche Verheißung, die sich in beiden Testamenten findet: »... alles, was er tut, gelingt«, und: »... der wird glückselig sein in seinem Tun« (Psalm 1,3; Jakobus 1,25; vgl. Josua 1,8).

Sobald Georg Müller von diesem lebendigen Quell des Segens und Sieges gekostet hatte, trank er regelmäßig davon. Im späteren Leben beklagte er es, dass er durch die Vernachlässigung dieser Lebensquelle in jungen Jahren so lang in geistlicher Kindheit, in Unwissenheit und Ohnmacht geblieben war. Seine enge Gemeinschaft mit Gott begann, als er lernte, dass sie nur möglich ist in dem Licht des göttlichen Wortes, das für die gehorsame Seele »eine Leuchte für den Fuß und ein Licht auf dem Pfad« ist.

Glücklich sind diejenigen, die gelernt haben, den Schlüssel zu gebrauchen, der nicht nur zu den Schätzen des Königs, sondern zu dem König selbst die Tür öffnet!

Neue Schritte und Phasen der Vorbereitung

Der Hunger nach der Rettung von Seelen ist ein göttliches Feuer. Im Herzen von Georg Müller begann diese Glut, nun heller zu brennen, und suchte einen Weg nach außen.

Im August 1827 war sein Sinn bestimmter als zuvor auf die Missionsarbeit gerichtet. Da er hörte, dass die britische Continental Society[4] einen Arbeiter für Bukarest suchte, bot er sich durch die Vermittlung Dr. Tholucks, der sich für die Gesellschaft nach einem passenden Bewerber umsah, für diese Arbeit an. Zu seiner großen Überraschung gab sein Vater die Einwilligung.

Nach einem kurzen Besuch zu Hause kam er nach Halle zurück mit der bestimmten Absicht, bald nach seinem fernen Arbeitsfeld abzureisen. Im Gebet bereitete er sich auf die Opfer und Entsagungen vor, mit denen er dort rechnen musste. Aber Gott hatte andere Pläne für Seinen Knecht.

Im Oktober kam Hermann Ball auf der Durchreise nach Halle. Er nahm an den in Georg Müllers Zimmer stattfindenden kleinen Versammlungen teil und erzählte ihm, dass seine körperliche Gesundheit es ihm verbiete, weiterhin unter den polnischen Juden zu arbeiten. Sogleich entstand in Georg Müller der Wunsch, an seine Stelle zu treten. Dieses Werk hatte ohne Zweifel darum so große Anziehungskraft für ihn, weil er dadurch in enge Berührung mit dem auserwählten, aber irrenden Volk Gottes zu kommen gedachte und weil er dabei Gelegenheit zu finden hoffte, seine Hebräisch-Kenntnisse nutzen zu können.

Bei einem Besuch, den er um diese Zeit bei Dr. Tholuck machte, fragte ihn dieser auch zu seiner Überraschung, ob er wohl bereit

4 A. d. H.: Diese Missionsgesellschaft wurde wenige Jahre danach in »European Missionary Society« (»Europäische Missionsgesellschaft«) umbenannt. Unter diesem Namen erscheint sie in manchen Biografien von Georg Müller.

wäre, unter den Juden zu arbeiten. Dr. Tholuck war nämlich auch für die Londoner Missionsgesellschaft tätig, die ebenso unter Juden arbeitete. Diese Frage entfachte natürlich die Flamme der Sehnsucht bei Georg Müller noch mehr. Aber auch dieser Plan wurde nicht verwirklicht.

Während indessen die eine Tür sich vor ihm verschloss, schien sich eine andere für ihn aufzutun. Als nämlich der Vorstand in London erfuhr, dass er für die Arbeit unter den Juden willig sei, schlug er ihm vor, ein halbes Jahr nach London zu kommen, um sich als Missionskandidat auf das Werk vorzubereiten.

Nochmals eine Probezeit absolvieren zu müssen, war etwas hart für seine Natur; aber da es doch wünschenswert schien, dass der Vorstand und der Bewerber sich gegenseitig kennenlernten, beschloss er, auf den Vorschlag einzugehen.

Es stand aber ein gewaltiges Hindernis im Weg. Preußische Untertanen mussten damals drei Jahre Militärdienst ableisten, und Studenten, die die Hochschulprüfung bestanden hatten, wenigstens ein Jahr. Georg Müller, der noch nicht gedient hatte, konnte nun ohne königlichen Dispens noch nicht einmal einen Pass bekommen, um das Land zu verlassen. Alle seine Anstrengungen, eine solche Freistellung zu erlangen, waren ohne Erfolg. Unterdessen wurde er krank, und nach zehn Wochen bekam er noch einen Rückfall. Kaum genesen, zog er sich in Leipzig durch Unvorsichtigkeit abermals eine Krankheit zu. Ein Blutgefäß im Magen zersprang, und er kehrte krank nach Halle zurück.

Er verbrachte hierauf einige Wochen in Berlin, wohin er gerufen worden war, um Deutschunterricht zu erteilen. Nebenbei hatte er gehofft, mit Hofkreisen Verbindung aufnehmen zu können und so den gewünschten Dispens zu erlangen. Aber auch das erwies sich als eine vergebliche Hoffnung.

Nun schien kein Ausweg mehr offen, um vom Militärdienst befreit zu werden. So begab er sich denn zu der entsprechenden ärztlichen Untersuchung. Aber siehe da, er wurde für körperlich untauglich erklärt. Der Herr hatte es so geführt. Nachdem er zum zweiten Mal untersucht und für untauglich befunden worden war, wurde er ganz vom Militärdienst befreit.

Die Linien der göttlichen Absichten vereinigten sich geheimnisvoll zu ihrem Zielpunkt. Die Zeit war gekommen: Der Meister sprach, und es geschah. Alles musste jetzt in der einen Richtung zusammenwirken, dass Sein Knecht vom Dienst seines irdischen Vaterlandes frei wurde, damit er unter dem Banner des Urhebers seiner Errettung als ein guter Streiter Jesu Christi leiden und Ihm dienen konnte, ohne in die Beschäftigungen des Lebens verwickelt zu sein.

Auch in anderer Beziehung war sein Aufenthalt in der Hauptstadt nicht unnütz gewesen; fünfmal wöchentlich hatte er in einem Armenhaus die Andacht gehalten und an den Sonntagen mit den Häftlingen im Gefängnis gesprochen.

Im Februar 1829 reiste er nach London ab; unterwegs besuchte er noch seinen Vater in Hadmersleben, wohin dieser sich von den Geschäften zurückgezogen hatte. Er erreichte die englische Hauptstadt am 19. März.

In seiner Freiheit war er als Kandidat des Missionsseminars sehr eingeschränkt; aber da keine der bestehenden Regeln gegen sein Gewissen ging, unterzog er sich ihnen willig. Er studierte etwa zwölf Stunden täglich, indem er das Hauptgewicht auf das Hebräische und verwandte Fächer legte, die ihm für sein zu erwartendes Arbeitsfeld die wichtigsten schienen. Da er aber wohl wusste, welche Gefahr für das innere Leben die bloße Beschäftigung mit rein theoretischen wissenschaftlichen Studien in sich birgt, lernte er viele Stellen aus dem hebräischen Alten Testament auswendig und tat dies im Geist des Gebets, indem er Gottes Hilfe auch für die kleinen Pflichten des Tages suchte.

Da das Zusammenleben mit deutschen Landsleuten die Versuchung mit sich brachte, beständig in der Muttersprache zu reden, machte er wenig Fortschritte im Englischen, was er später bereute. Er pflegte deswegen immer solchen, die eine Arbeit unter einem anderssprachigen Volk tun wollten, den Rat zu geben, sich von ihren Landsleuten so fern wie möglich zu halten, damit sie gezwungen seien, die Sprache derer zu lernen, unter denen sie sich zum Dienst gerufen sahen.

Bei seiner Übersiedlung nach England machte eine scheinbar geringfügige Begebenheit einen ungemein tiefen Eindruck auf ihn; ein neuer Beweis, dass im Leben nichts klein und unbedeutend ist. In einer kleinen Angel hängt und bewegt sich eine große Tür. Oft sind es in der Tat die scheinbar kleinsten Ereignisse, die unsere Lebensgeschichte, unser Werk, unseren Gang bestimmen.

Ein Student erzählte ihm nämlich von einem Zahnarzt in Exeter, einem gewissen Herrn Groves, der um des Herrn willen seinen Beruf, der ihm 1500 Pfund im Jahr einbrachte, aufgegeben habe und mit Frau und Kindern als Missionar nach Persien[5] gegangen sei, ohne ein Einkommen in Aussicht zu haben, einfach im Vertrauen auf Gott.

Der Bericht von diesem Schritt voller Selbstverleugnung übte eine eigentümliche Anziehungskraft auf Georg Müller aus; was er gehört hatte, ging ihm nicht mehr aus dem Sinn; er schrieb darüber in seinem Tagebuch und auch an Freunde zu Hause. Ja, es war eine neue Glaubenslektion in den Linien, in denen er später selbst mehr als 60 Jahre wandeln sollte.

Mitte Mai 1829 erkrankte Georg Müller wieder, und zwar so ernstlich, dass er nicht mehr an eine Genesung glaubte. Krankheit ist recht geeignet, in die Tiefen der Selbsterkenntnis zu führen. Seine Sündenerkenntnis war ja auch bei seiner Bekehrung eine zu oberflächliche gewesen, als dass sie sich seinem Gedächtnis tief eingeprägt hätte.

Es ist oft bei Gotteskindern der Fall, dass das Schuldbewusstsein, das zuerst scheinbar kaum vorhanden war, immer tiefer und

5 A. d. H.: A. N. Groves hat sich mit seiner Familie und seinen Mitarbeitern letztlich in Bagdad, der heutigen irakischen Hauptstadt, niedergelassen. Es ist aber möglich dass er auf dem Weg dorthin durch Regionen im äußersten Nordwesten bzw. Westen von Persien (dem heutigen Iran) gekommen ist. Das Gebiet des heutigen Irak gehörte damals zum Osmanischen Reich, das westlich an Persien angrenzte.

stärker wird, je mehr man in der Erkenntnis wächst und Gott ähnlicher wird. Diese gemeinsame Erfahrung vieler geretteter Seelen lässt sich leicht erklären. Unsere Auffassung der Dinge hängt davon ab, welchen Maßstab wir an sie anlegen; unser Maßstab aber ist das Bewusstsein von Wahrheit und Pflicht, wie es in uns ausgestaltet worden ist. Je mehr wir in Gott und für Gott leben, umso mehr werden unsere Augen erleuchtet, sodass wir deutlicher erkennen, welche Missbildungen die Sünde mit sich bringt und welche enormes Ausmaß sie hat; und umso klarer erkennen wir auch die Vollkommenheit der Heiligkeit Gottes und nehmen sie zum Muster und Vorbild für unseren eigenen Wandel in der Heiligung.

Jemand, der erst beginnt, sich Kenntnisse im Bereich der Kunst anzueignen, findet oft ein falsches Gefallen an seinem unvollkommenen Werk als Anfänger, aber je weiter er fortschreitet, desto deutlicher sieht er ein, dass seine Erstlingsarbeit mangelhaft ist. Der Wechsel vollzieht sich da in dem Künstler selbst und nicht in dem Werk; dieses ist sich gleich geblieben, aber durch sein erweitertes Können ist der Maßstab des Künstlers ein anderer geworden.

So mag es geschehen, dass ein Kind Gottes, das wie Elia vor Ihm steht als wartender, williger, gehorsamer Knecht, der Gebetsmacht besitzt, doch unter dem Ginsterstrauch der Verzweiflung im Gefühl seiner Unwürdigkeit mutlos zusammensinkt. Je mehr wir in der Gottähnlichkeit wachsen, desto schärfer wird der Blick für das, was ungöttlich ist. Und so sind wir oft am schlechtesten in unseren eigenen Augen, wenn wir in Gottes Augen am besten sind – und umgekehrt.

Bei Georg Müller blieb das Schuldgefühl nicht nur während seiner Krankheit, sondern bis zu seinem Lebensende bestehen. Manchmal wäre es überwältigend geworden, wenn er nicht das Wort gehabt hätte: »Wenn wir sagen, dass wir keine Sünde haben, so betrügen wir uns selbst, und die Wahrheit ist nicht in uns. Wenn wir unsere Sünden bekennen, so ist er treu und gerecht, dass er uns die Sünden vergibt und uns reinigt von aller Ungerechtigkeit.« Von seiner eigenen Sünde schaute er weg, um den Blick auf das Kreuz zu richten, wo sie gesühnt ist. Er sah zu dem Gnadenthron, wo der bußfertige Sünder Vergebung findet; und so wurde die Betrübnis über die Sünde in die Freude des Gerechten verwandelt.

Aufgrund der Gewissheit, angenehm gemacht zu sein in dem Geliebten, verlor für ihn den Tod so umfassend seine Schrecken, dass er während seiner Krankheit sich sehr danach sehnte, »abzuscheiden und bei Christus zu sein«. Aber nach 14 Tagen war er auf dem Weg der Genesung, und obwohl es ihn immer noch nach der himmlischen Ruhe verlangte, unterwarf er sich dem Willen Gottes auch zu einem längeren Verweilen im Land der Pilgerschaft. Er ahnte nicht, wie glücklich er im Dienst Gottes noch sein, wie sehr er noch himmlische Freude auf Erden finden würde.

Während dieser Krankheit gewöhnte er sich immer mehr an, auch die kleinsten Angelegenheiten seinem Gott zu bringen, was ja sein späteres Leben so besonders kennzeichnete. Fortwährend flehte er Gott an, den Arzt zu leiten, und für jede Arznei erbat er den Segen von oben. Als er dann der Genesung entgegenging, suchte er Erholung in Teignmouth, wo kurz nach seiner Ankunft die Ebenezer-Kapelle wiedereröffnet wurde. Hier war es auch, wo Georg Müller mit Henry Craik bekannt wurde, der so viele Jahre hindurch nicht nur sein Freund, sondern auch sein Mitarbeiter wurde.

Bei seiner Rückkehr nach London war sein inneres Leben vertieft und gestärkt und auch seine körperliche Gesundheit gekräftigt worden. Er machte nun einigen Studienkollegen den Vorschlag, jeden Morgen von 6 bis 8 Uhr eine Andachtsstunde zu halten. Sie sollte dem gemeinsamen Gebet und der Bibelbetrachtung dienen, in der jeder den anderen mitteilen sollte, was ihm der Herr im Anschluss an den verlesenen Schriftabschnitt geben würde. Diese geistliche Übung erwies sich als so nützlich und regte den Hunger nach göttlichen Dingen bei Georg Müller so an, dass er oft die Abendstunden bis spät in die Nacht hinein im Gebet verbrachte und manchmal noch um Mitternacht die Gemeinschaft irgendeines gleichgesinnten Bruders aufsuchte. Dann dehnte er oft das

Gebet bis um 1 oder 2 Uhr aus, und auch dann wurde der Schlaf noch oft durch seine alles überflutende Freude in Gott zurückgehalten.

Wenige Tage im Anschluss an seine Rückkehr nach London fühlte er sich schon wieder in seiner Gesundheit angegriffen, und dadurch kam er zu der Überzeugung, dass er nicht länger in Vorbereitungen seine geringe Kraft verzehren, sondern sich sogleich an die Arbeit machen solle. Unter dem Eindruck, dass es sowohl für sein leibliches als auch für sein geistliches Leben ein Vorteil sein würde, wenn er in die tätige Arbeit an seinen Mitmenschen einträte, wandte er sich an die Missionsgesellschaft und bat darum, sofort auf ein bestimmtes Arbeitsfeld berufen zu werden. Außerdem bat er, man möge ihm einen erfahrenen Mann zur Seite stellen, der gleichzeitig sein Ratgeber und sein Mitarbeiter sein könnte.

Nachdem er sechs Wochen lang vergeblich auf eine Antwort gewartet hatte, drängte sich ihm die Überzeugung auf, dass es nicht schriftgemäß und daher falsch sei, den Auftrag zur Arbeit von Mitmenschen zu erwarten. Barnabas und Saulus wurden durch den Heiligen Geist namentlich berufen und ausgesandt, ehe die Gemeinde in Antiochien irgendeinen Schritt hierzu getan hatte. Er aber fühlte sich ebenso durch den Geist berufen, sein Werk zu beginnen, ohne auf menschliche Aussendung zu warten – und warum nicht gerade unter den Juden in London? Gewohnt, sogleich nach seiner Überzeugung zu handeln, fing er an, Traktate unter ihnen zu verteilen, auf denen sein Name und seine Anschrift angegeben waren, sodass jeder, der persönliche Kontaktaufnahme und Führung wünschte, ihn finden konnte.

Er suchte die Juden dort auf, wo sie gewöhnlich zusammenkamen. Er las zu festgesetzten Stunden mit etwa 50 jungen Leuten die Heilige Schrift und richtete eine Sonntagsschule ein. So stand er nun, statt wie ein zu reparierendes Schiff im Hafen zu liegen, in dem Reichsgotteswerk, musste aber wie andere Arbeiter unter den verachteten Juden kleinliche Widerwärtigkeiten und Verfolgungen erdulden und um des Namens Jesu willen leiden.

Ehe der Herbst 1829 zu Ende war, sah er sich vor die Frage gestellt, ob er mit gutem Gewissen länger in der gewöhnlichen Weise mit der Londoner Missionsgesellschaft verbunden bleiben könne. Im Dezember beschloss er, alle Verbindungen mit ihr zu lösen, es sei denn, dass sie auf gewisse Bedingungen einginge.

Die Hauptbedingung, die er stellte, war, dass er ohne Gehalt arbeiten wolle – und zwar, wann und wo der Herr es ihm zeige. Er schrieb in diesem Sinne an die Gesellschaft und bekam eine freundliche, aber ablehnende Antwort, da sie es für unangemessen hielte, jemanden, der sich in seiner Tätigkeit ihrer Führung nicht willig unterordne, anzustellen, usw.

So war das Band also gelöst. Georg Müller war der Überzeugung, dass er nach dem göttlich gegebenen Licht handelte, und obwohl er nicht im Geringsten die Gesellschaft tadelte, bereute er doch später seinen Schritt nicht und änderte seine Ansicht nie. Alle, die dieses lange Leben betrachten, das so voller Früchte eines ungewöhnlichen Dienstes für Gott und Menschen war, werden es gewiss erkennen, dass der Herr schonend, aber beharrlich daran arbeitete, Georg Müller aus dem gewöhnlichen Gleis auf einen Pfad zu bringen, auf dem er nur an Ihn gebunden war. Die Entscheidung, die er auch in weniger wichtigen Fragen traf, förderten Gottes Vorhaben mit ihm mehr, als er selbst es zu dieser Zeit wusste und ahnte.

Wenn man Georg Müllers Tagebuch liest, wird man immer wieder daran erinnert, dass er ein Mensch war mit den gleichen Schwachheiten wie andere. So erwachte er am Weihnachtsmorgen dieses Jahres nach einer Zeit besonderer Freude im Herrn ganz verzweifelt, ohne dass offenbar der geringste Zuspruch vorhanden war. Das Gebet schien ihm so fruchtlos und nutzlos zu sein wie die Anstrengungen eines Mannes, der in den Sumpf gefallen ist. Bei der gewöhnlichen Morgenversammlung ermahnte ihn ein Bruder, trotzdem im Gebet zu verharren, bis sein Herz wieder vor dem Herrn zerschmelzen würde – ein weiser Rat für alle Kinder Gottes, denen der Herr für eine Zeit lang verborgen ist. Nie sollte man sich dadurch, dass man keine Freude verspürt, vom ausharrenden Gebet abbringen lassen; im Gegenteil, die sicherste Regel lautet: Je weniger Freudigkeit, umso nötiger das Gebet. Für denjenigen, der von der Gemeinschaft mit Gott im Gebet ablässt – aus welchen Gründen auch immer –, wird es umso schwieriger, hinsichtlich des regelmäßigen Gebetslebens neu zu beginnen und den Gebetsgeist wiederzuerlangen. Dagegen bringt das Anhalten im Gebet und Flehen in Verbindung mit fortgesetzter Tätigkeit im Dienst für Gott bald die verlorene Freudigkeit zurück. Sobald wir uns der geistlichen Niedergeschlagenheit überlassen oder die innige Verbindung mit dem Herrn und die Arbeit für Ihn unterbrechen, triumphiert der Teufel.

So schnell überwand Georg Müller diese Anfechtung Satans, dass er am Abend des gleichen Weihnachtstages, dessen Anfang so trüb gewesen war, eine liebliche Erfahrung machen konnte. Er war bei einer befreundeten Familie eingeladen und musste dort die Abendandacht halten, und der Herr bekannte sich so zu ihm, dass zwei Hausbedienstete tief ergriffen wurden und nachher noch mit ihm zu sprechen wünschten.

Wir sind hier an einem neuen Meilenstein auf Georg Müllers Lebensweg angekommen. Es waren nun erst etwa vier Jahre, seit er den schmalen Weg betreten hatte; er war noch ein junger Mann und stand erst in seinem 25. Lebensjahr. Dennoch hatte er schon einige der großen göttlichen Geheimnisse eines heiligen, glücklichen und gesegneten Lebens gelernt, die für seinen ganzen späteren Dienst grundlegend wurden.

Wenn wir bedenken, welche Vergangenheit dieser junge Neubekehrte hinter sich hatte, so ist es wirklich groß, welche Schritte er in der Selbstverleugnung in diesen wenigen Jahren getan hatte. Wenn man sich vergegenwärtigt, wie er sich vom Wort Gottes nährte, mit welcher Treue er in der Schrift forschte und im stillen Kämmerlein betete, wie er sich an seinen Gott wandte, was das zum Leben Notwendige sowie jede große und kleine Last betraf, und wie er sich mit brennendem Herzen in den Missionsdienst stellte – wenn man das alles überschaut, so muss ein nachdenkender Geist erkennen: Hier wirkte die höhere Hand dessen, der sich das auserwählte Gefäß für den besonderen Dienst bereitete, zu dem es bestimmt war.

Die Predigt und der Dienst

Kein Werk im Weinberg des Herrn ist derart wichtig und verantwortungsvoll wie der Auftrag des Dieners am Wort. Georg Müller predigte nun von Zeit zu Zeit das Evangelium, aber nicht auf einem bestimmten Arbeitsfeld.

Während er in Teignmouth war, zu Beginn des Jahres 1830, wurde er wiederholt zum Predigen aufgefordert. Da der bisherige Geistliche im Begriff stand zurückzutreten, bat man ihn, dessen Stelle einzunehmen. Er antwortete aber, dass er sich von Gott nicht zu einer festen Stellung berufen fühle, sondern eher zum Dienst eines Reisepredigers.

Damals sprach er auch in Shaldon anstelle von Henry Craik und kam dadurch in engere Verbindung mit diesem Bruder, mit dem sein Herz in der Folge durch immer festere Bande der Liebe und Freundschaft verknüpft wurde.

Gewisse Leute in Teignmouth, darunter auch einige Geistliche, fanden an seinen Predigten keinen Geschmack, obwohl Gott sichtbar Sein Siegel darauf setzte. Dies veranlasste ihn zu ernster Prüfung, was wohl die Gründe für diesen Widerstand sein mochten und was er wohl daraus für sich lernen konnte. Ohne Zweifel legten sie auf äußere Dinge und auf Anmut des Vortrags Wert und kamen selbstverständlich hierin bei einem Ausländer, dessen Sprache keine rhetorische Form aufwies, ja, der nicht einmal geläufig Englisch sprach, nicht auf ihre Kosten.

Indessen spürte er deutlich, dass noch tiefere Ursachen für ihre Abneigung vorlagen, musste er sich doch sagen, dass die gleichen Leute vor Jahresfrist, als er selbst noch weniger geistlich gesinnt war, mit ihm ganz zufrieden gewesen waren. Er kam zuletzt zu dem Schluss, dass der Herr durch ihn hier in Teignmouth wirken wolle, aber dass der Satan wie gewöhnlich das Werk zu hindern suche und zu diesem Zweck sogar Brüder aufreize, der Wahrheit zu widerstehen. Da nun trotz des Widerspruchs viele andere wiederholt den Wunsch ausdrückten, dass er in ihrer Kapelle predigen möge, beschloss er, eine Zeit lang zu bleiben, bis er in seiner Eigenschaft als Zeuge Gottes rundweg zurückgewiesen werden oder bis er durch eine klare göttliche Führung auf ein anderes Arbeitsfeld gestellt würde.

Er teilte seinen Zuhörern sein Vorhaben mit und gab ihnen zugleich die Erklärung ab, dass dies, falls sie die Besoldung zurückhalten sollten, seine Entscheidung nicht beeinflussen würde. Er stehe nicht da als ein von Menschen Angestellter, sondern als Knecht Gottes, und überlasse Ihm willig die Sorge für seine zeitlichen Bedürfnisse. Gleichzeitig erinnerte er sie aber daran, dass es sowohl ihre Pflicht als auch ihr Vorrecht sei, mit leiblichen Dingen denen zu dienen, die ihnen mit geistlichen dienten. Wenn er auch nicht die Gabe suche, so suche er doch »die Frucht, die überströmend für ihre Rechnung sein möge«.

Diese Erfahrungen in Teignmouth waren beispielgebend: »Einige wurden überzeugt von dem, was gesagt wurde, andere aber glaubten nicht.« Einige verließen die Kapelle, während andere blieben. Einige wurden geführt und gespeist, während andere in kalter Gleichgültigkeit verharrten, wenn sie nicht sogar zu offener Feindseligkeit übergingen. Aber der Herr stand zu Georg Müller und stärkte ihn. Gott, der die Seinen versorgt, lenkte auch die Herzen von zwei Brüdern, sodass sie unaufgefordert für alle Bedürfnisse Seines Dieners aufkamen. Einige Zeit danach berief die kleine Gemeinde von 18 Gliedern einmütig den jungen Prediger zu ihrem Seelsorger. Er willigte ein, vorläufig bei ihnen zu bleiben, ohne indessen seinen Vorsatz aufzugeben, von Ort zu Ort zu gehen, wie ihn der Herr führen würde. Man bot ihm ein Jahresgehalt von 55 Pfund an, das, als die Zahl der Gemeindeglieder wuchs, noch etwas größer wurde. So war jetzt der ehemalige Student von Halle zu seinem ersten Predigt- und Hirtendienst gekommen.

Im April des Jahres 1830 gewann Georg Müller aufgrund des Wort Gottes die Überzeugung, ihm durch eine Glaubenstaufe Genüge tun zu müssen (hauptsächlich gestützt auf Apostelgeschichte 8,36-38 und Römer 6,3-5). Daraufhin wurde er getauft.

Er hatte die Freude, dass von seinen wahren Freunden im Herrn keiner ihm deswegen den Rücken zuwandte, wie er es teilweise erwartet hatte. In Bezug auf die äußere Lage erlitt er einige Nachteile durch diesen Schritt; aber der Herr ließ ihm nichts mangeln.

Während des Sommers 1830 kam er durch das Forschen im Wort Gottes zu der Überzeugung, dass es schriftgemäß sei und den Anweisungen der Apostel entspreche, das Brot jeden Sonntag zu brechen (Apg 20,7ff.). Ebenso gewann er im Einklang mit Römer 12,1; 1. Korinther 12; Epheser 4 usw. die feste Überzeugung, dass der Geist Gottes in ungehinderter Freiheit durch jeden Gläubigen wirken könne nach Maßgabe des jeweils verliehenen Pfundes. Diese Schlussfolgerungen versuchte der Knecht Gottes, sogleich ins praktische Leben umzusetzen, und die Folge war eine Zunahme des geistlichen Wachstums.

Um diese Zeit entschloss er sich auch, im Gehorsam gegenüber Gottes Wort, künftig als Diener Christi kein festes Gehalt mehr anzunehmen. Es wirkten dazu verschiedene Umstände mit, die in der Ordnung des freikirchlichen Lebens in Großbritannien begründet sind. So fand er das Vermieten von Kirchenbänken verwerflich. Er wollte ferner, dass alle Glieder der Gemeinde in ihren Beiträgen völlig frei seien.

Überhaupt war er der Ansicht, das ganze System lege dem Knecht Gottes Fesseln an – müsse ein solcher doch schon ungewöhnlich treu und unerschrocken sein, wenn er nicht in die Versuchung kommen solle, aus Menschengefälligkeit die Wahrheit zuweilen zurückzuhalten oder seine Botschaft abzuschwächen.

Was nun andere von solchen Ansichten und Gründen auch denken mögen – gewiss ist, dass Georg Müller, innerlich davon überzeugt, nicht zauderte, sie seinen Brüdern mitzuteilen. Und so geschah es, dass er im Spätsommer 1830, als er gerade sein

25. Lebensjahr vollendete, den Entschluss in die Tat umsetzte, nie wieder ein festes Gehalt für seinen Dienst anzunehmen, und davon ist er nicht mehr abgegangen. Er tat daher den zweiten Schritt: Eine Büchse wurde in der Kapelle aufgestellt, über der die Aufschrift angebracht war, dass jeder, der zu seinem Unterhalt beitragen wolle, in diese seinen Beitrag legen möge, je nachdem Vermögen und Umstände es ihm erlaubten. Georg Müllers Absicht war, auf diese Weise den ganzen Hergang allein vor das Angesicht Gottes zu bringen und somit Motive beim Geben zu vermeiden, die von sündhaftem Hochmut oder von falscher Scham bestimmt waren.

Er erkannte ferner Folgendes: Um diesbezüglich völlig biblisch vorzugehen, dürfte er keinen Menschen um Hilfe bitten, selbst dann nicht, wenn er Auslagen für seinen Dienst hatte, wie z. B. auf Reisen. Ebenso wollte er nicht im Voraus von seinen Bedürfnissen reden, was gewissermaßen eine indirekte Bitte um menschlichen Beistand gewesen wäre. Mit all diesem hätte er nach seiner Überzeugung Fleisch zu seinen Arm gemacht und sich auf Menschen verlassen. Und er fügte hinzu: »Es erforderte mehr Gnade vor Gott, zu diesem Entschluss zu kommen, als nötig war, um mein festes Gehalt aufzugeben.«

Diese aufeinanderfolgenden Schritte werden hier ausführlich beschrieben, weil sie Georg Müller direkt zu dem Hauptziel seines Lebenswerkes führten. Solche Entscheidungen verbanden ihn immer fester mit dem Werk, das sein Vater ihm zugedacht hatte; sie waren alle nötig zur Vollendung des weltweiten Zeugnisses von dem Gott, der Gebet erhört.

Am 7. Oktober 1830 erlebte Georg Müller, was in Sprüche 18,22 steht: »Wer eine Ehefrau gefunden hat, der hat etwas Gutes gefunden« (Schlachter 2000). Es war dies für ihn ein neuer Gnadenbeweis seines Herrn. Mary Groves war die Schwester jenes Zahnarztes, dessen selbstverleugnender Dienst auf Georg Müller im Jahr vorher einen so tiefen Eindruck gemacht hatte. Sie wurde die Gattin dieses Gottesmannes und sollte 40 Jahre lang eine ebenbürtige Gehilfin für ihn sein. Es war eine nahezu – wenn nicht ganz – ideale Verbindung, für die er fortwährend Gott dankte. Was sie in ihrem Reich an Aufgaben erledigte, geschah eher im Hintergrund; und doch war ihr Einfluss weit größer, als derjenige ahnte, der ihrem persönlichen häuslichen Leben fernstand. Sie war eine Frau, wie man sie selten antrifft, »viel edler als die köstlichsten Perlen«. »Das Herz ihres Mannes durfte sich auf sie verlassen«, und die zahlreichen Waisen, die ihre Kinder wurden, »standen auf und priesen sie glücklich«, und dies ist über Jahrzehnte hinweg so geblieben.

Zu den stärksten Banden, die diese beiden Menschen vereinten, gehörte das der gemeinsamen Selbstverleugnung. In buchstäblichem Gehorsam gegenüber dem Wort verkauften sie das wenige, was sie hatten, um Almosen zu geben (Lk 12,33), und sammelten fortan keine Schätze auf Erden (Mt 6,19-34; 19,21).

Diesen Schritt zur freiwilligen Armut bereuten sie nie, sondern freuten sich je länger, je mehr darüber, dass sie ihn getan hatten. Wie treu sie auf diesem Weg wandelten, trat auch in der Folgezeit klar zutage, denn als Georg Müller beinahe 68 Jahre später plötzlich heimgerufen wurde, war er ein armer Mann. Nichts – auch seine Kleider nicht, die er trug – betrachtete er als sein Eigentum.

Er durfte aber auch von Stunde zu Stunde erfahren, dass Gott treu ist. Wenn wenige andere Kinder Gottes die Fürsorge ihres Herrn bis in die kleinsten Dinge hinein erleben, so liegt das zum Teil daran, dass sich wenige so vollständig dieser Fürsorge überlassen. Er wagte es, dem zu vertrauen, der die Haare unseres Hauptes gezählt hat und der uns liebevoll daran erinnert, dass Er auch für den »überzähligen Sperling« – wie man es ausgedrückt hat – sorgt. Matthäus erinnert uns daran (10,29), dass man zwei Sperlinge für einen Pfennig verkauft, und Lukas sagt (12,6), dass man fünf für zwei Pfennige verkauft; es war also wahrscheinlich üblich, dass man für zwei Pfennige einen Sperling zusätzlich bekam, weil er so wenig wert war. Und doch sorgt Gott für diesen Sperling, der beim Handel gar nicht mitgezählt wurde. Keiner von ihnen ist von Gott vergessen, keiner fällt auf die Erde ohne Seinen Willen. Und mit welcher Eindringlichkeit folgt darauf die Versicherung: »Fürchtet euch nun nicht; ihr seid vorzüglicher als viele Sperlinge.«

Georg Müller durfte wie nie zuvor und wie wenige andere die Wahrheit des Wortes erfahren: *Du bist ein »Hörer des Gebets«*. Gott kann Seine Kinder, die Ihm vertrauen, nicht nur vor dem Fallen bewahren, sondern auch vor dem Straucheln; denn während all der Jahre, die da kommen sollten, der Lebensdauer zweier Generationen, gab es bei Georg Müller kein Zurückschreiten. Bis ans Ende hielt er an der Hoffnung fest und wankte nicht (Hebr 6,18; 10,23). Und die göttliche Treue erwies sich als der sichere Ankergrund auch in den längsten und schlimmsten Stürmen. In wohl 50 000 Fällen bekam Georg Müller auf eine bestimmte Bitte eine deutliche, klare göttliche Antwort, und in zahlreichen anderen, in denen die Erfahrung nicht so sichtbar war und so deutlich in die Augen sprang, wurde ihm doch eine Durchhilfe zuteil.

Am 9. August 1831 gebar seine Frau ein totes Kind und war während sechs Wochen ernstlich krank. Er gibt sich in seinem Tagebuch selbst die Schuld, dass er nicht ernstlicher an die Möglichkeit eines solchen Falls gedacht und nicht treuer für seine Frau gebetet habe. Er erkannte im Licht Gottes, dass die Aussicht auf Kinder ihm keineswegs als ein Segen, sondern eher als Last und Hindernis für das Werk Gottes erschienen war.

Wenn dieser Mann Gottes auf diese Weise in seinem Tagebuch sein Herz bloßstellt, spürt der Leser wohl, was in Sprüche 27,19 steht: »Wie im Wasser das Angesicht dem Angesicht entspricht, so das Herz des Menschen dem Menschen.« Wie mancher Knecht Gottes hat auch nicht den rechten Begriff von dem göttlichen Vorrecht einer geheiligten Elternschaft! Frau und Kind sind kostbare Gaben Gottes, wenn sie von Ihm erbeten und aus Seiner Hand genommen wurden. Weit davon entfernt, ein Hindernis zu sein, helfen sie dem Diener Christi vielmehr, für gewisse Bereiche seiner Arbeit zubereitet zu werden, wie dies auf keine andere Weise geschehen kann. Da lernt er manches, was er sonst nie gelernt hätte; da wird sein Charakter geschliffen und geläutert. Es ist ein böser Geist, der diese heiligen Bande leichtsinnig oder verächtlich behandelt. Vergessen wir nicht die Verheißung: »Wenn zwei von euch auf der Erde übereinkommen werden über irgendeine Sache, welche sie auch erbitten mögen, so wird sie ihnen zuteilwerden von meinem Vater, der in den Himmeln ist« (Mt 18,19). Bedenken wir, welch gesegnete Zubereitung für ein solches Einswerden im Gebet aus der rechten Vereinigung von Mann und Frau im Herrn folgt. Ob nicht darauf der Heilige Geist hinweist, wenn er Mann und Frau ermahnt, in Einmütigkeit zusammenzuleben, »damit eure Gebete nicht verhindert werden«?

Gott ließ aus dieser schweren Erfahrung einen bleibenden Segen für Georg Müller hervorgehen. Er zeigte ihm, wie offen sein Herz für die Selbstsucht war und wie nötig diese Züchtigung für ihn war, um ihn die Heiligkeit des ehelichen Lebens und der väterlichen Verantwortlichkeit zu lehren. Fortan *richtete er sich selbst, damit er nicht gerichtet werden würde* (vgl. 1Kor 11,31).

Die Krankheitszeit seiner Frau brachte nun viele außergewöhnliche Ausgaben mit sich, für die nichts zurückgelegt war – nicht aus Leichtsinn und Sorglosigkeit, sondern aus Grundsatz. Aus der Sicht Georg Müllers war es nicht mit dem vollen Vertrauen zu Gott vereinbar, Ersparnisse anzulegen, sonst müsste Gott uns ja in Notfällen zuerst auf unsere Spargelder verweisen, ehe Er unser Gebet erhören würde. Und die Erfahrung in dieser kritischen Lage rechtfertigte seinen Glauben. Es wurde für alle unvorhergesehenen Bedürfnisse gesorgt. Und so bekamen die beiden aus der Hand des Herrn mehr, als sie in Form von Ersparnissen hätten auf die Seite legen können, wenn es ihnen in den Sinn gekommen wäre, dies zu versuchen.

Dem Herrn auch für die zukünftigen Bedürfnisse zu vertrauen, blieb ihr Grundsatz, solange sie zusammen lebten und arbeiteten. Die Erfahrung bestätigte ihnen, dass man Ihm hinsichtlich der außerordentlichen Lagen ebenso einfältig vertrauen kann wie in Bezug auf das tägliche Brot.

Ferner erhob Georg Müller es zu seinem Lebensgrundsatz, nie Schulden zu machen, weder hinsichtlich seiner Person noch im

Blick auf das Werk des Herrn. Er hielt sich dabei an Römer 13,8. Er und seine Frau gaben sich das Wort, lieber zu verhungern, als etwas zu kaufen, was sie nicht bar bezahlen konnten. So wussten sie immer, wie viel sie ausgeben durften, und wie viel ihnen für andere übrig blieb.

Noch ein Gebot wurde frühzeitig in Georg Müllers persönliche Gesetzestafel aufgenommen: Alles Geld, das er zur Verfügung hatte und das ihm für irgendeinen Zweck übergeben worden war, betrachtete er als unantastbar für irgendeinen anderen – auch dann, wenn es nur um eine vorübergehende Aushilfe ging. Tausendmal war er in entsprechender Bedrängnis, und es schien der einzige und bequemste Ausweg zu sein, einer der anvertrauten Kassen Geld zu entnehmen; aber sicherlich hätte ihn dies nur in neue Verwicklungen geführt.

Das rechte Vertrauen zu Gott setzt auf Seiner Seite eine solch genaue Kenntnis unserer Verhältnisse voraus, dass sich der Betreffende ganz auf Ihn verlässt. Er lässt nämlich nicht zu, dass wir gezwungen sind, Gelder zweckentfremdet zu verwenden. In diese Richtung gehende Fehler rühren daher, dass es sowohl an Gewissenhaftigkeit als auch an ernstem Glauben mangelt.

Ein Glaubensleben muss auch ein Leben strenger Geisteszucht sein. Glauben und Vertrauen zu Gott und Wahrheit und Redlichkeit gegenüber den Menschen gingen denn auch in diesem Lebenslauf Hand in Hand.

Die Erzählungen der Taten Gottes

Heilige Dinge lassen es nicht zu, dass man sie in irgendeiner Weise oberflächlich behandelt. Zu solchen gehört das Tagebuch Georg Müllers, das in diesem Kapitel vorgreifend erwähnt werden soll. Es liest sich beinahe wie ein Buch der Bibel, weil es die einfache Erzählung der göttlichen Führung in einem Menschenleben ist. Es berichtet nicht über das eigene Wirken oder Planen, Leiden oder Dienen dieses Menschen, sondern darüber, was der Herr in seinem Leben tat und wie er durch ihn wirkte.

Es erinnert uns an die merkwürdige Stelle in der Apostelgeschichte (14,27 – 15,18), wo im Verlauf von 20 Versen 15-mal[6] Gott in den Vordergrund gestellt wird als der Urheber all dessen, was geschehen war. Paulus und Barnabas erzählen vor den Ohren der antiochenischen Gemeinde und später in Jerusalem nicht das, was sie für den Herrn getan haben, sondern das, was Er mit ihnen getan hat, wie *Er* die Tür unter den Heiden geöffnet und was für Zeichen und Wunder Er durch sie gewirkt hat. Und in gleichem Geist hebt Petrus vor den versammelten Brüdern hervor, wie Gott sich seines Mundes bedient hatte, damit die Heiden das Wort des Evangeliums hören konnten. Jakobus beruft sich ebenso darauf, wie Gott diese heimgesucht hatte, um aus ihnen ein Volk zu erwählen, das Seinen Namen verherrlichen sollte. Er schließt, indem er zwei Stellen aus dem Alten Testament anführt, die seine Worte treffend zusammenfassen: »Der Herr, der all dies tut«, und: »Gott sind alle seine Werke von Ewigkeit her bekannt«[7] (Apg 14,27 – 15,18).

Die Bedeutung dieser Worte können wir nicht missverstehen. Gott wird dargestellt als der allein Handelnde. Auch die größ-

---

6 A. d. H.: Diese Zahl bezieht sich im unten genannten Bibelabschnitt auf alle Stellen, in denen vom allgemeinen und vom konkreten Handeln Gottes die Rede ist.

7 A. d. H.: Vgl. jeweils Apostelgeschichte 15,17.18 (Schlachter 2000).

ten Apostel wie ein Paulus und Petrus sind nur Seine Werkzeuge. Keine andere Stelle von 20 Versen im Wort Gottes enthält ein beredteres und eindringlicheres Zeugnis von der Ohnmacht und dem Unvermögen des Menschen und von Gottes Allgenugsamkeit und Allmacht. Gott wirkte durch Menschen, um Menschen umzugestalten. Er war es, der Petrus erwählte, um Sein Zeuge zu sein, dessen Schlüssel verschlossene Türen öffnete, der Sünder in Heilige umwandelte, und der gerade damals ein Volk für sich erwählte, indem Er die Herzen der Betreffenden reinigte und ihnen das Zeugnis des Heiligen Geistes zuteilwerden ließ. Er und Er allein tat all diese wunderbaren Dinge nach dem Plan Seiner Weisheit von Anbeginn an.

Die Apostelgeschichte ist eigentlich nicht die Geschichte der Apostel, sondern die Geschichte Gottes durch die Apostel; und gerade ein Wort dieses inspirierten Buches gab Georg Müller den Titel seines Tagebuches ein, der lautet: *Des Herrn Taten mit Georg Müller*.

Auf dieses Tagebuch als Ganzes können wir nur im Vorbeigehen einen Blick werfen, da es sehr ausführlich ist. Das vorliegende Lebensbild musste kürzer gefasst werden, damit es sich für einen weiteren Leserkreis und auch für viel beschäftigte Leute eignet.

Aus jährlichen Berichten über das Werk ist das Tagebuch zusammengestellt worden. Es enthält Tausende kleiner Einzelheiten, dazu auch Jahr für Jahr viele Wiederholungen, und zwar darum, weil jeder Jahresbericht jemandem in die Hände fallen konnte, der frühere nicht gelesen hatte.

Der Zweck dieser Lebensbeschreibung besteht darin, die Hauptpunkte dieses reichen Lebens hervorzuheben, damit der Leser von den Charakterzügen dieses Gottesmannes einen Eindruck bekommt, der ihn selbst zu neuen Schritten des Glaubens und der Heiligung leiten sollte. Von der Fülle des übrigen Stoffs genügt es, einen Gesamtüberblick zu geben, die wichtigsten Gesichtspunkte hervorzuheben und für die einzelnen Punkte einige charakteristische Beispiele zu nennen. Es sind sieben solcher Hauptpunkte:

1. Die Erfahrung von häufigen und oft lang andauernden finanziellen Schwierigkeiten. Das Geld, das Georg Müller in Händen hatte, sowohl für seine persönlichen Bedürfnisse wie für die Hunderte und Tausende von Waisen und für die verschiedenen Zweige des Werkes zur Ausbreitung der Schriftkenntnis, betrug oft nur noch ein einziges Pfund Sterling, manchmal nur ein paar Pennys, und oft hatte er gar nichts mehr. Er musste daher beständig auf Gott warten und direkt zu Ihm aufschauen, wenn es um all das ging, was er brauchte. Der Glaube wurde so in beständiger Übung und fortwährender Zucht gehalten.

2. Die Erfahrungen der unveränderlichen Treue Gottes. Wenn eine Verlegenheit eintrat, dauerte sie oft lange und brachte eine beträchtliche Glaubensprüfung mit sich, aber nie versagte die Hilfe; nie ging eine Essenszeit vorüber, ohne dass wenigstens ein ganz einfaches Mahl auf dem Tisch stand; nie trat eine Notlage oder Krise ein, für die Gott nicht vorgesorgt hatte. Georg Müller sagte zum Verfasser dieses Buches: »Nicht nur einmal oder fünfmal oder fünfhundertmal, sondern tausendmal während der 60 Jahre hatten wir weder in bar noch in Lebensmitteln genug auch nur für eine Mahlzeit; aber nicht ein einziges Mal hat uns Gott im Stich gelassen; nicht ein einziges Mal haben wir oder die Waisen hungern müssen oder hat uns irgendetwas Gutes gefehlt.« Von 1838 bis 1844 war eine Periode besonderer und andauernder Bedrängnis, aber wenn der Augenblick kam, in dem die Hilfe tatsächlich nötig war, kam sie immer, obgleich oft erst im letzten Moment.

3. Die Erfahrung, wie Gott die Herzen, Gedanken und Gewissen derer lenkte, die zum Werk beisteuerten. Buchstäblich vom Ende der Welt kam oft durch Männer, Frauen und Kinder, die Georg Müller nie gesehen hatte und die nichts von seiner gegenwärtigen Notlage gehört hatten, die Hilfe durch einen Geldbetrag in der erforderlichen Höhe oder in irgendeiner anderen Form, wie es gerade am nötigsten war. In unzähligen Fällen kam die Antwort, während er betend auf seinen Knien lag, so ganz entsprechend der Bitte, dass jede Möglichkeit, an den »Zufall« zu denken, ausgeschlossen war und man nicht anders konnte, als an den Gott zu glauben, der Gebete erhört.

4. **Die Tatsache, dass sich Georg Müller an den unsichtbaren Gott und an niemanden sonst klammerte.** Die Jahresberichte enthielten keine direkte Aufforderung zur Hilfe. Sie waren dazu bestimmt, die Allgemeinheit mit der Geschichte und den Fortschritten der Anstalt bekannt zu machen und über die Verwendung der Gaben Rechnung abzulegen. Dies war man den Gebern schuldig. Einmal – und zwar in einer Zeit großer Not – hielt Georg Müller diesen jährlichen Bericht sogar zurück, damit nicht jemand darin eine Aufforderung zum Geben sehe und so die Ehre des großen Versorgers geschmälert werde.[8] Der lebendige Gott allein war und ist jetzt noch der Herr dieses Werkes, der darüber wacht, und nie ist es abhängig gewesen von einem Menschen, und wäre er noch so wohlhabend oder weise oder noch so vornehm und einflussreich.

5. **Die gewissenhafte Sorgfalt in der Annahme und Verwendung der Gaben.** Hier finden wir ein Vorbild für alle, die als Haushalter Gottes wirken wollen. Wenn es bei einer Gabe irgendwie zweifelhaft erschien, ob sie in rechtmäßiger oder passender Weise angenommen werden könne, schlug Georg Müller sie einfach aus. Wenn z.B. bekannt wurde, dass ein Geber unbezahlte Schulden hatte, sodass das Geld, das er geben wollte, eigentlich den Gläubigern gehörte, wurde es abgewiesen. Wenn die Gabe an Bedingungen geknüpft war dahin gehend, dass sie als Rücklage oder als Altersversorgung für Georg Müller aufgespart werden sollte, so geschah dasselbe. Ja, wenn nur der leiseste Verdacht bestand, dass die betreffende Spende ungern, widerwillig oder aus

8 In Band 2 wird auf Seite 102 z.B. daran erinnert, dass der Bericht sich auf die Jahre 1846–1848 erstreckt, weil keiner für das Jahr 1847 erschienen ist; und auf Seite 113 stehen im Eintrag für den 25. Mai die Worte: »Wir können kaum die häuslichen Ausgaben bestreiten«, usw. Unter dem 28. und 30. Mai finden wir Anmerkungen, wie z.B.: »wir sind nun arm«; »in dieser unserer großen Not«; »in dieser Zeit größter Verlegenheit«. Herr Wright nimmt an, dass gerade wegen dieser Notlage der öffentliche Jahresbericht für das Jahr 1847 unterblieb.

Ehrsucht erfolgte, wurde sie zurückgewiesen. In einigen Fällen, in denen selbst große Summen auf dem Spiel standen, wurden die betreffenden Geber angewiesen zu warten, bis sie durch Gebet und Nachsinnen völlige Gewissheit darüber erlangt hätten, unter göttlicher Leitung zu handeln.

6. Die überaus große Bedachtsamkeit Georg Müllers, mit der er darüber wachte, dass niemand von den Außenstehenden jeweils von seiner Not erfuhr. Die Mitarbeiter des Werkes hatten an allem Anteil; sie kannten dessen genauen Stand; sie waren nicht nur seine Gehilfen in der äußeren Arbeit, sondern auch im Gebet und in der Selbstverleugnung. Aber sie wurden feierlich und wiederholt verpflichtet, keinem Außenstehenden – und wäre es auch in der dringendsten Not – je irgendetwas von den Bedürfnissen des Werkes preiszugeben. Die eine und einzige Zuflucht sollte der Gott bleiben, der das Schreien des Bedürftigen hört. Und je größer die Not war, umso größer war die Vorsicht, damit auch nicht einmal der Schein erweckt würde, als wende man sich von der göttlichen Hilfe weg, um menschlichen Beistand zu suchen.

7. Wie Georg Müllers Glaube immer kühner wurde, große Dinge von Gott zu erbitten und zu erwarten. Je mehr der Glaube geübt wurde, desto stärker wurde er, sodass es zuletzt ebenso leicht war, um 100, 1000 oder 10 000 Pfund zu bitten, wie er in der Anfangszeit um ein Pfund oder einige Pennys gebeten hatte. Es bedeutete kein größeres Unterfangen mehr, sich vor Gott hinzuwerfen und darum zu bitten, dass 2000 Kinder versorgt werden, für die jährliche Auslagen von wenigstens 25 000 Pfund erforderlich waren, als es in früheren Zeiträumen des Werkes gewesen war, auf Ihn zu schauen, wenn es um 20 heimatlose Waisen ging, deren Unterhalt nur etwa 250 Pfund im Jahr kostete. Nur indem wir den Glauben üben, werden wir davor bewahrt, ihn zu verlieren. Und die Übung im Glauben verjagt zugleich den Unglauben, der Gottes mächtige Taten verhindert.

Dies ist die kurze Zusammenfassung Tausender Tatsachen und Betrachtungen, die Georg Müller mit peinlicher Genauigkeit aufgezeichnet hat. Er sah sich selbst nicht nur als Haushalter seines himmlischen Meisters an, sondern auch als Verwalter der menschlichen Gaben, und er war »auf das bedacht, was ehrbar ist, nicht allein vor dem Herrn, sondern auch vor den Menschen«. Wohl hätte er nie einen Bericht mit all den entsprechenden Einzelheiten veröffentlichen müssen und hätte dabei doch ein treuer Haushalter vor Gott sein können, aber er wäre nicht gleichermaßen auch ein treuer Verwalter vor den Menschen gewesen.

Oft erhalten in unseren Tagen Reichsgottesarbeiter aus den verschiedensten Quellen beträchtliche Geldsummen für Werke christlicher Liebe, und doch legen sie nie über solche Vertrauensgelder Rechenschaft ab. So ehrlich sie auch sein mögen, sie handeln hierin dennoch unweise. Georg Müllers ganze Laufbahn ist umso tadelloser, als seine Verwendung der ungeheuer großen anvertrauten Summen auch die schärfste Prüfung zuließ.

Seine Erfahrungen, die uns das Tagebuch mitteilt, können Ungläubige, Zweifler und Skeptiker in unserer Zeit, die fast alles infrage stellt, stutzig machen. Wer nicht an die Macht des Gebets glaubt oder den Glauben an Gott mit Leichtgläubigkeit bzw. Aberglauben verwechselt, mag wohl darüber in Verwunderung geraten oder in Verlegenheit kommen. Aber wenn irgendjemand an der Wahrheit dieser Tatsachen zweifeln sollte, der sei hiermit eingeladen, die so merkwürdig genauen Aufzeichnungen zu prüfen, die Georg Müller, vom Geist Gottes getrieben, der Welt in gedruckter Form vorgelegt hat, d.h. in einer Form, die der willkürlichen Veränderung entzogen ist. Er selbst hat zuversichtlich und wiederholt jedermann zu genauester Prüfung aufgefordert. Die große Nüchternheit der Schreibweise zwingt dem Leser gebieterisch das Bekenntnis ab, dem zufolge der Verfasser mit fast unübertroffener Akribie berichtet, dass der Inhalt nichts als die reine Wahrheit ist.

Vor einem großen Irrtum muss aber gewarnt werden. Die evangeliumsgemäße Botschaft des Propheten Habakuk (»Der

Gerechte … wird durch seinen Glauben leben«) sollte groß darüber geschrieben werden, damit jeder sie schon bei einer flüchtigen Durchsicht lesen kann. Niemand schreibe doch Georg Müller eine wundertätige Gabe des Glaubens zu, die ihn weit über das Maß der gewöhnlichen Gläubigen hinausgehoben hätte. Niemand glaube, dass er gefeit gewesen sei gegen die Versuchungen und Anfechtungen der Sünde. Im Gegenteil, er war den Angriffen Satans fortwährend ausgesetzt, und oft finden wir bei ihm Bekenntnisse von Sünden, selbst von Unglauben, ja, er war manchmal niedergedrückt von Traurigkeit über eine zeitweilige Abkehr von Gott, die er bei sich entdeckte. Ja, nach seiner Selbsteinschätzung war er von Natur aus eigentlich schlimmer als die gewöhnlichen Menschen, und auch als Kind Gottes fühlte er sich in jeder Beziehung hilflos. Waren nicht gerade seine geistliche Armut und seine Betrübnis über die Sünde sowie sein Bewusstsein völliger Unwürdigkeit diejenigen Dinge, die ihn unaufhörlich zum Gnadenthron trieben? Weil er so schwach war, stützte er sich so fest auf den Arm, dessen Kraft sich nicht nur in unserer Schwachheit offenbaren, sondern auch nur darin sich vollenden kann.

Wer meint, ein so glaubensmächtiger Mann könne den gewöhnlichen menschlichen Schwachheiten nicht mehr unterworfen gewesen sein, lese doch in diesem gleichen Tagebuch, das so voll ist von den Erinnerungen an die Güte Gottes, von den dunklen Schatten der Sünde und Schuld, die er noch bei sich findet. Selbst inmitten der überströmenden Wohltaten und des wunderbaren Eingreifens Gottes ist er von Versuchungen zu Misstrauen und Ungehorsam angefochten, musste er darüber trauern, dass diese in ihm schlummernden Sünden ihm noch immer zusetzten.

Einmal ertappte er sich dabei, dass er innerlich unzufrieden war über die kalte Hammelkeule, aus der sein Sonntagsessen bestand. Wir sehen also, dass wir es mit einem Mann zu tun haben, der nicht nur den gleichen Schwachheiten unterworfen war wie wir, sondern der sogar in besonderer Weise für die Macht des Bösen anfällig war und der daher auch einen ganz besonders festen Halt brauchte.

Kaum hatte er den Pfad völliger Abhängigkeit von Gott betreten, da bekannte er, er sei so sündig, dass er für einige Zeit selbst dem Gedanken Raum gab, es werde wohl doch nichts werden mit dem Vertrauen auf Gott hinsichtlich der irdischen Bedürfnisse, ja, er sei in dieser Richtung vielleicht schon zu weit gegangen. Gewiss, diese Versuchung war bald wieder überwunden, und der Satan musste beschämt abziehen; aber von Zeit zu Zeit wurden ähnliche feurige Pfeile gegen ihn abgeschossen, und er musste sich dagegen mit dem Schild des Glaubens schützen. Bis zur letzten Stunde seines Lebens konnte er sich nie selbst trauen oder auch nur einen Augenblick seinen Halt in Gott aufgeben oder das Wort Gottes und das Gebet versäumen, ohne in Sünde zu fallen. Der »alte Mensch der Sünde« blieb immer zu stark für Georg Müller allein, und je länger er ein »Leben des Glaubens« führte, umso weniger setzte er sein Vertrauen auf sich selbst.

Eine andere Tatsache, die auf jeder Seite dieses Tagebuches hervortritt, besteht darin, dass er nie einen Schritt tat, sei es in großen oder kleinen Angelegenheiten, ohne sich zuvor Rat und Leitung von Gott erbeten zu haben. Viele Jünger Jesu, die verhältnismäßig kühn sind, wenn es gilt, Gottes Hilfe in großen Entscheidungen zu suchen, begehen den Fehler, dass sie mit geringfügig scheinenden Dingen nicht zu dem Gott kommen, der doch die Haare unseres Hauptes gezählt hat. Georg Müller aber ist diesem Fallstrick entgangen, er brachte auch die kleinste Angelegenheit vor Gott.

Eifrig ist er bemüht, in seinem Tagebuch den Namen des Gottes, dem er dient, zu rühmen und ihn zu ehren. Er will nicht den Anschein erwecken, als habe er einen harten Meister gehabt. Im Juli 1831 war ein falsches Gerücht verbreitet worden, als ob er und seine Frau halb verhungerten und gewisse körperliche Gebrechen Folgen des erlittenen Mangels wären. Da sah er sich gezwungen, daran zu erinnern, dass, obwohl die Kasse leer und das letzte Brot auf dem Tisch war, sie sich doch nie zu einer Mahlzeit ohne nahrhafte Speisen niedersetzen mussten. Dieses Zeugnis wurde von Zeit zu Zeit wiederholt, auch noch kurz vor seinem Heimgang; es war also die Erfahrung seines ganzen 70-jährigen Glaubenslebens.

Ein anderes Zeugnis wiederholt er gleicherweise von Zeit zu Zeit. Es betrifft die Treue des Herrn in Erfüllung Seines festen und unmissverständlichen Versprechens in Jesaja 55,11: »... so wird mein Wort sein, das aus meinem Mund hervorgeht: Es wird nicht leer zu mir zurückkehren, sondern es wird ausrichten, was mir gefällt, und durchführen, wozu ich es gesandt habe.« – Es muss dazu bemerkt werden, dass dies nicht von dem Wort des Menschen gesagt wird, so weise, so wichtig oder aufrichtig es auch sein mag, sondern von Gottes Wort.

Wir sind also berechtigt, zu erwarten und in Anspruch zu nehmen, dass es seinen göttlichen Zweck nie verfehlt, ungeachtet all des augenblicklichen und scheinbaren Misserfolgs, soweit unser Zeugnis nicht auf menschlicher Erfindung und menschlichem Einfluss beruht, sondern wirklich Gottes Botschaft durch uns ist. Georg Müller bezeugt denn auch, dass nahezu an allen Orten, wo er Gottes Wort verkündigte, sei es in größeren Kapellen oder in kleineren Räumen, der Herr Sein Siegel auf die Verkündigung gesetzt habe. Er beobachtete aber, dass seine Straßenpredigten nicht so sichtbar und reichlich gesegnet waren; nur in einem Fall erhielt er Kenntnis von der Bekehrung eines Offiziers, der gekommen war, um ihn zu verspotten. Darum hielt er Straßenpredigten nicht für seine Aufgabe.

Das Tagebuch erwähnt häufig, dass er unter körperlicher Schwäche und Unfähigkeit litt. Der Kampf gegen die Kränklichkeit begleitete ihn fast lebenslang. Die Kraft des Glaubens musste über die Schwachheit des Fleisches triumphieren. Sehr oft finden wir ihn so ernstlich angegriffen, dass er zur Arbeit unfähig war.

So brach im Jahr 1832 ein Blutgefäß im Magen auf, und er wurde durch einen Blutsturz sehr geschwächt. Der folgende Tag war ein Sonntag, und vier Außenstationen mussten bedient werden; eine davon blieb notwendigerweise unversorgt, wenn er selbst krankheitshalber ersetzt werden musste. Nach einer Stunde des Gebets fühlte er, dass ihm der Glaube gegeben wurde, aufzustehen, sich anzukleiden und in die Kapelle zu gehen. Obgleich er sich sehr schwach fühlte und der kurze Weg ihn schon erschöpfte, konnte er doch wie gewöhnlich predigen. Nach dem Gottesdienst machte ihm ein befreundeter Arzt Vorwürfe wegen seiner Handlungsweise und bemerkte, dass leicht dauernder Schaden daraus entstehen könne. Aber Georg Müller erklärte ihm, dass er sie selbst für eine Tollkühnheit ansehen würde, wenn der Herr ihm nicht den Glauben geschenkt hätte. Er predigte noch zweimal am gleichen Tag, nachmittags und abends, wurde dabei eher stärker als schwächer und hatte infolgedessen keinen Nachteil davon.

Er selbst warnt davor, in diesem Punkt sein Beispiel nachzuahmen ohne den nötigen Glauben geschenkt bekommen zu haben. Dagegen versichert er gleichzeitig, dass, wenn Gott den Glauben schenkt, für Ihn und zu Seiner Ehre Derartiges zu wagen, dieser Glaube wie ein guter Scheck sei, den Gott einlöse, wenn er Ihm vorgezeigt werde. Er ging nicht immer in gleicher Weise vor, weil er nicht immer den gleichen Glauben hatte, und dies veranlasst ihn, im Tagebuch zwischen der *Gabe* des Glaubens und der *Gnade* des Glaubens zu unterscheiden.

In früheren Jahren betete er oft mit Kranken, bis sie gesund waren, und erwartete bedingungslos den Segen körperlicher Heilung. Fast immer ist er erhört worden, doch gab es auch Ausnahmen. Er selbst wurde im Jahr 1829 von einem langwierigen Übel geheilt, das nie mehr zurückkehrte. Und doch litt derselbe Gottesmann später an Gebrechen, von denen er nicht auf die gleiche Art befreit wurde, und unterzog sich mehr als einmal einer Operation durch die Hand eines geschickten Arztes.

Viele werden daher zweifellos sagen, dass auch dieser Glaubensmann nicht den zur Heilung des eigenen Leibes nötigen Glauben besaß. Aber wir wollen hören, wie er selbst sich darüber äußert.

Georg Müller sagt, dass die Gabe des Glaubens immer dann zur Anwendung komme, »wenn wir den Glauben auf eine Sache richten oder etwas tun, was keine Sünde wäre, wenn wir es nicht glauben oder nicht tun würden«, hingegen die Gnade des Glaubens, »wenn wir das glauben oder tun, was nicht zu glauben oder nicht zu tun Sünde wäre«. Im ersten Fall haben wir kein unwiderrufliches Gebot oder eine Verheißung, die uns leiten könnte, im anderen Fall dagegen trifft dies sehr wohl zu. Die Gabe des Glaubens kommt nicht immer zur Ausübung, während die Gnade des Glaubens stets vorhanden sein muss, weil dabei der Glaube ein bestimmtes Wort Gottes hat, worauf er sich stützen kann. Da ist dann Mangel an Glauben oder Schwachheit des Glaubens Sünde. Es gab aber auch Fälle, fügt er hinzu, in denen es dem Herrn gefiel, zeitweilig für den besonderen Fall, ihm die Gabe des Glaubens zu verleihen, sodass er bedingungslos beten und mit völligem Vertrauen die Erhörung erwarten konnte.

Wenn wir kurz den Eindruck zusammenfassen, den wir vom aufmerksamen Lesen des ganzen Tagebuches und der beigefügten Jahresberichte haben, so können wir es mit den wenigen Worten tun: »Das ist ein Leben des Vertrauens zu Gott!«

In dem kurzen Lebensbild der Beate Paulus sehen wir, wie diese Pfarrfrau mit ihrem Gott in einer Entscheidungsstunde ringt.[9] Sie erlaubt Ihm in ihrer originellen Weise, »dass sie die Zweite sei, die Er zuschanden werden lasse, aber die Erste wolle sie nicht sein«.

Georg Müller glaubte, dass es zu keiner Zeit einen gläubigen Beter gegeben habe, dem gegenüber sich Gott als falsch oder treulos erwiesen hätte. Er war vollkommen überzeugt, dass man dem unbedingt vertrauen könne, von dem es heißt: »Wenn wir untreu sind – er bleibt treu, denn er kann sich selbst nicht verleugnen« (2Tim 2,13). Gott hat es nicht nur gesagt, Er hat es geschworen; Sein Wort wird durch den Eid bekräftigt; da Er bei keinem Größeren schwören konnte, schwur Er bei sich selbst, und das alles, damit

---

9 A. d. H.: Beate Eleutherie Paulus, geborene *Beate Eleutherie Hahn* (geboren am 8. 1. 1778 in Kornwestheim, gestorben am 24. 1. 1842 in der Nähe von Ludwigsburg), war eine württembergische Pietistin und Pfarrfrau. Ihr intensives Gebetsleben ist in ihrer viel gelesenen Biografie beschrieben worden, die einer ihrer Söhne verfasst hat.

wir einen starken Trost hätten, indem wir kühn Ihm vertrauen und Seine Verheißungen in Anspruch nehmen. Unglaube macht Gott zum Lügner, ja, zum Meineidigen, denn Er wäre ja nicht nur Seinem Wort untreu, sondern auch Seinem Eid. Georg Müller glaubte, und weil er glaubte, betete er, und weil er betete, erwartete er, und weil er erwartete, empfing er. Gesegnet ist derjenige, der glaubt; denn es gibt eine Erfüllung dessen, was der Herr verspricht.

In neue Lebensverhältnisse geführt

Bei wichtigen Entscheidungsfragen wird jeder treue Knecht Gottes mit Fleiß vor allem auf die Hinweise und Zeichen achten, die ihm sein Herr und Meister gibt. Der Betreffende will ja mit Gewissheit erkennen, welches Werk Gott für ihn bestimmt hat, wann er es anfangen und wie er es ausführen soll. Auch die Mitarbeiter in dem Werk muss Gott zeigen. Ohne volle Klarheit soll man keinen Schritt vorangehen.

Wir sind bei der Schilderung von Georg Müllers Leben nun an einer Stelle angekommen, an der der weitere Pfad anfängt, sichtbarer zu werden. Der zukünftige Mittelpunkt seines Lebenswerkes wurde ihm durch Gottes Leitung jetzt klar gezeigt.

Henry Craik verließ im März 1832 Shaldon für vier Wochen, um eine Evangelisationsarbeit in Bristol zu tun. Georg Müller stand unter dem tiefen Eindruck, dass der Herr dort für seinen Freund ein großes Werk habe, obwohl er noch nicht im Entferntesten ahnte, dass er selbst dessen Mitarbeiter sein und in derselben Stadt den Ort seiner Haupttätigkeit finden werde. Er war innerlich zwar gewiss, dass ihn der Herr von Teignmouth lösen wolle, weil seine Arbeit dort getan war; aber er wusste nicht, wohin er dann gehen sollte.

Am 13. April erhielt er einen Brief von Bruder Craik, der ihn nach Bristol einlud, um ihm zu helfen. Dieser Brief machte einen solch tiefen Eindruck auf Georg Müller, dass er begann, unter Gebet zu prüfen, ob es nicht ein Ruf Gottes sei und ob sich ihm nicht etwa damit eine geeignete Tür auftue. Am folgenden Sonntag, als er über das Kommen des Herrn predigte, sagte er in Bezug auf die damit verbundene glückselige Hoffnung, dass Gottes Boten ihr Zeugnis viel mehr verbreiten und von Ort zu Ort tragen sollten. Er erinnerte die Brüder daran, dass er es ausgeschlagen habe, sich zu binden, um jeden Augenblick frei zu sein, der göttlichen Führung zu folgen, wohin es auch sei.

Hierauf reiste er nach Bristol ab. Während der ganzen Reise war er schweigsam und hatte nicht die Freiheit, für Christus Zeugnis abzulegen oder auch nur Traktate zu verteilen. Das brachte ihn zu ernstem Nachdenken. Er sah ein, dass die sogenannte »Arbeit für den Herrn« ihn verführt hatte, aufgrund des Wirkens nach außen den verborgenen Umgang mit Gott zu vernachlässigen. Er hatte die stillen Stunden mit Gott nicht gepflegt, die doch allein dem inneren Leben Nahrung und Kraft geben. Es gibt kaum eine Lektion, die wichtiger für uns wäre als diese; und doch begreifen wir es so schwer, dass nichts uns für den Ausfall heiliger, stiller Augenblicke unter dem Wort und im Gebet entschädigen kann. Wir meinen, dass der Umgang mit christlichen Brüdern und die allgemeine Ausübung der christlichen Tätigkeit, besonders wenn wir sehr viel zu reden und mit suchenden Seelen zu tun haben, uns den Mangel an der Gemeinschaft ausschließlich mit dem Herrn ersetzen könne. In der Hast, nachdem wir uns vielleicht nur ein paar Minuten Zeit zum stillen Gebet genommen haben, eilen wir zu einem öffentlichen Gottesdienst, während wir dagegen dem geselligen Umgang mit Menschen viel Zeit einräumen und es aus falscher Rücksicht nicht wagen, uns davon zurückzuziehen. Und doch wäre es gerade notwendig gewesen, »in die Stille zu gehen«, um Zeit für die Gemeinschaft mit Gott und die Beschäftigung mit Seinem Wort zu haben. Vielleicht wäre dies das beste Zeugnis gewesen, das wir denen gegenüber hätten ablegen können, deren Gesellschaft uns unnötigerweise aufhielt. Wie oft rennen wir von einer Versammlung in die andere ohne eine hinreichende Pause, in der wir unsere Kraft durch stilles Warten auf den Herrn erneuern können. Wir tun so, als ob Gott mehr Wert auf die Länge unserer Zusammenkünfte als auf die Tiefe der Gemeinschaft mit Ihm legen würde.

Georg Müller wurde die Gnade geschenkt, hierin eine der größten Gefahren zu entdecken, die einem viel beschäftigten Mann in unserer Zeit ungesunder Hast und Unruhe drohen. Er sah ein, dass wir, wenn wir andere nähren sollen, selbst zuerst genährt sein müssen. Er erkannte, dass auch öffentliche und gemeinsame Gottesdienste, in denen Anbetung und Lob und Dank dargebracht werden, doch nie das ersetzen können, was wir empfangen in dem stillen, verborgenen Kämmerlein, hinter der verschlossenen Tür und mit dem offenen Fenster nach Jerusalem hin, wo wir Gott allein begegnen.

Dreimal finden wir in der Heiligen Schrift eine göttliche Anweisung für ein gedeihliches inneres Wachstum. Gott sagt zu Josua: »Dieses Buch des Gesetzes soll nicht von deinem Mund weichen, und du sollst darüber nachsinnen Tag und Nacht, damit du darauf achtest, zu tun nach allem, was darin geschrieben ist; denn dann wirst du auf deinem Weg Erfolg haben, und dann wird es dir gelingen« (Jos 1,8). 500 Jahre später wiederholt der geisterfüllte Verfasser von Psalm 1 die Verheißung in klaren Worten und spricht dort von dem Mann, der »seine Lust hat am Gesetz des HERRN und über sein Gesetz sinnt Tag und Nacht! Und er ist wie ein Baum, gepflanzt an Wasserbächen, der seine Frucht bringt zu seiner Zeit und dessen Blatt nicht verwelkt; und alles, was er tut, gelingt.«

Etwa ein Jahrtausend später wird nochmals dasselbe Zeugnis ausgesprochen: »Wer aber in das vollkommene Gesetz, das der Freiheit, nahe hineinschaut« [d.h. über das, was er darin sieht, nachdenkt, damit er nicht den Eindruck vergisst, den er durch den Spiegel des Wortes empfangen hat], »der wird glückselig sein in seinem Tun« (Jak 1,25).

Hier haben wir also ein dreifaches Zeugnis über das Geheimnis gesunden Wachstums und ungehinderten Segens: ernstes Nachsinnen über die Schrift, die ein Buch des Gesetzes, ein Strom des Lebens und ein Spiegel des eigenen Ichs ist. Daraus lernen wir den Willen Gottes, gottgemäßes Leben und die umgestaltende Macht Gottes kennen. Derjenige begeht einen verhängnisvollen Fehler, der aus irgendeinem Grund das von Gebet begleitete Forschen im Wort Gottes unterlässt.

Wenn wir die verborgenen Quellen von Georg Müllers Leben und Wirken suchen, so besteht der eigentliche Schlüssel zu dem ganzen Geheimnis seines reichen Lebens darin, dass er in der Stille Gottes Willen aus Seinem Wort und durch Seinen Geist zu erkennen wusste.

Am 22. April 1832 predigte Georg Müller zum ersten Mal in der Gideon-Kapelle in Bristol. Fortan ist Bristol nahezu 66 Jahre lang untrennbar mit seinem Namen verbunden. Hätte er an diesem Sonntag voraussehen können, was der Herr durch ihn in dieser Stadt tun würde, so wäre sein Herz von Lob und Dank übergeflossen. Zugleich wäre er in Demut vor einer solch großen und überwältigenden Verantwortlichkeit zurückgeschreckt.

Am Nachmittag desselben Sonntags predigte er in der Pithay-Kapelle, und zwar war diese Predigt in ganz besonderer Weise gesegnet. Neben mehreren anderen wurde dadurch ein junger Mann, ein allgemein bekannter Trunkenbold, zur Bekehrung geführt. Und ehe die Sonne unterging, wusste Georg Müller, dass der Herr ihn entsprechend Seiner Weisung nach Bristol gebracht habe und dass hier wenigstens eine Zeit lang sein Arbeitsfeld sein werde.

Es hatte auf den in Bristol verbrachten Tagen ein solch sichtbarer Segen geruht, dass Georg Müller und Henry Craik mit Sicherheit daraus schlossen, der Herr habe sie für diese Stadt bestimmt. Und dies wurde ihnen von Gott bestätigt. Das Siegel göttlichen Einverständnisses war auf alles gesetzt gewesen, was sie unternommen hatten, und beim letzten Gottesdienst in der Gideon-Kapelle am 29. April war der Raum so überfüllt, dass viele fortgingen, weil sie keinen Platz mehr fanden.

Georg Müller hatte dabei Gelegenheit, sich in der Demut zu üben; denn er sah, dass von vielen Leuten die Gaben seines Bruders den seinen vorgezogen wurden. Da Henry Craik indessen nur unter der Bedingung nach Bristol gehen wollte, wenn er ihm als Mitarbeiter zur Seite stehe, gab ihm Gott Gnade, die Demütigung, weniger beliebt zu sein, anzunehmen. Er stärkte ihn dazu durch das

Wort, in dem es heißt: »Zwei sind besser … als einer.« Er wusste auch, dass jeder den anderen ergänzen konnte und dass so beide zusammen imstande waren, mehr dazu beizutragen, Ungläubige und Gotteskinder voranzubringen und ihnen zum Segen zu sein – was die Zukunft denn auch bewies. Die gleiche Gnade Gottes half Georg Müller, noch weiter hinunterzusteigen, indem er »den anderen höher achtete als sich selbst« und sich darüber freute, statt eifersüchtig zu werden. Wie Johannes der Täufer sagte er zu sich selbst: »Ein Mensch kann gar nichts empfangen, wenn es ihm nicht aus dem Himmel gegeben ist.« Ein solcher Geist der Demut findet oft schon in diesem Leben seine Belohnung. So groß Bruder Craiks Erfolg in Bristol war, so wurde doch Georg Müllers dortiger Einfluss nachhaltiger und tiefer. Henry Craik starb schon im Jahr 1866, während Georg Müllers Werk sich über einen viel längeren Zeitraum erstreckte und auch durch seine großen Missionsreisen viel weiter reichte. So wurde der demütige Mann, der sich bückte und damit einverstanden war, der Unbekanntere zu sein, von Gott auf einen höheren Platz erhoben.

Im Mai verließen die Brüder Teignmouth für immer und siedelten nach Bristol über. In der ersten Erbauungsstunde in der Gideon-Kapelle legten sie ihre Bedingungen und Grundsätze dar; die Gemeinde erklärte sich damit einverstanden. Diese lauteten folgendermaßen: Beide wollten sich nicht fest binden, sondern die Art und Weise und die Dauer ihres Dienstes so sehen, wie es ihnen der Wille des Herrn zu sein schien. Ferner wollten sie wie in Devonshire auch hier allein auf den Herrn blicken, was ihre zeitlichen Bedürfnisse anging, die durch die freiwilligen Gaben derer, denen sie dienten, gedeckt werden sollten.

Von Anfang an bekannte sich der Heilige Geist sichtbar zu der vereinten Arbeit der beiden Brüder. Als zehn Tage nach der Eröffnung der Gottesdienste in Bethesda ein Abend mit der Möglichkeit zur seelsorgerlichen Aussprache festgesetzt wurde, war die Zahl derer, die Rat und Hilfe begehrten, so groß, dass mehr als vier Stunden mit persönlichen Unterredungen vergingen. Angesichts des großen Bedürfnisses wurden dann von Zeit zu Zeit ähnliche Aussprachen ermöglicht, die ebenfalls zu ermutigenden Ergebnissen führten.

Der 13. August war ein denkwürdiger Tag. An jenem Abend trafen sich in der Bethesda-Kapelle Georg Müller, Bruder Craik, noch ein anderer Bruder und vier Schwestern – nur sieben Seelen im Ganzen –, um eine Gemeinschaft für sich zu bilden, »ohne irgendwelche Satzungen, nur mit dem Wunsch, dem Licht entsprechend zu handeln, das der Herr ihnen durch Sein Wort geben würde«.

So lautet die kurze und einfache Eintragung in Georg Müllers Tagebuch, aber sie hat eine außerordentlich große Bedeutung. Er sah es nämlich als seine Aufgabe an, eine Gemeinschaft nach dem Muster der ersten christlichen Gemeinde zu gründen.

Diese Begebenheit führt uns zu dem dritten Zeitabschnitt seines Lebens; die weiteren Schritte folgten nun rasch.

Die Cholera wütete zu dieser Zeit in Bristol. Die schreckliche Geißel Gottes erschien zuerst Mitte Juli und dauerte drei Monate; man hielt oft Gebetsversammlungen ab, längere Zeit täglich, um die Abwendung der Heimsuchung zu erflehen. Der Tod ging umher, die Sterbeglocken erklangen fast ständig, und es war, als liege über der Stadt ein schwarzes Leichentuch. Die Stimmung war ernst und gedrückt. Natürlich wurden da viele Besuche bei Kranken, Sterbenden und Betrübten gemacht; aber es ist auffallend und bemerkenswert, dass unter den allermeisten Kindern Gottes, unter denen Georg Müller und Bruder Craik arbeiteten, keines von der Seuche ergriffen wurde.

Inmitten all dieses Jammers und Elends wurde Georg Müller am 17. September 1832 eine Tochter geboren. Sie erhielt den Namen Lydia und war ein Wohlgeruch Christi, denn sie wurde in der Folge eine hingegebene Magd Gottes und die geliebte Gattin von James Wright, Müllers Nachfolger.

Wir haben bereits erwähnt, dass viele Zuhörer Henry Craiks Predigtweise der Art vorzogen, in der Georg Müller verkündigte. Dies brachte Letzteren zu ernster Selbstprüfung, und Georg Müller erkannte, dass Bruder Craik mehr geistlich gesinnt war als er selbst, dass er mehr und ernstlicher um die Gnade betete, Seelen zu Jesus zu führen, und dass er sich in seinen Ansprachen öfter ganz direkt an die Ungeretteten wandte. Diese Erkenntnis war für Georg Müller ein Ansporn, in diesen Punkten viel treuer zu werden, und von dieser Zeit an lag auf seinem Wirken ebenso reicher Segen wie auf dem seines Bruders. Eine geheime Ursache liegt jedem Misserfolg in unserer Arbeit zugrunde – wir sehen das auch hier wieder –, und diese kann nur durch anhaltendes Gebet aus dem Weg geräumt werden. Am Gnadenthron finden wir allezeit, was wir brauchen.

Zu Anfang des Jahres 1833 kamen Briefe von den Missionaren[10] in Bagdad, die Georg Müller und Craik dringend aufforderten, zu ihnen zu kommen, um ihnen zu helfen; die Einladung ging mit einer Geldsendung von 200 Pfund einher, die zur Deckung der Reisekosten dienen sollten. Zwei Wochen fragenden Wartens vor Gott, um Seinen Willen zu erforschen, brachte die Brüder aber zu der klaren Überzeugung, dass sie *nicht* gehen sollten. Sie haben diesen Entschluss später nie bereut. Dies ist nur ein Beispiel davon, wie jeder neue Ruf von ihnen erwogen und in welcher Weise darüber entschieden wurde.

Im Februar 1833 fing Georg Müller an, das Lebensbild August Hermann Franckes, des Gründers der Halleschen Waisenhäuser, zu lesen. Das Nachdenken über Franckes Leben und Werk führte ihn denn auch ganz natürlich dazu, an die armen, heimatlosen Wesen um ihn her zu denken. Er begann, sich zu fragen, ob er nicht mit Gottes Hilfe einen Platz ausfindig machen könnte, sie zu versorgen, und als er darüber sann, brannte es wie Feuer in seinem Herzen.

August Hermann Francke war Georg Müllers Landsmann. Im Jahr 1698 hatte er in Halle an der Saale die größte damals bestehende Anstalt für arme Waisenkinder ins Leben gerufen. Er vertraute dabei auf Gott, und der, dem er vertraute, ließ ihn nicht

10 A. d. H.: Das dortige Missionsteam wurde von Georg Müllers Schwager Anthony Norris Groves geleitet, der oben bereits erwähnt wurde.

zuschanden werden, sondern bekannte sich in reichem Maße zu ihm.

In diesen Anstalten, die eigentlich einen ganzen Straßenzug bildeten, wurden 2000 Waisenkinder beherbergt, ernährt, gekleidet und unterrichtet. Etwa 30 Jahre lang stand alles unter Franckes eigener Leitung, bis es im Jahr 1727 seinem himmlischen Meister gefiel, Seinen Diener heimzurufen, und nach seinem Abscheiden wurde sein gleichgesinnter Schwiegersohn der Leiter der Anstalt. Obwohl seitdem etwa 200 Jahre vergangen sind, bestehen diese Waisenhäuser noch immer, indem sie nach wie vor dem gleichen Zweck dienen.

Wenn wir uns diese Tatsachen vergegenwärtigen, so sehen wir, dass Georg Müllers Werk der Arbeit Franckes in mancher Hinsicht aufs Genaueste gleicht. Georg Müller begann sein Werk etwas mehr als 100 Jahre nach Franckes Tod; zuletzt beherbergte, nährte, kleidete und unterrichtete auch er Jahr für Jahr 2000 Kinder; persönlich konnte er das Werk 60 Jahre leiten – eine doppelt so lange Zeit wie Francke –, und bei seinem Tod trat auch in seinem Fall sein gleichgesinnter Schwiegersohn an seine Stelle. Es braucht nicht angefügt zu werden, dass der Gründer der Waisenhäuser von Bristol sein Unternehmen, wie Francke, allein in der Abhängigkeit von Gott ausführte.

Am 12. Juni 1833 fing Georg Müller an, am Morgen um 8 Uhr auf die Straße zu gehen, um dort arme Kinder zu sich zu rufen. Jedem gab er ein Stück Brot zum Frühstück und unterrichtete sie dann etwa anderthalb Stunden im Lesen oder las ihnen aus der Bibel vor; später tat er das Gleiche mit den erwachsenen und alten Armen. Er fing gleich damit an, auf diese Weise 30 bis 40 Personen Brot zu geben, im Vertrauen darauf, dass, wenn die Zahl wachsen sollte, auch die Vorräte des Herrn sich mehren würden.

Aber unvorhergesehene Hindernisse kamen dazwischen. Man musste aus Rücksicht auf die Nachbarschaft die Arbeit aufgeben, denn die Leute beklagten sich über die Ansammlung müßiger Bettler, die in Haufen in den Straßen herumstanden. Aber den ursprünglichen Hauptgedanken verlor Georg Müller nie mehr aus den Augen. Es war ein Samenkorn in sein Herz gefallen, das in Kürze aufgehen sollte und aus dem die beiden großen Reichsgotteswerke (die Waisenhäuser und die Anstalt zur Ausbreitung der Schriftkenntnis) mit ihren vielen Zweigen und weitreichenden Früchten hervorwuchsen.

Von Zeit zu Zeit blickte Georg Müller auf die Taten des Herrn in seinem Leben zurück, und dieser Blick ermutigte ihn, sodass er auch getrost vorwärtsblicken konnte. Er erinnerte sich zu dieser Zeit – es war Ende 1833 –, dass er während der vier Jahre, seit er angefangen hatte, auf Gott allein zu vertrauen, hinsichtlich seiner zeitlichen Bedürfnisse nie Mangel gehabt hatte. Während des ersten Jahres hatte er 130 Pfund Sterling erhalten, im zweiten 150, im dritten 195 und im letzten 267 Pfund – lauter freiwillige Gaben, ohne dass er je einen Menschen angesprochen und auch nur einen Penny erbeten hätte. Er hatte allein auf Gott geblickt und war nie zuschanden geworden. Doch bemerkte er auch, dass er bei jedem Jahresschluss sehr wenig oder nichts übrig hatte. Vieles war ihm durch eigenartige Kanäle zugeflossen, aus großen Entfernungen und von Leuten, die er nie gesehen hatte. Er beobachtete ferner, dass die Hilfe in jedem Fall der Größe des Bedürfnisses entsprach. Auch betonte er es um anderer willen besonders, dass, wenn es viele Bedürfnisse gab, der große Versorger sich auch als derjenige erwies, der imstande und willig war, dementsprechend zu helfen. Er ist ja der »himmlische Vater, der weiß, was wir nötig haben, ehe wir Ihn bitten«.

Ein Baum aus Gottes Garten

Jetzt war die Zeit erfüllt, da der himmlische Gärtner Seinen Namen verherrlichen wollte, indem Er in den Boden von Bristol einen Baum aus Seinem Garten pflanzte.

Am 20. Februar 1834[11] gründete nämlich Georg Müller unter Gottes Führung die *Anstalt zur Ausbreitung der Schriftkenntnis für England und das Ausland.* Dieses Pflänzchen wurde im Laufe der Jahre zu einem großen Segensbaum. Wie alle anderen Schritte in Georg Müllers Leben war auch dieser das Ergebnis von viel Gebet und Nachsinnen anhand der Heiligen Schrift, von gründlichem Erforschen des eigenen Herzens und von geduldigem Warten, um den Willen Gottes zu erfahren.

Eine kurze Darlegung der Ursachen, die zur Gründung einer solchen Anstalt führten, und der Grundsätze, die dabei befolgt wurden, wird hier angebracht sein. Gewissensbedenken veranlassten Georg Müller und Bruder Craik, lieber ein neues Werk zu gründen, als sich alten anzuschließen, die für Missionszwecke, Bibel- und Traktatverteilung und für die Bildung von christlichen Schulen schon bestanden. Da sie danach strebten, dass sowohl das persönliche Glaubensleben als auch die Gemeinde völlig mit den biblischen Vorschriften übereinstimmten, waren sie davon durchdrungen, dass alle Arbeit für Gott sorgfältig mit Seinem Willen in Übereinstimmung gebracht werden müsse, soweit er uns bekannt ist, wenn wir überhaupt an Seinem vollen Segen Anteil haben wollen. Vieles bei den schon bestehenden Gesellschaften schien ihnen geradezu schriftwidrig zu sein, und dies wollten sie selbst vermeiden.

---

11 A. d. H.: Nach anderen Quellen am 21. 2. 1834. Vgl. dazu: ... *und der himmlische Vater ernährt sie doch. Georg Müller, der Waisenvater von Bristol,* Berlin: Evangelische Versandbuchhandlung O. Ekelmann Nachf., 1987, S. 76-77.

So waren sie der Ansicht, dass der Zweck der bereits bestehenden Einrichtungen, nämlich die Bekehrung der Welt in dem gegenwärtigen Zeitlauf, durch das Wort nicht gerechtfertigt werde; dieses bezeichne unsere Zeit als die, in der die Gemeinde aus der Welt herausgerufen und nicht die Welt in die Gemeinde hineingesammelt werde.

Georg Müller und Bruder Craik glaubten, wahrnehmen zu können, dass diese schon bestehenden Gesellschaften auch eine falsche Stellung zur Welt einnähmen, weil sie sich mehr mit ihr vermischten, als dass sie sich von ihr trennten. Jeder, der eine gewisse Summe zahlte, konnte nämlich Mitglied oder sogar Vorstandsmitglied werden und seine Stimme bei der Leitung der Geschäfte abgeben. Um Geld zu bekommen, wurden häufig Mittel angewendet, die nicht schriftgemäß waren. Man wandte sich hilfesuchend an unbekehrte Personen, nahm Schenkungen an, ohne den Charakter der Geber oder die Art und Weise zu berücksichtigen, in der das Geld gegeben wurde. Die Praxis, Weltmenschen zu bitten, die jeweilige Schirmherrschaft zu übernehmen, und ihnen bei öffentlichen Versammlungen[12] den Vorsitz einzuräumen, sodann die Gewohnheit, Schulden zu machen – dies und anderes schien den Gründern der neuen Einrichtung so wenig dem Wort Gottes zu entsprechen, dass sie nicht damit übereinstimmen konnten.

Es war ihr Wunsch, dass das Werk, das Gott ihnen aufgetragen hatte, den Gläubigen ein Zeugnis sei. Die bisherigen unbiblischen Methoden sollten erkannt und alle treuen Knechte Gottes dadurch motiviert werden, in allem so zu handeln, wie es das Wort Gottes verlangt und wie der Meister es gutgeheißen hätte.

Am 5. März wurde in öffentlicher Versammlung die Gründung der Anstalt angezeigt, und zugleich wurden ihre Grundsätze und Ziele folgendermaßen dargelegt:

---

12 A. d. H.: Heute versteht man darunter so etwas wie eine Jahreshauptversammlung. Auch in Verbindung mit der etwas später ins Leben gerufenen Waisenhausarbeit gab es »öffentliche Versammlungen«, die im Wesentlichen dem gleichen Zweck dienten wie die Jahresberichte, die parallel dazu veröffentlicht wurden.

1. Es ist sowohl die Pflicht als auch das Vorrecht jedes Gläubigen, hinsichtlich der Sache und des Werkes Christi mitzuhelfen.
2. Man soll die Gunst der Welt weder suchen noch davon abhängig sein oder darauf rechnen.
3. Finanzielle Unterstützung oder andere Hilfe soll bei solchen, die nicht gläubig sind, nicht gesucht werden.
4. In Bezug auf das Werk des Herrn Schulden zu machen, soll unter keinen Umständen gestattet sein.
5. Der Erfolg soll weder mit dem Maßstab der Zahlen noch des finanziellen Gedeihens gemessen werden.
6. Alle Zugeständnisse auf Kosten der Wahrheit und alles, was das Zeugnis für Gott abschwächen könnte, muss vermieden werden.

Die Ziele des Werkes wurden wie folgt dargelegt:

1. Es sollen gegründet oder unterstützt werden: Tagesschulen, Sonntagsschulen und Erwachsenenschulen, ausschließlich durch Gläubige und auf völlig schriftgemäßer Grundlage.
2. Die Heilige Schrift, ganz oder in Teilen, soll so weit wie möglich verbreitet werden.
3. Missions- und andere Arbeit im Weinberg des Herrn, soweit diese auf biblischer Grundlage und in der alleinigen Abhängigkeit vom Herrn geschieht, soll unterstützt werden.

Der Plan zu einem solchen Werk in einer solchen Art und zu einer solchen Zeit war in doppeltem Sinn ein Glaubensakt. Die Brüder hatten nicht nur hinsichtlich ihrer Zeit und Kraft Arbeit zur Genüge, sondern es war auch ein Zeitpunkt, in dem wir in Georg Müllers Tagebuch die Notiz finden: »Wir haben nur noch einen Shilling.« So wäre also gewiss ein solcher Schritt vorwärts unterblieben, wenn nicht die Augen statt auf die leere Kasse auf die unerschöpflichen Schätze eines reichen und gütigen Herrn gerichtet gewesen wären. Es gefiel Ihm, von dem und für den alle Dinge sind, dass das Werk begonnen wurde, als Seine Diener am ärmsten und schwächsten waren. Damit wollte Er dessen Wachstum zu so riesenhafter Ausdehnung umso offensichtlicher als eine Pflanze erscheinen lassen, die Seine rechte Hand gepflanzt hatte, und Er wollte verdeutlichen, dass Sein Wort in der ganzen Geschichte des Werkes in Erfüllung geht:

»Ich, der HERR, behüte ihn [den Weinberg], bewässere ihn alle Augenblicke; damit nichts ihn heimsucht, behüte ich ihn Nacht und Tag« (Jes 27,3).

Was man auch von der Notwendigkeit einer solchen neuen Gründung oder von den Bedenken, die die beiden Männer bewogen, in der oben angegebenen Weise vorzugehen, halten mag, eines ist gewiss: Das Werk bestand mehr als ein halbes Jahrhundert auf der ursprünglichen Grundlage, und seine Ausdehnung sowie sein vom Herrn gesegnetes Wachstum haben die kühnsten Erwartungen weit übertroffen.

Am 19. März wurde Georg Müller ein Sohn geboren zur großen Freude der Eltern; sie gaben ihm nach viel Gebet den Namen Elijah.

Der Rückblick in Georg Müllers Tagebuch am Ende des Jahres 1834 rühmt voll Dank, dass er den Grundstein habe legen dürfen zu dem »kleinen« Werk der Bibelverbreitung. In der Sonntagsschule waren 120 Kinder, in den Klassen der Erwachsenen 40; in den vier Tagesschulen 209 Jungen und Mädchen; 482 Bibeln und 520 Neue Testamente waren in Umlauf gebracht und 57 Pfund Sterling waren für Missionszwecke verwendet worden. In den letzten sieben Monaten hatte der Herr als Antwort auf das Gebet Beträge von insgesamt 167 Pfund Sterling geschickt, und viel Segen ruhte auch sonst auf dem Werk. Die Brüder und Schwestern, die in der Arbeit halfen, waren von dem Gott, der Gebete erhört, als direkte Antwort auf das Flehen des Glaubens geschenkt worden.

Inzwischen trat ein anderer Gegenstand für Georg Müller in den Vordergrund: der Wunsch, eine bleibende Versorgung für vater- und mutterlose Kinder zu finden.

Ein Waisenjunge, der die Schule besucht hatte, war ins Armenhaus gebracht worden, weil seine außerordentliche Armut keine andere Wahl ließ. Dieser kleine Vorfall veranlasste Georg Müller, über die Waisenfrage nachzudenken und zu beten. Konnte nicht etwas getan werden, um die äußere und innere Notlage der Waisen zu lindern? Ihm selbst unbewusst hatte Gott damit ein Samenkorn in sein Herz gelegt, das Er hütete und bewässerte. Der Gedanke an ein Waisenhaus schlug Wurzeln in Georg Müller, und weil er ein lebenskräftiger Samen war, sprosste er auf und wuchs. Jetzt war es noch ein Halm, aber mit der Zeit musste naturgemäß die Ähre kommen, bevor sich der volle Weizen in der Ähre als Samen zu einer größeren Ernte zeigte.

Unterdessen wuchs die Gemeinde. In den vergangenen zweieinhalb Jahren waren über 200 Seelen hinzugekommen, sodass es im Ganzen nun 257 Glieder waren; und die äußere Ausdehnung des Werkes beeinträchtigte in keiner Weise das geistliche Leben. Eine bemerkenswerte Tatsache.

Georg Müller war jetzt 30 Jahre alt, so alt wie sein göttlicher Meister, als Er anfing, sich der Welt zu offenbaren und umherzugehen und Gutes zu tun. Jesu demütiger Jünger war nun gleicherweise durch die vorbereitenden Schritte und Lebensabschnitte für seine Hauptaufgabe zubereitet worden. Seine Fruchtbarkeit begann jetzt, und er hat im Verlauf von mehr als 60 Jahren den Beweis geliefert von dem, was Gott durch einen Mann tun kann, der willig ist, nur das Werkzeug Seiner Hand zu sein. Nichts tritt in Georg Müllers Lebenslauf mehr hervor als seine völlige Abhängigkeit von Gott, in der er sich selbst für nichts und Gott für alles hielt.

Es wird, trotz mancher Wiederholung, von Nutzen sein, die wichtigsten Stufen seiner Vorbereitung noch einmal durchzugehen.

1. Der erste Schritt: *seine Bekehrung*. In einer Art, die niemand voraussehen konnte, und zu einer Zeit, in der man es nicht erwartete, führte ihn Gott aus dem Irrtum seines Weges heraus und brachte ihn zu der rettenden Erkenntnis Jesu Christi.

2. Das *Erwachen seiner Missionsgesinnung.* Der Heilige Geist zündete in ihm die verzehrende Flamme an, die, wenn sie durch die Tatsachen der Missionsgeschichte neue Nahrung erhält, auf einen selbstlosen Dienst vorbereitet und willig macht.

3. *Seine Selbstverleugnung.* In mehr als einem Fall wurde er befähigt, um Christi willen eine irdische und geistliche Gefahren in sich bergende Neigung aufzugeben, weil sie ein Hindernis für einen vollen Gehorsam und seine einfältige Hingabe an seinen himmlischen Vater war.

4. *Sein Rat-Holen bei Gott.* Früh schon in seinem Christenleben nahm er die Gewohnheit an, in großen und kleinen Dingen sich des Willens des Herrn zu vergewissern, ehe er handelte, indem er in jeder Angelegenheit sich durch das Wort und den Geist Gottes leiten ließ.

5. *Sein demütiges und kindliches Wesen.* Der Vater band Sein Kind an sich, indem Er ihm das einfältige Gemüt gab, das gläubig fragt und vertrauensvoll in Ihm ruht, und den kindlichen Geist, der sich dem väterlichen Ratschluss und der väterlichen Führung überlässt.

6. *Seine Predigtweise.* Unter dieser göttlichen Erziehung lernte er früh, wie er das Wort zu predigen hatte, in einfältiger Abhängigkeit vom Geist Gottes, indem er die Heilige Schrift in der Sprache des Urtexts studierte und sie in aller Einfachheit auslegte.

7. *Seine Unabhängigkeit von Menschen.* Schritt für Schritt gab er alle Abhängigkeiten von Menschen oder die Inanspruchnahme von deren Hilfe auf, wenn er in äußerlichen Dingen darauf angewiesen war; ebenso verzichtete er darauf, etwas zu borgen, Schulden zu machen, ein festes Einkommen zu beziehen, usw. Seine Augen schauten auf Gott allein als seinen Versorger.

8. *Das Wort Gottes war ihm genug.* Indem seine Schrifterkenntnis zunahm, wuchs auch seine Liebe zu der Offenbarung Gottes in Seinem Wort, bis schließlich alle anderen Bücher, auch die religiösen, im Vergleich zu Gottes eigenem Wort ihren Reiz für ihn verloren.

9. *Sein gründliches Bibelstudium.* Wenige junge Männer sind je zu einem so gründlichen und ordnungsgemäßen Suchen in den Schätzen Gottes gekommen. Er las die Heilige Schrift immer wieder durch und verinnerlichte durch Nachsinnen darüber ihre Lehren und übersetzte sie in die Praxis des Lebens.

10. *Seine Selbstständigkeit menschlicher Aufsicht gegenüber.* Er spürte die Notwendigkeit, von Menschen unabhängig zu sein, um völlig von Gott abhängig zu sein. Kühn brach er alle Fesseln, die ihn hätten hindern können, zu predigen und zu lehren, wie und wo sein himmlischer Führer es wollte.

11. *Er nutzte die Gelegenheiten.* Er begriff den hohen Wert der Menschenseelen, sodass er sich, wo er auch war, um ihre Rettung bemühte. Durch ein Wort des Zeugnisses, ein Traktat oder durch sein demütiges Beispiel versuchte er fortwährend, etliche zu Christus zu führen.

12. *Seine Befreiung von bürgerlichen Pflichten.* Dies geschah durch die besondere Fügung des Herrn. In merkwürdiger Weise befreite ihn Gott z. B. vom Militärdienst. Er sollte als Sein Streiter Seinem Ruf folgen, ohne in die Beschäftigungen des Lebens verwickelt zu sein.

13. *Seine Mitstreiter im Dienst.* Die beiden wichtigsten Mitstreiter waren ihm von Gott gegeben: zuerst sein ihm so gleichgesinnter Bruder Craik und zweitens seine Frau, die in so ganz besonderer Weise Gottes Gabe für ihn war. Beide standen ihm sowohl in der Arbeit als auch im Tragen der Verantwortlichkeit zur Seite.

14. *Seine Ansicht über das Kommen des Herrn.* Er dankte Gott dafür, dass Er ihm diese große Wahrheit enthüllt hatte, die ihm wie keine andere bedeutsam für sein inneres Leben und für seinen Dienst zu sein schien. Im Licht dieses Kommens sah er klar, dass in diesem Zeitalter des Evangeliums nicht die Welt als Ganzes bekehrt wird, sondern dass sein Zweck darin besteht, aus ihr eine gläubige Gemeinde als Christi Braut herauszurufen.

15. *Er ließ sich von Gott sagen, was er seinen Zuhörern als Botschaft weitergeben sollte.* Bei jeder neuen Gelegenheit bat er Ihn um

ein Wort, das für die Betreffenden angemessen war, dann auch um den richtigen Umgang mit dem Text und die nötige Bevollmächtigung. So versuchte er, in göttlicher Einfachheit und Aufrichtigkeit in Erweisung des Geistes und der Kraft seine Zuhörer zu erreichen.

16. *Seine Unterwerfung unter die Autorität des Wortes.* In dem Licht der heiligen Offenbarungen prüfte er alle Gebräuche, auch die schon sehr lange bestehenden, und alle Überlieferungen der Menschen (auch wenn sie noch so verbreitet waren), und dann handelte er ohne Rücksicht auf die Folgen, je nachdem er von Gott neues Licht empfangen hatte.

17. *Seine Orientierung am neutestamentlichen Modell des gemeindlichen Lebens.* Von Anfang seiner geistlichen Tätigkeit an bestand sein Geheimnis, die anderen zu leiten, darin, dass er selbst dem Hirten und Aufseher der Seelen folgte. Er veranlasste die Gemeinde der Gläubigen, sich in allen Dingen an die Vorbilder des Neuen Testaments zu halten, soweit diese klar gezeichnet waren, und so alle vorhandenen Missstände abzustellen.

18. *Er bestand darauf, dass die Gaben freiwillig sein müssten.* Während er für sich selbst mutig auf jedes feste Gehalt verzichtete, lehrte er, dass alle Reichsgottesarbeit durch freiwillige Gaben der Gläubigen unterhalten werden müsse.

19. *Seine Aufgabe des irdischen Besitzes.* Er selbst und seine Frau verkauften buchstäblich alles, was sie hatten, und gaben Almosen, um fortan von der Hand in den Mund zu leben. Nicht einmal für zukünftige Notfälle, Krankheit, Alter und dergleichen legten sie etwas zurück.

20. *Seine Gewohnheit des Gebets im Kämmerlein.* Er lernte, die enge Gemeinschaft mit Gott so hoch zu schätzen, dass er sie als das größte Vorrecht ansah. Nichts konnte ihm diese Gemeinschaft mit Gott und die stillen Stunden des Nachsinnens über Sein Wort, die ja die Quelle allen geistlichen Lebens sind, ersetzen.

21. *Seine konsequente Haltung im Dienst am Wort und beim Zeugnisgeben.* Er gab sehr darauf acht, dass seine Freiheit, über alles im Wort Gottes ungehindert reden zu können, durch nichts

beeinträchtigt wurde. Er ließ es nicht zu, dass man irgendwelche Beschränkungen, die Kompromisse hinsichtlich seiner Treue zu Gott und seiner Zugewandtheit zu den Menschen mit sich brachten, seiner Verkündigung und seinem sonstigen Dienst auferlegte.

22. *Die Arbeitsweise seines Werkes.* Unter göttlicher Leitung versuchte er, mehrere Zweige der Reichsgottesarbeit zu verbinden, so die Verbreitung des Wortes Gottes über die ganze Erde, die Unterstützung der Missionsarbeit sowie die Erziehung und Bildung der Jüngeren. Alle diese Werke waren unabhängig von weltlicher Schirmherrschaft und verzichteten darauf, sich aller Methoden oder Appelle zu bedienen, die in der Welt üblich waren.

23. *Seine Liebe zu den Waisenkindern.* Sein liebevolles Herz hatte sich schon immer zu den Armen und Elenden hingezogen gefühlt, aber doch ganz besonders zu armen Kindern, die des Vaters und der Mutter beraubt waren. Die Bekanntschaft mit Franckes Waisenhäusern in Halle gab dann die Anregung zu dem Werk in Bristol.

24. So war er vom Herrn nach allen Seiten hin zubereitet und dazu auch an den Platz gestellt worden, wo er als ein Zeugnis für den lebendigen Gott in so hervorragender Weise dienen sollte: von seiner deutschen Heimat über London und Teignmouth nach Bristol in England.

Georg Müller war sich dessen wohl bewusst, dass er nur ein irdenes Gefäß war, das Gott für das ihm aufgetragene Werk sowohl erwählt als auch gefüllt hatte. Diese Überzeugung machte ihn glücklich, aber auch demütig, und je älter er wurde, desto demütiger wurde er. Er fühlte immer mehr sein eigenes, völliges Unvermögen. Es betrübte ihn, dass die Augen der Menschen von dem Meister weg auf den Diener sahen, und er bemühte sich beständig, sie von sich weg auf Gott allein zu richten. Denn von Ihm und durch Ihn und zu Ihm hin sind alle Dinge – Ihm sei die Ehre in Ewigkeit. Amen.

Im Jahr 1835 unternahm Georg Müller auf besondere Aufforderung hin eine Reise nach Deutschland. A.N. Groves, sein

Schwager, war nämlich aus Indien zurückgekommen,[13] um neue Mitarbeiter für die Mission zu gewinnen. Nun sollte Georg Müller als einer, der die Landessprache kannte, ihm helfen, die Bedürfnisse Indiens und seiner ungeretteten Millionen den deutschen Brüdern darzulegen und um Hilfe für sie zu bitten.

Als er in London seinen Pass ausstellen lassen wollte, las er dort in einer Drucksache, dass er unwissend gegen das englische Gesetz verstoßen hatte. Dasselbe verlangte nämlich, dass jeder Fremde alle sechs Monate seine Aufenthaltsbewilligung verlängern lassen musste, weil sonst eine Strafe von 50 Pfund oder Gefängnis fällig war.

Er bekannte dem betreffenden Beamten seine Unterlassung und gab zu seiner Entschuldigung nur seine Unkenntnis des Gesetzes an. Alles Weitere befahl er seinem Gott an. Und siehe da, der Herr lenkte das Herz des Beamten, sodass dieser ohne Weiteres darüber hinwegging. Ein anderes Hindernis, das der Ausstellung eines Passes noch im Weg stand, entfiel ebenfalls; auch das war eine Gebetserhörung. Dies alles hinterließ einen tiefen Eindruck bei ihm und überzeugte ihn, dass Gott sein Unternehmen wohlgefällig war und Er es segnete.

Er verweilte beinahe zwei Monate auf dem Festland und hielt sich in Paris, Straßburg, Basel, Tübingen, Schaffhausen, Stuttgart, Halle, Sandersleben, Aschersleben, Hadmersleben, Halberstadt und Hamburg auf. In Halle begrüßte er Dr. Tholuck nach siebenjähriger Trennung. Er wurde von ihm herzlich willkommen geheißen und musste in seinem Haus wohnen. Von Dr. Tholuck hörte er manche wunderbare Einzelheiten über frühere Studenten, die sich von Wegen der Gottlosigkeit zum Herrn gewandt hatten, oder von solchen, die in ihrem Glauben gefestigt worden und innerlich gewachsen waren. Er besuchte auch Franckes Waisenhaus und verbrachte einen Abend im gleichen Zimmer, in dem seinerzeit das

---

13 A. d. H.: Er war inzwischen von Bagdad nach Indien weitergereist (vgl. Fußnote 10 auf S. 77).

Werk der Gnade an seinem Herzen begann. Er traf auch einige aus der kleinen Schar, mit denen er ehedem zum Gebet zusammengekommen war.

Überall legte er treues Zeugnis für den Herrn ab. Als er sich im Haus seines Vaters aufhielt, wurde ihm auch der Weg gebahnt, indirekt vor seinem Vater und Bruder von dem einen, was notwendig ist, zu reden. Er wusste, dass er nur den Zorn seines Vaters herausfordern würde, wenn er mit ihm direkt von der Rettung seiner Seele sprechen wollte, und so hielt er es für weiser, davon abzusehen, denn der Vater sollte ja für den Glauben gewonnen und nicht davon abgestoßen werden. Nun war aber gerade ein unbekehrter Freund seines Vaters zu Besuch da, und vor diesem setzte er die Wahrheit ganz frank und frei auseinander, und da Vater und Bruder zugegen waren, hörten sie somit ebenfalls sein Zeugnis. Besonders fühlte er sich aber getrieben zu beten, weil es ihm ein Anliegen war, durch seinen ganzen Wandel in seinem Elternhaus Zeugnis abzulegen. Er war sich bewusst, dass er vor allen Dingen seinen Verwandten Liebe erweisen und zeigen müsse, wie glücklich er im Herrn geworden sei und wie völlig gleichgültig ihm jetzt alle Freuden eines weltlichen und sündhaften Lebens seien, weil er die bessere Freude in Christus gefunden hatte. Er sah, dass dies mehr Eindruck machte als bloße Worte; unser Wandel hat immer größeren Wert als unser Bekenntnis mit dem Mund. Gott half dem Sohn, sich vor seinem Vater so zu verhalten, dass dieser vor seiner Abreise zu ihm sagte: »Mein Sohn, möge Gott mir helfen, deinem Beispiel zu folgen und nach dem zu handeln, was du mir gesagt hast!«

Am 22. Juni 1835 starb der Schwiegervater von Georg Müller; gleichzeitig waren seine beiden Kinder sehr krank, und der kleine Elias folgte dem Großvater vier Tage später in die Ewigkeit. Sowohl Vater als auch Mutter waren für die Heimsuchung wunderbar vorbereitet und gestärkt. Sie hatten nicht die Freiheit gehabt, für die Genesung des Kindes zu beten, so lieb sie es hatten. So wurden

Großvater und Enkel in *ein* Grab gelegt. Lydia blieb fortan ihr einziges Kind.

Etwa um die Mitte des folgenden Monats fühlte sich Georg Müller so schwach und elend, dass Ruhe und ein Wechsel durchaus nötig waren. Gott sorgte treu für Seinen Knecht und machte Herzen willig, ihm auf der Insel Wight Gastfreundschaft anzubieten. Gleichzeitig wurde ihm auch Geld »für eine Luftveränderung« zugesandt. Als er an seinem 30. Geburtstag die innige Gemeinschaft mit seinem Gott suchte, bekam er die Glaubensfreudigkeit, für seine Genesung zu beten. Die Kraft kehrte dann auch so schnell zurück, dass er Mitte Oktober wieder in Bristol war.

Kurz vorher war er durch das Lesen von John Newtons Biografie dazu veranlasst worden, so wie dieser ein Zeugnis von den Taten Gottes mit ihm aufzuschreiben. Es war dies das zweite Mal, dass durch das Lesen eines Buches ein Wendepunkt in seinem Leben herbeigeführt wurde. Franckes Lebensbild hatte sein Herz der Sache der Waisen zugewandt, und durch Newtons Lebensbeschreibung bekam er die Anregung zu dem Tagebuch, in dem wie in der Apostelgeschichte Gottes Wirken bezeugt wird.

Wie das wuchs, was Gott gepflanzt hatte

Der letzte große Schritt, mit dem Georg Müller zu seiner eigentlichen Lebensaufgabe kam, war die Gründung der Waisenhäuser. Dieser Schritt ist von so herausragender Bedeutung, dass auch seine Einzelheiten interessant und wichtig sind.

Im Jahr 1835, am 20. November, als er bei einer Glaubensschwester zum Tee war, kam ihm wieder ein Exemplar von Franckes Lebensbild in die Hand. Nun reifte der schon lang gehegte Gedanke schnell zum Entschluss und der Entschluss schnell zur Tat. Der Umstand, dass er zu jener Zeit als Antwort auf sein Gebet 10 Pfund mehr erhalten hatte, als er für sonstige Werke brauchte, gab ihm die Zuversicht, den Schritt zu wagen – schien es doch, als gebe ihm Gott dadurch ein Zeichen Seiner Bereitwilligkeit, für alle Bedürfnisse aufzukommen.

Die Art und Weise, in der er jedes Mal vorging, wenn er ein neues Werk in Angriff nahm, und wie er die Angelegenheit erwog, sie prüfte und darüber betete, ist im höchsten Maße nachahmenswert. Ganz besonders war es diesmal so. Im täglichen Gebet, in der Gegenwart seines Herrn, versuchte er, den guten Weizen gottwohlgefälligen Trachtens, Ihn zu verherrlichen, von der Spreu selbstsüchtiger und fleischlicher Beweggründe zu reinigen. Er wollte von jeder Befleckung durch Ehrsucht ganz frei werden. Jeder Gedanke sollte gefangen genommen sein unter den Gehorsam Christi. Fortwährend durchforschte er sein Herz, um auch die geheimsten Regungen zu entdecken, die eines Dieners Christi unwürdig sind.

Da er wusste, dass ein geistlich gesinnter Bruder uns zuweilen zu einer Einsicht ins eigene Herz verhelfen kann, sprach er öfters mit Bruder Craik über seine Pläne. Er bat den Herrn, doch auch diesen Bruder zu gebrauchen, damit offenbar würde, was an unlauteren

Motiven in seiner Seele verborgen sein könnte oder damit sein Mitstreiter schriftgemäße Einwände gegen sein Vorhaben erhebe.

Bruder Craik ermutigte ihn aber entschieden, und fortgesetztes Gebet machte sein Herz gewiss, dass Gott ihn führen werde. So wurde am 2. Dezember 1835 der erste formelle Schritt getan. Es erschienen gedruckte Karten, die eine öffentliche Versammlung für die kommende Woche ankündigten; in dieser sollte dann der Plan, ein Waisenhaus zu eröffnen, den Brüdern vorgelegt und weiteres Licht über die Absicht des Herrn gemeinsam gesucht werden.

Drei Tage später wurden ihm, als er in den Psalmen las, die zehn Worte wichtig: »Tu deinen Mund weit auf, und ich will ihn füllen!« (Ps 81,11).

Von diesem Augenblick an bildete dieser Text eines der großen Leitworte seines Lebens und wurde geradezu eine Macht beim Zustandekommen seines ganzen Werkes. Bis jetzt hatte er Gott noch nicht um Geld oder Mitarbeiter gebeten, aber nun bat er im Vertrauen auf dieses Wort um ein Haus mit der entsprechenden Ausstattung, 1000 Pfund und eine geeignete Hilfe zur Beaufsichtigung der Kinder. Zwei Tage später erhielt er die erste finanzielle Gabe für das neue Werk – einen Shilling – und noch zwei Tage später die erste Gabe in Form von Ausstattungsgegenständen, einen großen Kleiderschrank.

Der Tag der denkwürdigen öffentlichen Versammlung kam – es war der 9. Dezember. In der Zwischenzeit war Satan nicht müßig gewesen; Georg Müller war die Zielscheibe seiner feurigen Pfeile, und er war sehr niedergedrückt. Er wollte einen Schritt tun, der nicht wieder rückgängig gemacht werden konnte, ohne dass dies eine große Demütigung für ihn selbst mit sich gebracht hätte und ohne dass die Ehre des Herrn geschmälert worden wäre. Was wäre, wenn sich das Ganze als Fehltritt erweisen und er ohne wirkliche Leitung von oben vorgehen würde! Sobald er aber in der Versammlung anfing zu sprechen, fühlte er sich mächtig getragen von den ewigen Armen und bekam die innere Zusicherung, dass das Werk von Gott sei. Er war sehr darauf bedacht, keine Gefühlsregungen bei seinen Zuhörern hervorzurufen, und ließ keine Sammlung durchführen. Die ersten Schritte sollten alle ruhig getan und sorgfältig und unter Gebet erwogen werden, ehe ein Beschluss gefasst wurde. Gefühlsregungen oder flüchtige Begeisterung konnten das Licht von oben verdunkeln und dazu führen, dass man nicht klar erkannte, was Gottes diesbezügliche Absichten waren. Nach der Versammlung bekam er eine freiwillige Gabe von 10 Shilling, und eine Schwester bot ihre Dienste für das Werk an. Am folgenden Morgen wurde eine kleine Broschüre über das neue Waisenhaus in Druck gegeben, und am 16. Januar 1836 erschien dann noch ein Anhang dazu. Darin wurden drei Hauptzwecke für die Gründung des beabsichtigten Waisenhauses benannt:

1. … dass Gott verherrlicht werde, indem Er die Mittel darreicht und es somit offenbar wird, dass es nicht umsonst ist, Ihm zu vertrauen;
2. … dass das geistliche Wohl vater- und mutterloser Kinder gefördert werde;
3. … dass für ihr zeitliches Wohlergehen gesorgt werde.

Georg Müller wurde in seinem Dienst häufig genug daran erinnert, dass der Glaube der Gotteskinder in erheblichem Maße gestärkt werden müsse. Er sehnte sich danach, einen sichtbaren Beweis dafür zu liefern, dass der himmlische Vater noch immer wie zu allen Zeiten derselbe treue Versorger ist. Es sollte sichtbar werden, dass Er all denen, die Ihm vertrauen, sich erweisen will als der lebendige Gott, der auch im Alter diejenigen nicht verlässt, die sich auf Ihn verlassen.

Wenn er an den Segen dachte, den er selbst durch Franckes Glaubenswerk bekommen hatte, hielt er sich für verpflichtet, der Gemeinde Christi dadurch zu dienen, dass er Gott bei Seinem Wort nahm.

Wenn ein armer Mann wie er – ohne bei irgendjemandem als nur bei Gott Hilfe zu suchen – die Mittel bekam, ein Waisenhaus zu gründen und zu erhalten, so war dies gewiss ein sprechender Beweis dafür, dass Gott noch immer treu ist und noch immer Gebete erhört. Das Waisenhaus sollte zwar ein Zweig des »Werkes zur Ausbreitung der Schriftkenntnis« sein, aber nur die Gelder durften dazu verwendet werden, die mit der ausdrücklichen Bestimmung hierfür gegeben wurden. Seine Ausweitung sollte sich auch genau nach dem Maß der Mittel richten, die Gott geben würde.

Es war die Absicht, nur solche Kinder aufzunehmen, die beide Eltern verloren hatten und die im Alter von sieben bis zwölf Jahren waren. Später fanden indessen auch jüngere Waisen Aufnahme. Durch den Aufenthalt im Waisenhaus sollten die Jungen auf eine handwerkliche Ausbildung und die Mädchen auf einen hauswirtschaftlichen Dienst vorbereitet werden.

Sobald das Unternehmen im Gang war, bewies sich an ihm Gottes Macht und fürsorgende Güte, und von diesem Zeitpunkt an ist das Tagebuch ein langer Bericht über den Glauben eines Menschen sowie Gottes Treue und Hilfe.

Als Erstes wurden fähige und willige Mitarbeiter gebraucht, die nur Gott geben konnte. Georg Müller war sich bewusst, dass er vor allem gleichgesinnte Männer und Frauen zur Seite haben müsse, wenn seine Absichten recht zur Ausführung kommen sollten. Ein einziger Achan konnte Unglück über das ganze Lager Israels bringen. So wie ein Ananias und eine Sapphira den geistlichen Zustand in der ersten Christengemeinde bedrohten, so würde sich ein einziger glaubensloser, gebetsloser, selbstsüchtiger Mitarbeiter nicht als eine Hilfe, sondern als ein Hemmschuh erweisen, sowohl für das Werk selbst als für die Mitarbeiter. Kein Schritt wurde hastig getan. Georg Müller hatte bisher geduldig auf Gott gewartet, er wartete auch jetzt auf Ihn, um aus Seiner Hand die von Ihm erwählten Mitarbeiter zu bekommen.

Ehe er rief, antwortete Gott. Schon am 10. Dezember hatten ein Bruder und eine Schwester freiwillig schriftlich ihren Dienst angeboten, und der Geist, in dem sie es taten, geht aus ihrem Brief hervor. Er lautet:

»Wir möchten uns für den Dienst in dem geplanten Waisenhaus zur Verfügung stellen, wenn Sie uns für fähig dazu halten; wir sind bereit, alle unsere Möbel usw., die der Herr uns gegeben hat, dem Haus zu überlassen. Wir wollen den Dienst tun, ohne irgendeine Bezahlung zu beanspruchen, da wir glauben, dass, wenn es der Wille des Herrn ist, uns zu gebrauchen, Er für alle unsere Bedürfnisse sorgen wird.«

Andere ähnliche Angebote folgten; es zeigte sich, dass Gottes Volk »voller Willigkeit … am Tag [Seiner] Macht« (Ps 110,3) war. Er, der in Seinem Diener Wollen und Vollbringen wirkte, schickte auch Helfer, die mit ihm die Lasten trugen. Niemals fehlte es an fähigen, freudigen und hingegebenen Mitarbeitern, wenngleich das Werk sich sehr rasch vergrößerte.

Zwar sollten wir den Gaben, durch die es unterhalten wurde, einige gesonderte Ausführungen widmen, aber es soll doch hier schon angemerkt werden, dass unter den allerersten Gebern eine arme Näherin war, die die erstaunliche Summe von 100 Pfund spendete. Diese Gabe, die so deutlich von ganzem Herzen und unter so viel Selbstverleugnung geopfert wurde, war darum auch besonders kostbar und heilig und ein Zeichen dafür, dass Gott zu dem Werk stand. Es war höchst bedeutungsvoll, dass Er eine arme, kränkliche Näherin zu Seinem Werkzeug erwählt hatte, um den Grundstein für dieses große Werk zu legen. Er bewies dadurch wieder einmal: »… das Schwache der Welt hat Gott auserwählt, damit er das Starke zuschanden mache; und das Unedle der Welt und das Verachtete hat Gott auserwählt und das, was nicht ist, damit er das, was ist, zunichtemache, damit sich vor Gott kein Fleisch rühme« (1Kor 1,27-29).

Für das Werk unter den Waisen war nun vor allem ein Haus nötig, und dafür wurde jetzt besonders gebetet; der 1. April 1836 war als Zeitpunkt festgesetzt, an dem ein Haus für Mädchen eröffnet werden sollte, weil diese doch am hilfsbedürftigsten waren. Das Gebäude Nr. 6 in der Wilson Street, in dem Georg Müller selbst bis zum 25. März gewohnt hatte, wurde für ein Jahr gemietet und am 21. April bezogen. Dieser Tag wurde zum besonderen Bitt- und Danktag gemacht. Es wurde öffentlich bekannt gegeben, dass man nun imstande sei, bedürftige Kinder zu versorgen; und am 18. Mai wurde bekannt gegeben, dass in Kurzem ein zweites Haus für kleinere Kinder – Jungen und Mädchen – eröffnet werden solle.

Aber nun müssen wir einen Schritt zurückgehen. Seltsam war es, alles – selbst die geringsten Einzelheiten des Plans – war vor den Herrn gebracht worden; im Glauben hatte man das Haus und die Möbel, das Geld für die Miete und andere Ausgaben erbeten; aber dass Gott die Waisen senden möge, dafür hatte er nie gebetet; so bekennt Georg Müller selbst. Er hatte geglaubt, dass es Anmeldungen in Hülle und Fülle geben würde. Man kann sich die Überraschung und den Kummer kaum vorstellen, womit sein Herz erfüllt wurde, als die festgesetzte Zeit für Anmeldungen da war und nicht eine einzige kam! Alles war bereit, ausgenommen die Waisen.

Georg Müller war tief gebeugt. Den ganzen Abend dieses Tages lag er buchstäblich auf seinem Angesicht, um sein eigenes Herz und dessen Beweggründe zu prüfen. Er flehte Gott an, ihn zu erforschen und seine Gedanken zu erkennen. Dabei kam es zu einer solchen Beugung, dass er in Wahrheit sagen konnte, er wolle sich freuen, wenn aus dem ganzen Werk nichts werde, sofern Gott dadurch mehr geehrt würde. Gerade am darauffolgenden Tag kam das erste Aufnahmegesuch, am 11. April wurden die ersten Waisen aufgenommen, und am 18. Mai waren 26 von ihnen im Haus, und täglich wurden noch mehr erwartet. Da auch mehrere Anfragen für Kinder unter sieben Jahren vorlagen, wurde beschlossen, dass die Altersgrenze nicht streng eingehalten werden solle, solange Platz da sei.

Indessen wurde jeder neue Schritt mit Sorgfalt und Gebet getan, damit nichts in der Kraft des Fleisches oder in menschlicher Weisheit, sondern alles in der Kraft und Weisheit des Geistes Gottes geschehe.

Wie oft wird jene ernste Warnung des Heiligen Geistes vergessen, dass – selbst wenn unser Werk zu Beginn den rechten Grund hat – wir doch noch in Gefahr kommen können, auf diesen Grund Holz, Heu und Stroh zu bauen, die dann durch das Feuer verzehrt werden, dem jedes Werk ausgesetzt wird.

Kaum war das erste Haus für Mädchen eröffnet, als ein zweites in Nr. 1 derselben Straße für den gleichen Zweck frei wurde; auch fand sich eine geeignete ältere Frau als Hausmutter. Am 28. November, etwa sieben Monate später, bezog man dieses zweite Haus. Einige der älteren und fähigeren Mädchen des ersten Hauses wurden dann zur Besorgung der häuslichen Arbeit im zweiten Haus eingesetzt. Am 8. April 1837 befanden sich in jedem Haus 30 Waisenkinder.

Der Gründer des Werkes, der von Anfang an 1000 Pfund von Gott erbeten hatte, erzählte uns, dass er dieses Geld im Glauben so gut wie empfangen hatte und dass er oft für die große Summe dankte, als wenn er sie schon in Händen gehabt hätte (Mk 11,24; 1Jo 5,14-15). Diese Gewohnheit, etwas Erbetenes als bereits im Besitz befindlich zu betrachten, trug viel zu dem Triumph seines Glaubens und dem Erfolg in seiner Arbeit bei.

Da nun der erste Teil seiner *Erzählungen der Taten Gottes* gerade die Druckerei verlassen sollte, wurde er sich darüber klar, dass es sehr zur Ehre des Herrn gereichen würde, wenn der ganze Betrag tatsächlich in seinen Händen wäre, bevor das Buch erschien. Er betete daher fortwährend weiter, und am 15. Juni hatte er die ganze Summe empfangen, ohne dass irgendein Mensch angesprochen worden war. Dagegen hatte er, wie er mit seiner üblichen Genauigkeit notiert, 18 Monate und 10 Tage lang sein Anliegen täglich vor Gott gebracht.

Es wurden noch Pläne für ein drittes Haus mit etwa 40 Waisenjungen über sieben Jahren ins Auge gefasst. Zuerst gab es Schwierigkeiten. Sie schwanden aber, wie gewöhnlich, vor der Macht des Gebets.

Das Werk zur Ausbreitung der Schriftkenntnis gedieh unterdessen weiter. Mehr als 4000 Exemplare der Heiligen Schrift waren verteilt worden. Vier Tagesschulen mit über 1000 Schülern waren errichtet worden.

Georg Müllers Sinne wurden durch heilige Übung immer geschärfter im Unterscheiden von Gut und Böse. Das wurde bei der ersten Auflage seines Tagebuches deutlich. Als die ersten 500 Exemplare ausgeliefert worden waren, war er so von Bedenken niedergedrückt, dass er schwankte, ob das Buch in der vorliegenden Form für die Leserschaft angemessen sei. Er hatte die Arbeit mit Gebet begonnen und fortgesetzt, ja, sogar die Korrekturfahnen unter Gebet gelesen. Es war ihm bei der Abfassung des Buches stets nachdrücklich darum gegangen, dass nur Gottes Ehre durch den Bericht über Seine Treue gefördert werde. Und doch trat die Frage immer wieder vor seine Seele, ob nicht dadurch die Augen der Menschen von dem großen Meister weggelenkt und auf Sein menschliches Werkzeug gerichtet würden. Aber von dem Augenblick an, in dem er das erste Exemplar weitergab und der Schritt nicht mehr rückgängig gemacht werden konnte, verstummten seine ängstlichen Bedenken.

Er sah nachher, dass dieselben eine Versuchung Satans gewesen waren. In der Tat war der große Segen, den das Buch in viele, weithin verstreute Kreise brachte, ein so deutliches göttliches Siegel auf das Buch, dass für den Zweifel kein Raum mehr übrig blieb. Es wird kaum ein Tagebuch wie dieses geben, das so viel zur Bekehrung von Sündern wie zur Vertiefung des Glaubenslebens der Kinder Gottes beigetragen hat und durch das so viele Leser reich gesegnet worden sind. Es werden später noch manche Beispiele dafür folgen.

Es war im Jahr 1837, da gewann Georg Müller, der damals in seinem 32. Lebensjahr stand, die tiefe und stets wachsende Überzeugung, dass zu seinem eigenen Wachstum in der Gnade und der göttlichen Kraft für seinen Dienst zweierlei ganz unumgänglich nötig sei: 1. sich mehr zurückzuziehen, um im Stillen Gemeinschaft mit Gott zu pflegen, auch wenn dies scheinbar auf Kosten des öffentlichen Wirkens geschähe; 2. mehr Sorge auf die ihm anvertraute Herde zu verwenden, da die Zahl der Teilnehmer am Mahl des Herrn auf fast 400 gestiegen war.

Georg Müller spürte, dass seine große Tätigkeit nach außen hin sein Gebetsleben ungünstig beeinflusste; ja, er sah, dass sich dort eine Klippe befand, an der er scheitern und Frieden sowie Vollmacht einbüßen konnte. Je länger, je tiefer gewann er die Überzeugung, der zufolge auch auf dem wichtigsten Gebiet die Arbeit den Christen nicht so umfassend in Anspruch nehmen darf, dass sie das ernste Nachsinnen über das Wort Gottes und das innige Gebetsleben verhindert. Gott sagte zuerst zu Elia: »Gehe fort von hier, ... verbirg dich!«, und dann: »Gehe hin, zeige dich!« Derjenige, der sich nicht zuerst an einem stillen Ort verbirgt, um allein mit Gott zu sein, ist unfähig, sich in der Öffentlichkeit in geistlich angemessener Weise unter Menschen zu bewegen. Georg Müller sagte später oft zu den Brüdern, die »zu viel zu tun hatten«, um die nötige Zeit mit Gott zubringen zu können, dass vier Stunden Arbeit mit einer Stunde vorbereitenden Gebets besser seien als fünf Stunden Arbeit ohne dieses Gebet. Er betonte, dass unser Dienst dem Herrn angenehmer und unsere Mission den Menschen nützlicher sei, wenn wir vom göttlichen Segen durchdrungen und von dem Tau des Heiligen Geistes erquickt sind. Was bezüglich der Menge der Arbeit gewonnen wird, geht hinsichtlich der rechten geistlichen Gesinnung verloren. Dann löst eine Verpflichtung die andere ab, ohne dass die nötige Zwischenzeit vorhanden ist, die man zur geistlichen Erfrischung und zur Erneuerung der Kraft braucht, indem man auf Gott harrt.

Seit den Tagen John Wesleys hat vielleicht kein Mann auch in einer langen Lebenszeit so viel geleistet wie Georg Müller, und doch haben sich wenige so oft und für so lange in das Heiligtum des Gebets zurückgezogen wie er.

Auch wurde ihm, wie gesagt, Folgendes gewiss: Die Seelsorge darf nicht unter der Arbeit auf anderen Gebieten leiden, und doch hatten weder er noch Bruder Craik Zeit, die Glieder einer so großen Gemeinde, die über die ganze Stadt verstreut lebten, alle zu besuchen. Jedes Jahr gab es etwa fünfzig neue Glieder, die in ganz besonderer Weise seelsorgerlich begleitet werden mussten.

Dazu kamen viele Unterbrechungen durch Besucher von nah und fern, die Last der Korrespondenz und die Leitung des Werkes im Allgemeinen. All dies nahm so viel Zeit in Anspruch, dass selbst mit zwei Pastoren den Bedürfnissen der Gemeinde nicht hinreichend Genüge getan werden konnte. Bei einer Konferenz wurden diese Angelegenheiten vor die Gemeindeglieder gebracht. Man beschloss, dass man sich nach Mitarbeitern umsehen müsse. Auch sollten die getrennten Gottesdienste der beiden Kapellen möglichst zusammengelegt werden.

Im Oktober 1837 ging es darum, das dritte Waisenhaus, dasjenige für die Jungen, zu mieten. Da aber die Nachbarschaft Widerstand leistete, sah Georg Müller mit sanftmütigem Geist sofort davon ab, darauf Anspruch zu erheben, eingedenk des Wortes: »Wenn möglich, soviel an euch ist, lebt mit allen Menschen in Frieden« (Röm 12,18). Er war gewiss, dass der Herr eine Möglichkeit schenken würde, und sein Glaube wurde auch belohnt. Sehr bald fand sich eine andere Wohnung in der gleichen Straße, in der die beiden ersten Häuser standen.

Durch Krankheit wurden der Glaube und die Geduld Georg Müllers erneut geprüft. Acht Wochen lang konnte er nicht predigen. Die seltsame Schwäche im Kopf, an der er schon früher gelitten hatte, und die zuzeiten fast seinen Verstand zu bedrohen schien, zwang ihn zur Ruhe. Im November ging er nach Bath und Weston-super-Mare und überließ das Werk, zu dem er sich im Augenblick unfähig fühlte, höheren Händen.

Ein Umstand war ihm bemerkenswert, dass es ihm nämlich während seiner Krankheit in den Zeiten, in denen er sich dem Gebet und Bibellesen widmete, besser ging als sonst. Er machte die Erfahrung, dass es weit besser sei, nicht zu viel an das körperliche Befinden zu denken und dafür sich völlig der Pflege der eigenen geistlichen Gesundheit und der Sorge für das Werk des Herrn hinzugeben. Dies wurde denn auch immer mehr seine Lebensregel, obwohl es vielleicht manche als Schwärmerei auslegen mögen. Er ließ alle Sorge um sein körperliches Befinden hinter sich. Insbesondere sah er fortan davon ab, ängstlich die Krankheitssymptome zu beobachten, womit sich so viele gesundheitlich Angeschlagene das Leben schwer machen, sodass sie von einem Arzt zum anderen eilen und von einem Heilmittel zum anderen greifen.

Georg Müller vernachlässigte seine Gesundheit deswegen nicht. Er machte sich vielmehr das Maßhalten und eine gesunde Lebensweise zu eigen. Aber das körperliche Leben musste notwendigerweise in den Hintergrund treten bei einem Mann, der so ganz im Werk seines Herrn aufging. Es gibt leider nicht wenige unter den Kindern Gottes, die so sehr von ihrer körperlichen Schwachheit und ihren körperlichen Beschwerden in Anspruch genommen sind, dass es fast ihr einziges Geschäft ist, den Körper zu pflegen – ein elendes Leben, das nicht viel besser ist als Sterben, wie Isaac Watts[14] gesagt hat.

Auch zu Anfang des Jahres 1838 war die Schwäche und Angegriffenheit des Kopfes von Georg Müller noch dieselbe. Das Leiden war so schlimm wie zuvor, und besonders war es eine Prüfung für ihn, als er bemerkte, wie reizbar er dabei wurde. Oft hatte er sogar den Eindruck, als ob ein ihm sonst ganz fremdes, satanisches Gefühl in ihm aufkäme. So wurde er daran erinnert, dass er von Natur aus ein Kind des Zorns wie alle anderen war und dass er als Gotteskind nur den Anläufen Satans widerstehen konnte, wenn er die ganze Waffenrüstung Gottes anlegte. Die Gnade entfernt nicht auf einmal alle bösen Neigungen, aber wenn sie auch nicht mit der Wurzel ausgerissen sind, wird ihnen doch durch das wunderbare Wirken des Geistes entgegengearbeitet. Petrus konnte so lange auf dem Wasser gehen, wie sein Auge auf den Meister gerichtet war. Es ist immer eine Neigung zum Sinken vorhanden, und ein hei-

14 A. d. H.: Isaac Watts (1674 – 1748), englischer Pastor und Dichter zahlreicher geistlicher Lieder. Der Ausspruch, auf den hier Bezug genommen wird, kommt in poetischer Form in einem seiner Liedtexte vor.

liger Wandel mit Gott, der dieses Sinken vermeidet, ist eine gottgemäße Kunst, die wir nur lernen und ausführen können, wenn wir beständig auf Jesus blicken. Dieser Glaubensblick ist das Gegengewicht zu der Neigung zu sinken, solange dadurch die Seele fest auf Ihn hin ausgerichtet bleibt. Georg Müller, der Mann Gottes, spürte die Gefahr, in der er sich befand, und obwohl er unter dieser Anfechtung litt, flehte er nicht so sehr um deren Wegnahme als vielmehr um die Bewahrung davor, den Namen des Herrn zu verunehren. Er bat Gott, ihn lieber sterben zu lassen, weil er Ihm keine Schande machen wollte.

Georg Müllers Tagebuch ist nicht nur eine Aufzeichnung des äußeren Lebensganges und der Arbeit für den Herrn, es ist auch ein Spiegel seines inneren Lebens und seines Wachstums. Es ist eine Ermutigung für alle anderen Kinder Gottes, dass auch sein Wachstum viele und große Hindernisse überwinden musste, über die nur die Gnade triumphieren konnte.

Drei Eintragungen, die wir nebeneinander in seinem Tagebuch finden, zeigen dies deutlich. Die erste Bemerkung ist der Ausdruck tiefer Dankbarkeit gegenüber Gott für das Vorrecht, das Werkzeug bei der Versorgung heimatloser Waisen sein zu dürfen. Er hatte gerade die in warme Winterkleider gehüllten kleinen Mädchen beobachtet, wie sie am Sonntagmorgen an seinem Fenster vorüber zu der Kapelle gingen.

Die zweite Eintragung gibt seinen Entschluss bekannt, keine Briefe mehr in Paketen zu versenden, weil er einsah, dass dies eine Verletzung der Postgesetze des Landes sei und weil er als Jünger Jesu allen menschlichen Gesetzen untertan sein wollte, soweit sie nicht im Widerspruch mit den göttlichen Gesetzen standen.

Die dritte Eintragung folgt unmittelbar darauf und lässt uns denselben Mann im Kampf mit den inneren Anfechtungen erblicken, die eine fortwährende Abhängigkeit vom Gnadenthron mit seinem barmherzigen Hohenpriester nötig machen. »Diesen Morgen«, schreibt er, »machte ich dem Herrn große Unehre durch Reizbarkeit gegenüber meiner lieben Frau, und zwar, nachdem ich fast unmittelbar vorher auf meinen Knien Gott dafür gelobt hatte, dass Er sie mir gegeben hatte.«

Aus solchen Aufzeichnungen können wir für uns heilsame Lehren gewinnen. Wir müssen unsere geistlichen Sinne üben, wenn unser Urteil geistlich werden soll. Es gibt eine klare Erkenntnis von Gottes Güte, und es gibt ein trübes Auge, das wenig sieht, wofür es dankbar sein könnte. Es gibt ein zartes Gewissen, und es gibt eines, das immer weniger empfindsam für das Böse wird. Es gibt einen Gehorsam gegenüber der Mahnung des Geistes, der zu sofortigem Bekennen treibt und durch den man eine Vermehrung der Kraft angesichts neuer Anfechtung bekommt.

Eine Folge von Georg Müllers geistlicher Arbeit an sich selbst war die Tatsache, dass er sich immer mehr von Gott in Beschlag nehmen ließ und dass sein Eifer für die Ehre des Herrn wuchs. Wir können Gottes Ehre an sich zwar nicht vergrößern, denn sie ist vollkommen, aber wir können den Menschen helfen zu sehen, was für ein herrlicher Gott Er ist, und so Mitarbeiter des Geistes Gottes werden, dessen Dienst es ist, von den Werken Christi zu zeugen. Gott so zu verherrlichen, war Georg Müllers Absicht. In diesem Licht lesen wir die demütigen Worte, mit denen er unter der Last der wachsenden Verantwortlichkeit im Jahr 1837 sein Herz zu seinem göttlichen Herrn und Meister erhebt: »Herr, Dein Knecht ist ein armer Mann; aber er hat Dir vertraut und hat sich Deiner gerühmt vor den Menschenkindern; lass ihn darum nicht zuschanden werden! Lass nicht gesagt werden: All das ist Schwärmerei, und daher ist nichts daraus geworden.«

Man wird dabei an Mose erinnert, als er für die Kinder Israel eintrat, an Elia in seinem verzehrenden Eifer für den Gott der Heerscharen und an das Gebet des Jeremia, der uns durch seine Kühnheit in Verwunderung setzt: »Verschmähe uns nicht um deines Namens willen, entehre nicht den Thron deiner Herrlichkeit« (Jer 14,21).

Im Rückblick auf das Wachstum des Werkes im Laufe des Jahres 1837 zeichnet Georg Müller die folgenden Tatsachen auf:

Drei Waisenhäuser sind nun eröffnet mit 81 Kindern und neun Mitarbeitern. In den Sonntagsschulen werden 320 Kinder unterrichtet und in den Tagesschulen 350, und der Herr hatte für die zeitlichen Bedürfnisse 307 Pfund gegeben.

Wenn wir von hier aus auf die ersten fünf Jahre der Arbeit in Bristol zurückblicken, so bleibt uns noch festzustellen, dass zwischen ihm und Bruder Craik vom Anfang bis zum Ende ununterbrochene Einmütigkeit geherrscht hatte. Beide waren vollkommen eins in ihren Anschauungen, in ihrem Zeugnis hinsichtlich der Wahrheit sowie in ihren Auffassungen bezüglich der Angelegenheiten der Gemeinde, zu deren Aufsehern der Heilige Geist sie gemacht hatte. Die Kinder Gottes waren vor Irrtümern und Spaltungen bewahrt worden; über 170 Seelen hatten sich bekehrt, sodass die Gesamtzahl der Gemeindeglieder 370 betrug, die sich nahezu gleichmäßig auf die beiden Kapellen verteilten. Gottes Segen und Wohlgefallen ruhte auf dem ganzen Werk.

Das Wort Gottes und Gebet

Zu Beginn des Jahres 1838 begann Georg Müller, jenes dritte Lebensbild zu lesen, das ebenfalls wie dasjenige von Francke und Newton einen ganz besonderen Einfluss auf sein Leben ausüben sollte – das des großen Evangelisten Whitefield. Dieses wurde von Gott dazu gebraucht, Georg Müllers geistliche Vollmacht in Predigt und Seelsorge zu mehren. Man kann sagen, dass die drei Lebensbilder zusammen in unverkennbarer Weise seinen ganzen inneren und äußeren Lebensgang beeinflusst haben. Franckes Beispiel hat ihn zum Glaubensgebet und in ein Werk geführt, das ganz allein von Gott abhängig war. Newtons Zeugnis von der Gnade Gottes hatte ihn veranlasst, seinerseits ein Zeugnis von derselben Liebe und Barmherzigkeit in seinen *Erzählungen der Taten Gottes* niederzulegen. Whitefields Erfahrung regte ihn zu größerer Treue und größerem Ernst im Verkündigen des Wortes und zu mehr Vertrauen auf die Macht des Heiligen Geistes an.

Es war besonders ein Eindruck, der sich tief in Georg Müllers Herz prägte: Whitefields unvergleichlicher Erfolg als Evangelist war ganz offenbar zwei Ursachen zuzuschreiben: nämlich seinem reichen Gebetsleben und seiner Gewohnheit, die Bibel auf den Knien zu lesen. Der große Evangelist des 18. Jahrhunderts war davon durchdrungen, dass er weder das Wort Gottes verstehen noch es anderen mitteilen könne, ohne dass der Heilige Geist ihn sowohl erleuchtete als auch bevollmächtigte. Er war erfüllt mit dem Heiligen Geist, und dies allein erklärt den Umfang und die Kraft seines Wirkens. Er starb im Jahr 1770 im 56. Lebensjahr. Seine Predigtweise hatte eine solche göttliche Kraft, dass mitunter 30 000 Zuhörer in atemloser Spannung an seinen Lippen hingen und Tränen über die geschwärzten Gesichter der Bergleute von

Kingswood flossen.[15] Georg Müller hat es sich zum Ziel gesetzt, das Geheimnis zu ergründen, wie man im Ringen mit Gott und den Menschen den Sieg davonträgt. Das Leben Whitefields verdeutlichte es ihm nun auch, dass Gott allein in ihm das tiefe Erbarmen zu den Verlorenen und das heilig ernste Verlangen, sie zu gewinnen, wirken könne.

Er begann nun ebenso – und das ist eines der Geheimnisse, denen er die Durchbrüche in seinem Dienst verdankte –, das Wort Gottes auf den Knien zu lesen und fand oft großen Segen im stundenlangen Nachsinnen und Beten über einen Psalm oder ein Kapitel der Bibel.

Man könnte fragen, ob die äußere Stellung beim Gebet denn so entscheidend sei. Eins ist gewiss, dass derjenige, der auf den Knien vor dem Wort Gottes liegt, durchdrungen wird von tiefem Ernst und heiliger Ehrfurcht. Er wird dadurch zur Selbstprüfung geführt, und die Worte des Psalmisten, ob mit dem Mund ausgesprochen oder nicht, werden ihm zum Gebet werden: »Erforsche mich, Gott, und erkenne mein Herz; prüfe mich und erkenne meine Gedanken! Und sieh, ob ein Weg der Mühsal bei mir ist, und leite mich auf ewigem Weg« (Ps 139,23-24). Das Wort, das so mit Ehrfurcht gelesen wird, wird ins Leben übertragen werden und die eigene Wesensart in das Bild unseres Gottes umgestalten. Indem wir wie in einem Spiegel die Herrlichkeit des Herrn betrachten, »werden [wir] verwandelt nach demselben Bild von Herrlichkeit zu Herrlichkeit, als durch den Herrn, den Geist« (2Kor 3,18). Der größte Vorteil dabei ist aber vielleicht der, dass die Heilige Schrift selbst uns nun die Worte für unser Gebet in den Mund legt. »Wir wissen nicht, was wir bitten sollen, wie es sich gebührt«, aber hier entspricht es genau dem, was der Heilige Geist selbst zum Ausdruck bringt, und wenn sich das Gebet an diesem Vorbild orientiert, irren wir nicht. Hier haben wir Gottes Verheißungen, Vorschriften und

15 A. d. H.: Da Kingswood heute eine östliche Vorstadt von Bristol ist, wurde Georg Müller auch davon berührt, dass es ausgerechnet hier etwa 100 Jahre zuvor solche Siege des Evangeliums gegeben hatte.

Ratschläge, und wir verwandeln diese in Gebet und Flehen mit der Zuversicht, dass wir auf diese Weise nichts verlangen, was nicht Seinem Willen gemäß ist (1Jo 5,14).

Solche Lebensgewohnheiten und nicht vorübergehende Gefühle und Stimmungen waren es, die Georg Müller zu dem machten, was er war.

Selbst in seinen besonders schweren Trübsalen kam er nach einem solchen Gebet in die *rechte* Stellung vor dem Herrn, sodass der Wille Gottes ihm kostbar und lieblich wurde. Er konnte von Herzen sagen, dass es ihm nicht um die Wegnahme seines Leidens ging, bis Gott den Segen dadurch habe geben können, den es nach Seiner Absicht mit sich bringen sollte.

Als er in der Folge Sprüche 3,5-12 las, fielen ihm die Worte auf: »Lass seine Zucht dich nicht verdrießen.« Er spürte, dass er, obwohl er die Zucht des Herrn nicht verworfen hatte, doch zuzeiten ungeduldig darüber geworden war, und bat nun um die rechte Geduld, sie zu tragen.

Oft kehrte er die Verheißungen sofort in Bitten um, indem er die ihm geoffenbarte Wahrheit auf sich anwandte. So erinnerte er z. B., als er über das Psalmwort »Hörer des Gebets« (Ps 65,3) nachdachte, Gott sogleich an verschiedene bestimmte Gebetsanliegen. Sich gewisse Gebetsanliegen aufzuschreiben, um immer wieder darauf zurückzukommen, hat einen heilsamen Einfluss auf das Gebetsleben. Man erinnert sich umso besser an die Erhörung, wenn sie eintritt, und sammelt auf diese Weise lebendige Zeugnisse der eigenen Erfahrung, dass Gott für uns persönlich ein Gott ist, der Gebete erhört.

Georg Müller schrieb also bei der Betrachtung des genannten Psalmworts acht bestimmte Bitten auf und fügte hinzu: »Ich glaube, dass Er mich erhört hat. Ich glaube, Er wird zu Seiner – der rechten – Zeit offenbar machen, dass Er mich erhört hat, und ich habe diese meine Bitten heute, am 14. Januar 1838, aufgeschrieben, damit, wenn Gott geantwortet hat, Sein Ruhm durch diese Zeilen umso größer werde.«

Der Leser sieht anhand all dessen, dass er es eigentlich mit einem Mann von schwachem Glauben zu tun hat, der es aber verstand, das Vertrauen zu Gott zu pflegen und zu nähren und dadurch seinen Glauben zu stärken. Er benutzte die Verheißung eines Gebete erhörenden Gottes als Stab, um sich in seiner ihm wohl bewussten Schwachheit darauf zu stützen. Er merkte sich den Tag, an dem er diesen Stab in die Hand genommen hatte, und die besonderen Anliegen, die er als seine Lasten wahrnahm und die er versuchte, auf Gott zu legen. Hätte Gott ein solches Vertrauen beschämen können?

Während er auf den Knien lag und sich in das Wort Gottes vertiefte, wurde ein anderes Mal seine ganze Seele ergriffen durch die Stelle: »Ein Vater der Waisen …« (Ps 68,6). Er merkte, dass dies einer der »Namen« Gottes ist, durch die Er sich Seinem Volk offenbart, damit es Ihm vertraue, wie es in Psalm 9,11 steht: »Und auf dich werden vertrauen, die deinen Namen kennen; denn du hast nicht verlassen, die dich suchen, HERR.«

Die oben erwähnten Worte des 68. Psalms wurden Leitworte seines Lebens, einer der Grundpfeiler seines Werkes für elternlose Kinder. Er selbst schreibt darüber: »Mit Gottes Hilfe soll das mein Beweismittel Ihm gegenüber sein, wenn Stunden kommen, in denen wir für die Waisen etwas nötig haben. Er ist ihr Vater und hat sich daher verpflichtet, für sie zu sorgen, und ich muss Ihn nur an die Bedürfnisse dieser armen Kinder erinnern, damit sie gestillt werden.«

Das heißt wirklich, die Verheißungen Gottes zu übertragen, nicht nur ins Gebet, sondern auch ins Leben, Arbeiten und Dienen. Das war eine gesegnete Stunde, in der Georg Müller lernte, dass einer der Namen, die Gott sich erwählt hat, *»der Vater der Waisen«* ist.

Der Glaube an diesen Gott half ihm, die Lasten zu tragen, die er sonst unmöglich hätte tragen können. Auf oft wiederholte Bemerkungen von Besuchern und Beobachtern, denen seine Ruhe bei so vielen Anlässen zur Sorge ein Geheimnis war, hatte er stets die eine Antwort: »Durch Gottes Gnade ist das keine Ursache zur Sorge für mich. Ich habe diese Kinder schon vor Jahren dem Herrn gebracht. Das ganze Werk ist das Seine, und es ist angemessen, dass ich ohne Sorge bin. Wo ich auch sonst noch so schwach sein mag, in diesem Punkt bin ich fähig, durch Gottes Gnade die Last ganz auf meinen himmlischen Vater zu legen.«

Dennoch beklagt es Georg Müller um die gleiche Zeit, dass ihm oft der rechte Ernst im Gebet mangle. Er erkannte, dass »dieser Geistestrieb ganz und gar eine Gabe Gottes ist, aber«, fügt er hinzu, »mir selbst habe ich den Verlust zuzuschreiben«. Er sah ein, dass Gott im Austeilen Seiner Gaben völlig souverän ist, aber dass es in die Hand des Menschen gelegt ist, sie anzunehmen oder zu verwerfen.

So ist jeder Schritt in Georg Müllers Leben sowohl eine Ermutigung als auch eine Ermahnung für die Mitchristen. Als er sich im Februar 1838 außerhalb von Bristol aufhielt, schrieb er einen liebevollen Brief an die Brüder dort, der einen rechten Blick in sein Herz tun lässt. Er gedenkt dankbar der Barmherzigkeit Gottes ihm gegenüber, Seiner Treue und Langmut und dessen, was er durch die Trübsal gelernt hat. Er hebt hervor, wie viel Tröstung und Lieblichkeit selbst dem Leidenskelch beigemischt sei. Außerdem betont er, dass das Gute, das wir haben, nie so recht erkannt werde, bis eine Zeit komme, in der wir dessen beraubt seien. Er erwähnt auch besonders, wie das Gebet im Verborgenen, selbst wenn das Lesen und das Gespräch bzw. das Gebet mit anderen ihn zu sehr anstrengte, ihm immer Linderung von seinen Kopfschmerzen gebracht habe. Die Gemeinschaft mit dem himmlischen Vater war für ihn eine unentbehrliche Quelle der Kraft und der Erfrischung und ein Segen in allen Lagen. Hudson Taylor hat einmal gesagt: »Satan, der Verderber, kann wohl einen Zaun um uns ziehen, aber er kann kein Dach über uns bauen und uns nicht daran hindern aufzuschauen.« Georg Müller fand – und das ist schon vielen Kindern Gottes in der Heimsuchung zum Trost geworden –, dass er imstande war, die

Schlachten des Herrn durch Beten schlagen zu helfen, auch wenn er durch Predigen dazu außerstande war.

Nach einem kurzen Besuch in Deutschland, den er einerseits gesundheitshalber und andererseits zu Missionszwecken gemacht hatte, und nachdem er mehr als 22 Wochen von seinem Dienst entfernt gewesen war, hatte sich sein Kopfleiden zwar bedeutend gebessert, aber doch konnte er noch nicht mehr als drei Stunden am Tag arbeiten. In Deutschland hatte er auch seinen alten Vater und seinen Bruder besucht und mit ihnen über ihr Seelenheil gesprochen. Seinem Vater war dies augenscheinlich zum Segen, und er schien doch endlich zu erkennen, dass ihm das eine Notwendige fehlte. Der Abschied von ihm war umso schmerzlicher, als nur wenig Hoffnung vorhanden war, dass sie sich auf Erden noch einmal sehen würden.

Am 12. Juni 1838 gebar seine Frau ein totes Kind, was sie an den Rand des Grabes brachte. Doch erhörte Gott das Gebet um ihre Genesung, und »ihre Tage wurden verlängert«.

Einen Monat später kam eine andere Glaubensprobe für die Waisenhausarbeit. Im Vorjahr hatte man 780 Pfund in Händen gehabt; nun war diese Summe auf 20 Pfund zusammengeschmolzen. Georg Müller und seine Frau, Bruder Craik und ein anderer Bruder, der mit dem Waisenhaus verbunden war, waren die vier einzigen Personen, die den niedrigen Stand der Kasse kannten, und sie vereinigten sich zum Gebet. Georg Müller konnte dabei bezeugen, dass sein Glaube stärker sei als vor Jahresfrist. Das war nicht etwa eine bloße Einbildung, denn trotz der wenigen Mittel und obgleich man in nächster Zeit 30 Pfund brauchte, wurden doch sieben weitere Kinder aufgenommen, und es wurde bekannt gemacht, dass man bereit wäre, noch fünf weitere aufzunehmen.

Die Stunde der Prüfung war da – aber noch nicht vorüber. Zwei Monate lang gingen die Beiträge so spärlich ein, dass man für die laufenden Bedürfnisse Tag für Tag, ja, Stunde für Stunde das Nötige vom Herrn erbitten musste. Gott schien zu sagen: »Meine Stunde ist noch nicht gekommen.« Größere Summen mussten bald bezahlt werden, und noch war nicht ein Penny dafür vorhanden. Als dann eines Tages über vier Pfund eingingen, kam Georg Müller der Gedanke: ›Warum nicht drei Pfund für den Notfall zurücklegen?‹ Aber sofort erinnerte er sich an das Wort: »Jeder Tag hat an seinem Übel genug« (Mt 6,34). Ohne zu schwanken, vertraute er auch in dieser Situation ganz auf seinen Gott und brauchte die ganze Summe zur Auszahlung fälliger Dienstlöhne, worauf er wieder ohne einen Penny war.

Um diese Zeit hielt Bruder Craik eine Predigt über Abraham; er hob dabei die Tatsache hervor, dass, solange Abraham im Glauben handelte und nach dem Willen Gottes wandelte, alles gut ging; dass aber, sobald er Gott misstraute und Ihm nicht gehorchte, das Gegenteil der Fall war. Georg Müller hörte diese Predigt und wandte sie sofort auf sich selbst an. Er zog zwei sehr praktische Schlüsse daraus, hinsichtlich derer er reichlich Gelegenheit hatte, sie auf sich zu beziehen. Erstens: Er durfte sich auf keinen Nebenweg oder eigenen Weg einlassen, um aus der Verlegenheit herauszukommen. Zweitens: Je mehr er Gott schon durch Vertrauen verherrlichen durfte, umso größer war auch die Gefahr, Ihn zu verunehren.

Nachdem er diese Segenswahrheiten kennengelernt hatte, stellte ihn der Herr auf die Probe, um zu sehen, wie weit er es darauf wagen wolle. Während er in der großen Geldverlegenheit für das Waisenhaus war, hatte er auf der Bank etwa 220 Pfund liegen, die ihm zu einem anderen Zweck anvertraut worden waren. Er hätte dieses Geld vorübergehend nehmen und so der gegenwärtigen Verlegenheit ein Ende machen können. Die Versuchung, es zu tun, war umso größer, als dass er die Geber als hochherzige Versorger der Waisen kannte; er brauchte ihnen nur seine Lage zu erklären, und sie hätten mit Freuden ihre Zustimmung gegeben, das Geld so zu verwenden, wie es aus seiner Sicht am besten gewesen wäre. Die meisten Menschen hätten den »gordischen Knoten« auf diese Weise zerschnitten.

Nicht so Georg Müller. Er sah sogleich, dass das ein selbst gewählter Weg gewesen wäre, um aus der Schwierigkeit herauszukommen, statt die Hilfe vom Herrn zu erwarten. Außerdem sagte er sich, dass daraus eine Gewohnheit werden würde, auf solche selbst gewählten Hilfsmittel sein Vertrauen zu setzen; und das wäre dem Glaubenswachstum hinderlich. Er wollte aber der ganzen Welt zeigen, dass der einzig richtige Weg, Gottes Treue im eigenen Leben zu erfahren und sie anderen zu beweisen, darin besteht, auf die Verheißung dieses treuen Gottes zu vertrauen, und zwar auf sie allein.

In dieser Zeit der Not – die beispielgebend war für viele andere spätere Notzeiten – wandte sich dieser Mann, der sich entschlossen hatte, auf Gottes Verheißung hin alles zu wagen, von jeglichen zweifelhaften Hilfsmitteln ab, allerdings um den Preis des Ringens mit Gott. Bemerkenswert ist, wie er dabei vorging. Er gebrauchte Beweismittel im Gebet Gott gegenüber, und dieses Mal zählte er nicht weniger als elf Gründe auf, warum Gott ihn erhören müsse.

Diese Art heiliger Beweisführung – indem wir unsere Sache vor Gott führen wie ein Anwalt vor dem Richter – ist eine beinahe in Vergessenheit geratene Kunst, ja, vielen mag sie sogar kindisch vorkommen. Und doch ist sie in der Heiligen Schrift durch viele Beispiele vertreten. Abraham in seiner Fürsprache für Sodom bietet das erste Beispiel dieser Art. Mose war ein Vorbild in dieser Kunst und verstand es meisterhaft, in manchen kritischen Fällen für sein Volk einzutreten, indem er die Beweisgründe anführte. Elia auf dem Karmel ist ein anderes Beispiel von der Macht derartigen Gebets. Und wahrscheinlich würden wir, wenn wir mehr ins Einzelne gehende Berichte aus der biblischen Geschichte hätten, eines feststellen: All die Männer, die es unternahmen, mit Gott zu ringen (wie ein Noah, Hiob, Samuel, David, Jeremia, Paulus und Johannes), haben es ebenso gemacht.

Gewiss ist es nicht nötig, Gott zu überzeugen; kein Beweisgrund kann Ihm die Ansprüche vertrauender Seelen auf Sein Eingreifen klarer machen; diese Ansprüche sind in Seinem eigenen Wort begründet und durch Seinen Eid bestätigt. Und doch will Er angerufen und beim Wort genommen werden. Auf diese Weise will Er segnen. Er liebt es, wenn wir vor Ihm unser Anliegen und zugleich Seine Verheißungen anführen. Er hat Sein Wohlgefallen an unserer wohlgeordneten Beweisführung und den angeführten Gründen. Wie hat der Herr Jesus das hartnäckige Beharren der kanaanäischen Frau gelobt, die mit Schlagfertigkeit Seinen eigenen Einwand in einen Beweisgrund für sich umwandelte! Er sagte: »Es ist nicht schön, das Brot der Kinder zu nehmen und den Hunden hinzuwerfen.« Sie antwortete: »Ja, Herr; und doch fressen die Hunde von den Brotkrumen, die von dem Tisch ihrer Herren fallen.« Welch ein Triumph überzeugenden Bittens! Sie berief sich in einer dem Meister wohlgefälligen Weise auf die Worte, die Er selbst gebraucht hatte, und kehrt Seinen scheinbaren Grund, ihrer Bitte nicht zu entsprechen, in einen Grund zur Erhörung um. »O Frau«, sagte Er, »dein Glaube ist groß; dir geschehe, wie du willst.« Damit wirft Er ihr, wie Luther gesagt hat, »den Zügel auf den Hals«.

Dieser Fall ist einzigartig in Gottes Wort, und gerade die Weise, wie hier im Gebet ein Beweisgrund geltend gemacht wird, verleiht dieser Geschichte ihre Größe. Aber ein anderer Fall ist ihm ähnlich, der des Hauptmanns von Kapernaum. Als der Heiland versprach, zu kommen und seinen Knecht gesund zu machen, wandte er ein, dass das Kommen nicht nötig sei, da Jesus nur ein Wort sprechen könne, so sei der Knecht gesund. Beachtenswert ist der Grund, den er anführt: Wenn er, ein Befehlshaber, der Gewalt ausübt und höherer Gewalt untertan ist, sowohl dem Befehl gehorcht als auch Gehorsam von den Untergebenen erwartet, wie viel mehr konnte der mächtige Heiland auch in Abwesenheit durch ein Befehlswort die heilende Macht ausüben, die in Seiner Gegenwart Seinem Willen unterworfen war! Auch von ihm sagte der Herr gleicherweise: »Selbst nicht in Israel habe ich so großen Glauben gefunden« (Mt 8,10).

Wenn wir auf diese Weise mit Gott ringen sollen, so geschieht dies aber nicht, um Ihn zu überzeugen, sondern um unsertwillen. Indem wir Ihm beweisen, dass Er durch Sein eigenes Wort und Seinen Eid und Sein Wesen sich verpflichtet hat, uns zu helfen, beweisen wir unserem eigenen Glauben Folgendes: Er hat uns das Recht gegeben, zu bitten und zu verlangen, und Er wird uns gewiss antworten, weil Er sich selbst nicht verleugnen kann.

Es gibt zwei besonders schöne Stellen der Heiligen Schrift, in denen das Recht, in dieser Weise vor Gott zu treten, dem Leser verdeutlicht wird. In Micha 7,20 lesen wir: »Du wirst an Jakob Treue, an Abraham Güte erweisen, die du von den Tagen der Vorzeit her unseren Vätern geschworen hast.« Hier liegt ein Fortschritt des Gedankens vor. Was für Abraham noch Gnade war, war für Jakob Treue – Gott war nicht gezwungen gewesen, den Segen zuzueignen; daher war es für Abraham eine reine Gnade. Nachdem aber der Herr sich freiwillig gebunden hatte, konnte Jakob das als Treue beanspruchen, was für Abraham Gnade gewesen war.

So auch in 1. Johannes 1,9: »Wenn wir unsere Sünden bekennen, so ist er treu und gerecht, dass er uns die Sünden vergibt und uns reinigt von aller Ungerechtigkeit.«

Natürlich geht es bei Treue und Gerechtigkeit eigentlich nicht um Vergebung und Reinigung, sondern um Barmherzigkeit und Gnade. Aber Gott hat sich selbst verpflichtet hat, dem bußfertigen Sünder, der seine Sünde bekennt und sich von ihr abkehrt, zu vergeben und ihn zu reinigen. Danach ist aus dem, was ursprünglich Gnade und Barmherzigkeit war, Treue und Gerechtigkeit geworden, denn man kann sich darauf berufen, dass Gott sich verpflichtet hat, zu Seinen Verheißungen zu stehen.

Kein Mann seiner Zeit ist vielleicht so sehr wie Georg Müller gewohnt gewesen, in der oben beschriebenen Weise Gott inständig zu bitten; er war einer der wenigen Auserwählten, denen es gegeben war, diese verlorene Kunst, mit Gott zu »rechten«, wieder neu zu erwecken und zu beleben. Und wenn alle Jünger dies lernen könnten, was für ein Zeitalter der Neubelebung würde für die Gemeinde Jesu auf Erden anbrechen!

Es ist herzerquickend, dem demütigen Mann Gottes in sein Kämmerlein zu folgen und zu hören, wie er seine Seele ausschüttet und überzeugende Beweisgründe vorbringt, um Gott gleichsam um Seines Namens Ehre und um Seines Wortes willen zum Eingreifen zu veranlassen.

Das waren Seine Waisen, denn hatte Er nicht selbst gesagt, dass Er der Vater der Vaterlosen ist? Das war Sein Werk, denn hatte Er Seinem Diener nicht aufgetragen, es zu tun? Was war dieser Diener Gottes anders als ein Werkzeug? Und wenn es Gottes Werk war, war Er nicht verpflichtet, für Sein eigenes Werk zu sorgen? Würde Er es dulden, dass Seine eigene Ehre geschmälert würde? Schauten nicht die halb gläubige Kirche und die ungläubige Welt darauf, um zu sehen, wie der lebendige Gott zu Seiner unveränderlichen Verheißung stehen würde? Sollte Er da nicht, musste Er da nicht neue Beweise Seiner Treue geben, damit der Mund Seiner Kinder davon würde zeugen können und die Lästerzungen zum Schweigen gebracht und die zagenden Jünger beschämt würden?

Glaubensprüfungen und Glaubensstärkungen

Gott hat Seine eigene Rechnungsweise. Achten wir auf das Wunder von den Broten und den Fischen. Der Herr Jesus sagte zu Seinen Jüngern: »Gebt ihr ihnen zu essen«, und als sie austeilten, vervielfältigte Er den geringen Vorrat; als sie davon nahmen, zählte Er hinzu; als sie ihn verminderten, indem sie austeilten, vermehrte Er ihn, damit weiter ausgeteilt werden konnte.

Wir haben schon gesehen, wie Georg Müllers Kreis betender Freunde vergrößert wurde. Zuerst hatte der Gründer des Waisenhauses nur Gott zum Vertrauten; Ihm allein brachte er seine eigenen Bedürfnisse oder die seines Werkes. Später wurde einigen wenigen, seiner eigenen Frau und Bruder Craik und einem oder zwei Mitarbeitern ein Einblick in die Lage des Werkes gewährt. Noch später, im Herbst 1838, zog er weitere Freunde, die mit dem Werk verbunden waren, ins Vertrauen. Alle, die an der Arbeit beteiligt waren, sollten auch am Gebet beteiligt sein, und dazu war es erforderlich, dass die Betreffenden die Bedürfnisse kannten, für die sie betend eintraten. Nur so konnten sie völlig Anteil haben am Glauben, an der Arbeit und am Lohn. Wie hätten sie sich sonst mitfreuen können, als die Erhörung des Gebets eintrat? Sie mussten die Notlagen gründlich miterlebt haben, aus denen Gott sie errettet hatte, wenn sie alle Ehre und allen Ruhm Seinem Namen zuschreiben sollten.

Georg Müller rief daher all die teuren Brüder und Schwestern zusammen, die mit ihm in dem Werk arbeiteten, und gewährte ihnen volle Einsicht in den ganzen Stand der Dinge; er hielt nichts zurück. Er offenbarte ihnen die Notlage, in der sie sich gegenwärtig befanden. Gleichzeitig bat er sie, getrost zu sein, da die Hilfe nach seiner festen Überzeugung nahe vor der Tür sei. Und dann vereinigten sie sich alle zum Gebet und Flehen vor dem Gott, der da hilft.

Der Schritt, der auf diese Weise getan wurde, war von nicht geringer Tragweite für alle Beteiligten. Eine beträchtliche Anzahl einzelner gläubiger Beter war nun zu einer Schar vereinigt, die vor Gottes Gnadenthron unablässig flehte. Während aber Georg Müller von den vorliegenden Verlegenheiten nichts verheimlichte, stellte er gewisse Grundsätze auf, die von Zeit zu Zeit immer wieder als unveränderliche Richtschnur des Verhaltens im Werk des Herrn in Erinnerung gebracht wurden. Dazu gehörte z. B., dass nichts gekauft werden durfte – und wenn das Bedürfnis noch so groß gewesen wäre –, wofür das Geld nicht bar vorhanden war. Ebenso fest aber stand der Grundsatz, dass die Kinder nichts Nötiges entbehren sollten. Eher sollte man das Werk beenden, eher sollten die Waisen fortgeschickt werden, als dass man sie in einem Heim zurückhielt, das diesen Namen dann zu Unrecht tragen würde, weil es ihnen eben doch an Nahrung und Kleidung fehlte.

Außenstehenden durfte von vorhandener Not nichts preisgegeben werden, damit nicht der Anschein erweckt werde, als wolle man sie zur Hilfe auffordern; der lebendige Gott musste die alleinige Hilfsquelle bleiben. Den Mitarbeitern wurde es oft ins Gedächtnis gerufen, dass der Hauptzweck der Gründungen in Bristol gerade darin bestand, den Beweis zu erbringen, wie treu Gott ist und welche Gewissheit man hat, wenn man sein Vertrauen allein auf Seine Verheißungen setzt. Um Seiner Ehre willen durfte man also nicht nach menschlicher Hilfe ausschauen. Die Mitarbeiter in dem Werk wurden überdies ernstlich ermahnt, in täglicher und stündlicher Gemeinschaft mit Gott zu leben, damit nicht ihr eigener Unglaube und Ungehorsam ihr Gebet seiner Kraft beraube oder Mangel an Einmütigkeit unter der Beterschar hervorriefe. Ein einziger Missklang kann die Einmütigkeit des gemeinsamen Gebets gefährden und dessen Annahme bei Gott verhindern.

So waren sie alle für kritische Zeiten wohl vorbereitet. Wenn keine Mittel vorhanden waren, wenn keine Menschen in Anspruch genommen und keine Schulden gemacht werden durften und wenn doch kein Mangel spürbar werden sollte, was blieb anderes übrig, als auf den unsichtbaren Gott zu harren? Die Waisenkinder selbst erfuhren nie etwas von der Notlage; immer bekamen sie, was sie brauchten, obwohl sie nicht wussten, wie. Das Mehlfass mochte leer sein, doch fand man im Augenblick, da man darauf angewiesen war, immer noch eine Handvoll darin, und der Ölkrug war nie so leer, dass nicht ein paar Tropfen übrig geblieben wären, um unter die Handvoll Mehl gemengt zu werden. Hunger und Entbehrung trat nie an die Waisenschar von Bristol heran: Es war möglich, dass die Vorräte langsam weniger wurden und nur für den betreffenden Tag reichten; aber auf irgendeine Weise war das Nötige dann, wenn es gebraucht wurde, immer da – obwohl es oft nur gerade reichte, um dem vorliegenden Bedürfnis gerecht zu werden.

Im August des Jahres 1840 wurde der Beterkreis erneut vergrößert, indem die Brüder und Schwestern, die an den Tagesschulen arbeiteten, hinzugezogen wurden. Umso größer war der Segen, der herbeiströmte und der den Mitarbeitern zuerst zuteilwurde. Sie wurden auf diese Weise zu ernstlichem, glaubensvollem Gebet aufgerufen, und Gott allein weiß, in welchem Maß der beständige Fortschritt des Werkes ihrem Glauben, ihrem Flehen und ihrer Selbstverleugnung zu verdanken ist. Die praktische Einsicht in die Bedürfnisse des Werkes, in dem sie gemeinsam arbeiteten, brachte viele Früchte der Selbstverleugnung hervor. Keine menschliche Feder hat sie aufgezeichnet, und sie werden erst offenbar werden, wenn vor dem versammelten Erdkreis die Blätter des Buches aufgetan werden, das Gott selbst geschrieben hat, und wenn die verborgenen Dinge ans Licht kommen. Seit Georg Müllers Tod hat man erfahren, in welch großem Maß er selbst zu dem Unterhalt des Werkes beigetragen hat, aber über die Größe der geheimen Gaben seiner Mitarbeiter in dem geheiligten Gebetsbund ist kein Urteil möglich.

Oft wandten ihre Gaben eine drohende Krise ab. Das Geld, das sie gaben, war oft wie das Scherflein der Witwe – ihre ganze

Nahrung und nicht nur der letzte Penny, sondern auch Schmuck, Juwelen, Familienerbstücke, lang gehütete Schätze wurden wie die Alabasterflasche mit ihrem Öl über den Füßen Jesu zerbrochen und als williges Opfer auf den Altar Gottes gelegt; sie gaben alles, was sie entbehren konnten, und oft, was sie kaum weggeben konnten, damit Speise im Haus Gottes war und kein Mangel an Brot oder anderen lebensnotwendigen Dingen bei Seinen Kleinen herrschte. Im umfassenderen Sinne war dieses Werk nicht nur das von Georg Müller, sondern auch das ihre, an dem sie mit Tränen und Gebeten, mit Sorgen und Mühen, in Selbstverleugnung und Hingabe Anteil hatten. Einer der Mitarbeiter sprach es aus, sie seien davon durchdrungen, dass es kaum »angebracht wäre zu beten, wenn sie nicht willig wären zu geben, was sie hatten«.

So zog Georg Müller seine Mitarbeiter ins Vertrauen, so kamen sie auch in umso innigere Verbindung mit ihm selbst und mit dem Werk und waren immer mehr vom gleichen Geist erfüllt. Einige Beispiele, die dies zeigen, haben auch den Weg in das Tagebuch gefunden. Eines Tages besuchten ein Herr und einige Damen die Waisenhäuser und sahen die große Schar der Kleinen, die versorgt werden mussten. Eine der Damen sagte zu der Hausmutter des Jungenhauses: »Sie werden für eine solche Anstalt viel Kapital nötig haben«, und der Herr fügte hinzu: »Sind Sie gut versorgt?« Die ruhige Antwort war: »Unsere Guthaben sind bei einer Bank hinterlegt, die nie zahlungsunfähig werden kann.« Der Dame traten Tränen in die Augen, als sie das hörte; der Herr aber gab fünf Pfund für das Werk, eine höchst willkommene Gabe – da augenblicklich kein Geld mehr im Haus war.

Solche Mitarbeiter, die nichts für sich selbst verlangten, sondern hinsichtlich ihrer eigenen Bedürfnisse zuversichtlich auf den Herrn vertrauten und darum willig ihr Geld und Gut in der Stunde der Not opferten, erfüllten Georg Müllers Herz mit Dank gegenüber Gott; wie Aaron und Hur die Arme von Mose unterstützten, so unterstützten sie die seinen, bis sein Lauf auf Erden vollendet war. Sie kamen täglich mit ihm zum Gebet zusammen und bewahrten die Geheimnisse des Werkes in den großen Glaubensproben. Und wenn die Stunde des Sieges kam, fühlten sie sich verpflichtet und berechtigt, im Jahresbericht die erfahrene Hilfe mitzuteilen, um Gottes Ruhm zu verkündigen, damit es möglich war, dass alle Menschen von Seiner Liebe und Treue erfuhren und Ihm die Ehre gaben.

Da ihnen der Herr nur Tag für Tag das Nötige an Lebensmitteln gab, wie Er einst die Israeliten mit dem Manna versorgt hatte, so zogen sie daraus den Schluss, dass es Gottes Wille sei, dass sie auch Tag für Tag alles bar bezahlen sollten.

Nun war die Miete zu bestimmten Zeiten zu zahlen. Da man die Miete als eine Tag um Tag fällige Teilsumme der ganzen Jahresmiete betrachten konnte, wurde als Regel aufgestellt, dass der laufende Betrag dafür täglich oder wenigstens wöchentlich auf die Seite gelegt wurde. Dieses auf die Seite gelegte Geld war aber für jeden anderen Zweck unantastbar und wurde auch nie aushilfsweise für eine Zeit lang anderweitig verwendet.

Ungeachtet all dieser Gewissenhaftigkeit und Festigkeit hielt die Glaubens- und Geduldsprobe jedoch noch an. Das Geld ging oft nur in kleinen Beträgen ein und zuweilen kaum so viel, dass auch bei größter Sparsamkeit die Bedürfnisse jedes Tages gedeckt werden konnten. Der Ausblick war oft sehr dunkel, und die Zukunft lag beklemmend vor ihnen, aber nie entstand eine Notlage, in der nicht Abhilfe geschaffen worden wäre. So gab es immer wieder Grund zum Bitten und Grund zum Danken. Und die Flamme des Dankens brachte wieder das Feuer der Bitte umso stärker zum Brennen.

Nach solchen Grundsätzen zu leben, war nicht möglich ohne einen Glauben, der in beständiger und lebendiger Übung gehalten wurde. Zum Beispiel schien Gott die Beterschar in Georg Müllers Anstalt in den letzten Monaten des Jahres 1838 ernstlich auf die Probe zu stellen, ob sie Ihm allein vertrauten oder nicht. Die Kasse des Waisenhauses war zu diesem Zeitpunkt fortwährend so gut wie leer; oft waren nur noch ein paar Pennys vorhanden. Aber man war sehr darauf bedacht, dass diese Tatsache nicht nach draußen gelangte; selbst Leute, die danach fragten, erhielten keine Auskunft.

Eines Abends wagte ein Bruder zu fragen, wie wohl die nächste Rechnung ausfallen werde und ob wohl der Überschuss zugunsten der Waisen derselbe wie das letzte Mal sein werde. Georg Müllers ruhige, aber ausweichende Antwort lautete: »Er wird so groß sein, wie es dem Herrn gefällt.«

Georg Müller hat es ausgesprochen, dass all diese Krisen keineswegs eine Überraschung für ihn waren und dass er keine Enttäuschung erlebte. Er wisse im Gegenteil – so seine Worte –, dass große Glaubensproben nötig seien, wenn er ein volles Zeugnis für den Gott ablegen wolle, der Gebete erhöre. Die allmächtige Gotteshand wird nie völlig erkannt, solange menschliche Hilfe gesucht wird oder in Sicht ist. Wir müssen uns in jeder Beziehung von allem anderen abwenden, wenn wir uns ganz an den lebendigen Gott halten wollen. Die erfahrene Hilfe tritt nur in dem Maß herrlich vor unsere Augen, wie die Not groß ist und wir uns ohne Gott vollständiger Verzweiflung gegenübersehen würden.

Viele von denen, die mit der inneren Geschichte der Waisenhäuser nicht näher vertraut waren, glaubten, das rechtzeitige Eintreffen der Geldmittel sehr einfach durch die Veröffentlichungen über die eingegangenen Gaben begründen zu können. Diese müsse man im Grunde als Aufforderungen zur Hilfe ansehen. Der Unglaube wird Gottes Wirken, so wunderbar es auch ist, immer durch natürliche Gesetze erklären wollen. In ähnlicher Weise besteht der fleischliche Sinn, der in Gottes Offenbarungen nie eine übernatürliche Kraft sehen will, darauf, alle Gebetswunder natürlich zu erklären.

Gewiss haben diese Jahresberichte ein Band der Liebe und Zuneigung zwischen vielen gläubigen Seelen und dem von Georg Müller geleiteten Werk geknüpft. Viele sind dadurch auch veranlasst worden zu helfen. Es ist eine bekannte Tatsache, dass Gott durch die Jahresberichte solche Ergebnisse zustande gebracht hat. Aber es bleibt dennoch wahr, dass die Jahresberichte nie mit dieser

Absicht herausgegeben worden sind. Es ist auch bemerkenswert, dass oft wenige Tage nach einer öffentlichen Versammlung oder nach dem Erscheinen eines gedruckten Berichts der Betrag in der Kasse auf einem Tiefstand war. Georg Müller und seine Mitarbeiter wurden so auf eigenartige Weise davor bewahrt, sich etwa auf einen solchen indirekten Hilferuf zu verlassen. Sie baten Gott auch ernstlich darum, sie davor zu bewahren, sich auf die Wirkungen der Veröffentlichungen zu verlassen. Es gab ja manche Gründe, bekannt zu machen, was Gott an ihnen getan hatte; aber der Hauptgrund war stets, ein Zeugnis von der Treue Gottes abzulegen. Man braucht übrigens diese Berichte nur zu lesen, um sich zu überzeugen, dass sie frei sind von allen Bitten um menschliche Hilfe oder dem Versuch, Mitleid oder Anteilnahme angesichts der Situation der Waisen hervorrufen zu wollen.

Körperliche Schwachheit zwang Georg Müller im Herbst 1839 erneut, sich zeitweilig von der Arbeit zurückzuziehen. Er reiste nach Trowbridge und Exeter, Teignmouth und Plymouth. Gott hatte ihm wieder allerlei zu sagen, was Er ihm am besten in der Stille mitteilen konnte.

Während seines Aufenthalts in Plymouth fühlte sich Georg Müller gedrungen, früh aufzustehen, um Zeit zum stillen Umgang mit Gott zu haben. In Halle war er ein Frühaufsteher gewesen, weil er studieren wollte. Später, als er aufgrund seiner Kopf- und Nervenschwäche mehr Schlaf brauchte, erlaubte er sich, länger zu schlafen, weil der Tag für seine geringen Kräfte noch lang genug schien. Und so lag er oft bis 6 oder 7 Uhr im Bett, statt um 4 Uhr aufzustehen, und nach dem Mittagessen ruhte er ein Viertelstündchen. Nun aber wurde es ihm aufs Herz gelegt, dass er an geistiger Kraft verlieren und dass er angesichts dieser Lebensweise seine Seele schwächen würde. Denn die Anstalten nahmen seine Zeit so sehr in Anspruch, dass er tagsüber nicht dazu kommen konnte, das Wort Gottes mit Muße zu betrachten und zu beten.

Ein Bruder, in dessen Haus er in Plymouth wohnte, machte eine »zufällige« Bemerkung. (Allerdings gibt es im Leben eines

Gläubigen keinen Zufall!) Diese machte auf ihn einen tiefen Eindruck. Der Bruder sprach von den Opfern des Alten Bundes und hob hervor, dass davon nur die besten und auserlesensten Teile auf den Altar gelegt werden durften. So sollte auch von uns das Beste unserer Zeit und Kraft, die besten Stunden des Tages dem Herrn zur Anbetung und Gemeinschaft geweiht werden. Georg Müller dachte darüber nach und beschloss, selbst auf die Gefahr hin, hinsichtlich seiner körperlichen Gesundheit Schaden zu nehmen, nicht länger seine besten Stunden im Bett zuzubringen.

Fortan erlaubte er sich nur sieben Stunden Schlaf und gab seine Nachmittagsruhe auf. Dadurch wurden ihm vor dem Frühstück und den vielen unausbleiblichen Unterbrechungen des Tages lange, ununterbrochene Stunden der Gemeinschaft mit Gott gesichert. Sein Befinden wurde dadurch nicht schlimmer, sondern vielmehr besser. Er überzeugte sich davon, dass dadurch, dass er länger im Bett liegen geblieben war, hinsichtlich seiner Nerven keine Besserung eingetreten war. Was das geistliche Leben anbetraf, so wurde ihm, wenn er auf Gott wartete, während die anderen schliefen, eine solche Frische und Kraft mitgeteilt, dass er diese Gewohnheit für sein ganzes späteres Leben beibehielt.

Im November 1838, als die Not immer noch groß und der Eingang der Gaben klein war, konnte er in vollem Frieden bleiben. »Ich schaute nicht«, sagte er, »auf das wenige, was ich in der Hand hatte, sondern auf die Fülle Gottes.«

Er machte es sich zur Regel, sich von allem, was er besaß, loszusagen, damit er imstande war, umso kühner die Hilfe von oben zu erflehen. Alles Entbehrliche wurde verkauft, wenn ein Käufer dafür gefunden wurde. Aber was noch für das Werk des Herrn dienen konnte, betrachtete er nicht als entbehrlich, noch hielt er es für recht, einen derartigen Gegenstand in Zeiten der Not zu verkaufen, da der Vater die Not ja kenne.

Einer seiner Mitarbeiter hatte einmal seine sehr wertvolle Taschenuhr als Pfand für die zurückgelegte Miete angeboten, weil man dieses Geld sehr notwendig hätte gebrauchen können. Allein

Georg Müller hielt ein solches Vorgehen nicht für schriftgemäß und wollte die Ehre Gottes, der stets der alleinige Helfer ist, durch solche Mittel nicht schmälern.

Als die Verlegenheit immer drückender wurde, tröstete sich Georg Müller nach wie vor mit der täglichen Erfahrung, dass Gott sie doch nicht vergessen hatte und sie Tag für Tag mit Brot versorgte. Oft sagte er zu sich selbst: ›Wenn sogar ein weltliches Sprichwort lautet: *Der Menschen Verlegenheiten sind Gottes Gelegenheiten*, wie viel mehr können Gottes geliebte Kinder in ihrer Not zu Ihm aufblicken und Ihn bitten, ihre Verlegenheiten zur Entfaltung Seiner Liebe und Macht zu gebrauchen!‹

Im Februar 1840 reiste Georg Müller, obwohl er körperlich angeschlagen war, wieder für fünf Wochen auf das Festland. Diese Gelegenheit nutzte er gleichzeitig, um eine ihm übertragene Aufgabe zu erledigen, die darin bestand, Missionare für den Orient zu werben. In Hadmersleben, wo er seinen Vater durch einen schlimmen Husten sehr geschwächt vorfand, verbrachte er die meiste Zeit im Gebet und in der Betrachtung des Wortes in den zwei Zimmern, in denen er 20 Jahre zuvor – damals als unbußfertiger Sünder – gewohnt hatte. Später sah er in Wolfenbüttel das Wirtshaus, aus dem er im Jahr 1820 mit der Zechschuld geflohen war. Beim Abschied von seinem Vater durchzuckte ihn der schmerzliche Gedanke, dass er ihn wohl zum letzten Mal sehen würde. Sein Vater war ihm gegenüber ungewöhnlich entgegenkommend und liebevoll. Er selbst aber flehte dringender denn je, dass sein Vater zum vollen Frieden in Jesus kommen möge. Es war in der Tat die letzte Begegnung. Am 30. März des gleichen Jahres starb Georg Müllers Vater.

In Halberstadt gab es sieben große protestantische Kirchen ohne einen einzigen Pfarrer, den man für wirklich bekehrt hätte halten können. Den wenigen wahren Jüngern Jesu war es auch hier verboten, gesondert zusammenzukommen.

Einige Tage nach der Rückkehr, als er sich wieder in Bristol aufhielt und die Geldnot erneut groß war, erhielt Georg Müller von einem Bruder, der früher schon oft das Werk unterstützt hatte, folgenden Brief: »Ist augenblicklich irgendein Bedürfnis für Ihr Werk vorhanden? Ich weiß, dass Sie nicht bitten, ausgenommen bei dem, dessen Werk Sie betreiben; aber auf eine Frage zu antworten, scheint mir doch etwas anderes zu sein, etwas Erlaubtes. Ich habe einen Grund, warum ich den gegenwärtigen Stand Ihrer Mittel kennenlernen möchte; sollten Sie nämlich kein dringendes Bedürfnis haben, so ist ein solches vielleicht bei anderen Zweigen der Reichsgottesarbeit vorhanden, vielleicht sind andere Diener Gottes in Not. Seien Sie so freundlich und geben Sie mir Aufschluss über den Stand der Dinge und die Höhe der etwa verwendbaren Summe.«

Den meisten Menschen – auch solchen, die in einem Glaubens- und Gebetswerk stehen – würde ein solcher Brief zumindest eine Versuchung gewesen sein. Aber Georg Müller schwankte nicht. Einem Fragesteller den genauen Stand des Werkes mitzuteilen, hätte seiner Meinung nach zwei ernste Gefahren mit sich gebracht: Einmal hätte es seine Augen von Gott weg auf Menschen gerichtet; zum anderen hätte es das Herz der Kinder Gottes von dem Grundsatz abgewendet, dass sie allein von Jesus abhängig sein sollen. Obgleich er zur Stillung der Bedürfnisse von etwa einhundert Waisen nur noch 27,50 Pennys in der Kasse hatte, lautete seine Antwort wie folgt:

»Indem ich Ihnen für Ihre Liebe danke, stimme ich im Allgemeinen mit Ihnen darin überein, dass es ein Unterschied ist, ob man um Geld bittet oder ob man eine Frage nach dem Stand der Kasse beantwortet. Trotzdem habe ich in unserem Fall nicht die Freiheit, über unsere finanzielle Lage zu sprechen. Mein Hauptziel bei der Führung des Werkes besteht nämlich darin, die Schwachen im Glauben dahin zu führen, dass sie die Realität des Glaubens einsehen, der es allein mit Gott zu tun hat.«

Kaum hatte er dann den Brief zur Post gebracht, da stieg die Bitte zu dem lebendigen Gott empor: »Herr, Du weißt, dass ich um Deinetwillen dem Bruder nichts von unserer Not sagte. Nun, Herr, zeige bitte aufs Neue, dass es eine Realität ist, mit Dir allein von dem zu reden, was wir nötig haben. Sprich darum so zu diesem Bruder, dass er uns hilft.«

Als Antwort auf dieses Gebet bewegte Gott das Herz des fragenden Bruders, sodass er 100 Pfund sandte, die ankamen, als kein Penny mehr in der Kasse war.

Die Glaubenszuversicht wurde nicht umsonst so lange Zeit auf die Probe gestellt. Der Lohn war, dass Georg Müllers Zuversicht aufgrund der praktischen Erfahrung zunahm und stärker wurde. Im Juli 1845 legte er beim Überblick über diese Jahre der Prüfung folgendes Zeugnis ab: »Etwa sieben Jahre lang waren unsere Hilfsmittel so weit aufgebraucht, dass es ein verhältnismäßig seltener Fall war, wenn wir auf drei Tage im Voraus das Nötige für die Waisenkinder hatten. Trotzdem war ich doch nur einmal in Versuchung, im Glauben schwach zu werden, und das war am 18. September 1838, als Gott zum ersten Mal nicht auf unser Gebet zu hören schien. Aber dann kam die Hilfe, und ich sah, dass das Ganze nur eine Glaubensprobe für uns gewesen war und dass Er das Werk keineswegs vergessen hatte. Da wurde meine Seele so gestärkt und ermutigt, dass ich es seit jener Zeit nicht nur unterlassen habe, dem Herrn in irgendeiner Sache zu misstrauen, sondern auch bezeugen kann, dass ich in der größten Armut nie niedergedrückt war.«

Neue Erfahrungen im Gebetsleben

Die Gebetserhörungen, die Georg Müller erleben durfte, wurden immer reicher und befähigten ihn, darüber mit anderen zu sprechen. Dabei ging es nicht um eine Lehre oder einen bloßen Glaubenssatz, sondern um eine Erfahrung – um eine Wahrheit, die er lange, vielfach und erfolgreich persönlich erprobt hatte. Mit Geduld und Ausdauer und so oft wie möglich versuchte er, anderen die Bedingungen des erhörlichen Gebets einzuschärfen. Hier und da begegnete er solchen, denen dieses mutige und kindliche Vertrauen zu Gott ein Rätsel war. Gelegentlich machte sich auch der Unglaube in der Frage Luft, was Georg Müller wohl dann täte, wenn Gott keine Hilfe senden würde? Was wäre, wenn die Zeit für eine Mahlzeit käme und tatsächlich nichts zu essen und auch kein Geld vorhanden wäre? Was, wenn die Kleider abgetragen und keine anderen vorrätig wären?

Auf alle derartigen Fragen hatte er immer sofort die Antwort bereit, dass solch ein »Im-Stich-Lassen« von Gottes Seite undenkbar sei und daher zu den Unmöglichkeiten gehöre. Aber er betonte auch, dass zum erhörlichen Gebet aufseiten des Menschen gewisse Bedingungen zu erfüllen seien; die Seele des Bittenden müsse sich in der rechten Stellung dem Herrn gegenüber befinden. Georg Müller bemühte sich, solchen Seelen, die hierin noch nicht genügend Licht hatten, klarzumachen, wie man zu Gott nahen müsse.

Er nannte gewöhnlich fünf diesbezügliche Aspekte:

1. Völliges Vertrauen auf das Verdienst und die Mittlerschaft des Herrn Jesus als den einzigen Grund jeglichen Anspruchs auf Segen (siehe Joh 14,13.14; 15,16 usw.).
2. Trennung von jeder Sünde, die uns bewusst ist. Wenn wir Böses im Sinn haben, wird uns der Herr nicht erhören, denn das

bedeutete, dass er die entsprechende Sünde gutheißen würde (Ps 66,18).

3. Glauben an Gottes Verheißung, die durch Seinen Eid bekräftigt ist. Nicht an Ihn zu glauben, heißt, Ihn zum Lügner und Meineidigen machen (Hebr 11,6; 6,13-20).
4. Bitten nach Seinem Willen; unsere Beweggründe müssen gottgemäßer Art sein. Wir dürfen keine Gabe Gottes suchen, um sie in unseren Begierden zu vergeuden (1Jo 3,22; 5,14; Jak 4,3).
5. Anhalten am Gebet. Es muss ein Warten auf Gott sein, wie der Ackerbauer auf die köstliche Frucht der Erde wartet (Jak 5,7; Lk 18,1-8).

Wo diese Bedingungen nicht vorhanden sind, würde die Erhörung des Gebets Gott zur Unehre und den Bittenden zum Unheil gereichen. Den zu erhören, der in seinem eigenen Namen oder in einer selbstgerechten, selbstsüchtigen und ungehorsamen Gesinnung zu Gott kommt, wäre ja eine Ermutigung, in der Sünde zu verharren. Die Bedingungen des erhörlichen Betens ergeben sich aus der Natur der Sache. Es sind keine willkürlichen Gesetze eines Gewaltherrschers, sie sind vielmehr unbedingt erforderlich um Gottes willen wie um des Menschen willen.

Georg Müller hatte für den bedeutsamen Zusammenhang zwischen dem Gebet und der Heiligung einen klaren Blick, und er versuchte daher fortwährend, diese Wahrheit seinen Hörern und Lesern einzuprägen, und wurde nicht müde, sie bei jeder Gelegenheit zu wiederholen, weil sie tiefe Wurzeln schlagen sollte.

Der Glaube, der so auf die Erhörung wartet, wird, wenn die Antwort auf das Gebet kommt, nicht erstaunt sein. Als im November 1840 eine Schwester 10 Pfund für die Waisenkinder gab, und zwar gerade zur rechten Zeit, war Georg Müllers triumphierende Freude in Gott unbeschreiblich groß; aber sie war frei von aller Aufregung und Überraschung, weil er Gnade gehabt hatte, vertrauensvoll auf Gottes Hilfe in der Not zu warten. Diese war so lange ausgeblieben, dass in einem der Häuser kein Brot mehr da war und in allen keine Milch und kein Geld mehr vorhanden waren. Gerade einige Minuten, ehe die Milchrechnung bezahlt werden sollte, kam dieses Geld.

Auch wenn wir im Gebet treu und gläubig ausharren, ist es für uns gleichwohl angemessen, sorgfältig und eifrig in der Anwendung aller Mittel und Vorsichtsmaßregeln zu sein. Auch hierin ist Georg Müller ein Vorbild für andere Gläubige. Wenn er beispielsweise in anderen Ländern unterwegs war, bat er beständig um den Schutz des Herrn für die benutzten Wagen und selbst für das Gepäck, das so leicht verloren gehen konnte. Aber er selbst sah vorher genau nach, ob z. B. das Schiff, das er benutzen wollte, seetüchtig war und ob alle anderen Sicherheitsbestimmungen für ihn selbst und für andere eingehalten wurden. Er zählte auch sorgfältig die Gepäckstücke. So entdeckte er einmal bei Einschiffung deutscher Brüder, dass der Kutscher mehrere Gepäckstücke beiseitewarf in der Absicht, sie zurückzubehalten. Aber Georg Müller zwang ihn, sie wieder herauszugeben. Er bemerkt in seinem Tagebuch, dass eine solche Erfahrung uns nur lehre, auch für die kleinsten Dinge zu beten. Wir müssen wachend und betend durchs Leben gehen.

Mit dem Gebet Hand in Hand ging bei Georg Müller der Dank. Darin liegt ein anderes Geheimnis. »Betet unablässig; danksagt in allem« (1Thes 5,17-18). Diese beiden Vorschriften stehen nebeneinander, und wer eine von beiden vernachlässigt, wird feststellen, dass er die andere auch nicht recht befolgt. Dieser Mann, der so viel betete und dies auf eine Gott wohlgefällige Weise tat, brachte Gott beständig das Dankopfer seiner Lippen dar.

Am 20. September 1840 vertraute er z. B. seinem Tagebuch eine diesbezügliche Eintragung an, die in ihrer Einfachheit und Kindlichkeit ebenso bezeichnend wie wertvoll ist:

»Der Herr schickt uns neue Freunde, die uns helfen. Damit will Er uns zeigen, dass Er fortfährt, für uns zu sorgen. Die auf den Herrn vertrauen, sollen nie zuschanden werden. Von denen, die uns früher unterstützten, entschlafen die einen im Herrn, bei anderen erkaltet die Liebe im Dienst des Meisters, wieder andere würden so gern helfen wie früher, aber sie sind dazu nicht mehr imstande, oder wenn sie auch die Mittel haben, fühlen sie sich getrieben, sie nach einer anderen Seite hin fließen zu lassen. Wenn wir uns aber auf Gott stützen, auf den lebendigen Gott allein, sind wir nicht in Gefahr, vergessen zu werden, weil die Leute sterben oder weil sie keine Mittel mehr haben oder die Liebe verlieren oder weil andere Reichsgotteswerke Ansprüche an sie erheben. Wie unschätzbar ist es doch, wenn man zufrieden ist, mit Gott allein in der Welt dazustehen, und man dann weiß, dass ganz gewiss kein Gutes uns mangeln wird, solange wir aufrichtig wandeln.«

Unter den Gaben, die während dieser langen Haushalterschaft für Gott ankamen, verdienen einige besondere Erwähnung.

Bei einer Gabe, die im März 1839 einging, machten die mit dem Empfang einhergehenden Umstände auf Georg Müller einen tiefen Eindruck. Er hatte ein Exemplar des Jahresberichts einem gläubigen Bruder gegeben, der dadurch sehr ins Gebet getrieben wurde. Er wusste, dass seine eigene Schwester, die ebenfalls gläubig war, sehr wertvolle Schmuckgegenstände besaß, unter anderem eine schwere goldene Kette und einen prachtvollen, mit Brillanten besetzten Ring. Dieser Bruder bat nun den Herrn, seiner Schwester das Unnütze solcher Kostbarkeiten zu zeigen und sie dahin zu führen, dass sie diese alle als eine Gabe für das Waisenhaus auf Gottes Altar legen möge. Das Gebet wurde buchstäblich erhört. Das Opfer der Schwester kam gerade zur Zeit der dringendsten Not an, sodass Georg Müllers Herz ganz besonders jubelte. Die Verkaufssumme genügte nicht nur, die Ausgaben einer ganzen Woche zu decken, sondern ermöglichte es auch, die fälligen Löhne auszuzahlen. Ehe Georg Müller aber den Diamantring veräußerte, schrieb er damit auf eine Fensterscheibe seines Zimmers den kostbaren Namen und Titel des Herrn: »Der HERR wird's versehen«[16], und wenn er fortan wieder in tiefer Armut war, sah er nach den Worten, die mit der

16 A. d. H.: Diese Formulierung nimmt hier und im Folgenden auf 1. Mose 22,14 Bezug.

Diamantspitze eingegraben waren, und erinnerte sich dankbar an Gott, »der's versehen wird«.

Wie viele Gläubige könnten unfehlbar Erfrischung und Stärkung finden, wenn sie die göttlichen Verheißungen ins Auge fassten! Die Gläubigen des Alten Bundes wurden aufgefordert, Gottes Worte zum Zeichen auf ihre Hand zu binden oder an die Türpfosten ihrer Häuser und an ihre Tore zu schreiben, sodass jede Handbewegung und ihr Aus- und Eingehen, ihr persönliches und häusliches Leben sie beständig an Gottes immerwährende Treue erinnerten.

Georg Müller konnte die Erfahrungen des Jahres 1840 wie folgt zusammenfassen:

1. Ungeachtet zahlreicher Glaubensproben hatte den Waisen nichts gefehlt.
2. Anstatt in seinen Erwartungen und in seinem Werk entmutigt zu sein, war das Gegenteil der Fall. Er sah, dass solche Proben nötig waren, um den Beweis zu liefern, dass der Herr in den Zeiten der Not ihr Helfer war.
3. Solche Führungen bringen uns dem Herrn sehr nahe, weil es darum geht, dass sich Er täglich um unsere Notlage kümmern muss, damit uns rechtzeitig geholfen wird.
4. Es ist nicht wahr, dass aufgrund dieser beständigen, völligen Abhängigkeit von Gott die Gedanken den irdischen Dingen so verhaftet blieben, dass sie zur Beschäftigung mit geistlichen Dingen außerstande wären. Vielmehr wurde so die Gemeinschaft mit Gott und Seinem Wort gefördert.
5. Andere Kinder Gottes mögen zu einem ähnlichen Werk nicht berufen sein, aber sie sind zum gleichen Glauben berufen und können das gleiche Eingreifen Gottes erfahren, wenn sie Seinem Willen gemäß leben und Seine Hilfe suchen.
6. Da Schuldenmachen nicht schriftgemäß ist, muss auch diese Sünde bekannt und aufgegeben werden, wenn wir in ungehinderter Gemeinschaft mit Gott leben und Sein Eingreifen erfahren wollen.

Im Jahr 1840 trat ein neuer Zweig des Werkes zur Ausbreitung der Schriftkenntnis ins Leben, nämlich die Verteilung christlicher Bücher und Traktate. In dem Maß aber, wie die Fortsetzung und Erweiterung einer solchen Arbeit die Bedürfnisse steigerte, ließ ihnen die Hand des großen Versorgers auch größere Zuschüsse zuteilwerden.

Im Juli 1841 hatten sowohl Bruder Craik als auch Georg Müller den Eindruck, dass die Art, wie sie freiwillige Gaben von ihren Gemeindegliedern empfingen, nicht die richtige sei. Diese Gaben wurden in Büchsen gelegt, über denen ihr Name stand mit einer Erklärung, wozu der Inhalt verwendet werden sollte. Sie hatten aber den Eindruck, dass damit der Anschein erweckt werden könnte, als ob sie sich über die anderen erhöben und sich eine Wichtigkeit aufgrund ihrer dienstlichen Stellung zuschrieben, oder als ob sie andere nicht als ihnen gleichstehende Mitarbeiter am Wort und in der Lehre betrachteten. Sie beschlossen daher, diese Art, Unterstützungen zu empfangen, aufzugeben.

Vielleicht mag ein solcher Akt des Gehorsams manchem übertrieben vorkommen, und er kostete sie auch innere Kämpfe, denn es konnte sich natürlich daraus eine Minderung dessen, was sie doch für ihre persönlichen Bedürfnisse brauchten, ergeben. Da konnte ihnen wohl die Frage kommen, wie das Fehlende ersetzt werden sollte. Georg Müller hatte aber schon lange vorher geäußert, dass es immer das Sicherste sei, einer klar erkannten Pflicht zu folgen. Er konnte in jeder derartigen kritischen Lage sagen: »O Gott, mein Herz ist befestigt, mein Herz ist befestigt und vertraut auf den Herrn!« So konnten solche scheinbaren Gefahren nicht für einen Augenblick seinen Frieden gefährden. Auf die eine oder andere Art würde Gott sorgen, und alles, was er zu tun hatte, war, Ihm zu dienen und zu vertrauen und das Übrige Seiner Vaterhut zu überlassen.

Im Herbst 1841 gefiel es Gott, plötzlich wieder eine sehr schwere Glaubensprobe hereinbrechen zu lassen. Mehrere Monate vorher waren die Gaben verhältnismäßig reichlich eingegangen, aber nun musste von Tag zu Tag und von Mahlzeit zu Mahlzeit das Glaubensauge auf den Herrn gerichtet bleiben. Ungeachtet des anhaltenden Gebets schien es zuzeiten, als ob die Hilfe ausbleibe. Es war eine besondere Bewahrung Gottes, dass während dieser ganzen langen Verzögerung der göttlichen Hilfe das Vertrauen Georg Müllers und seiner Mitarbeiter nicht völlig Schiffbruch litt – so schwierig und herausfordernd waren die Verhältnisse. Aber sie blieben davor bewahrt, und ihr Vertrauen ruhte unentwegt auf dem väterlichen Erbarmen Gottes.

Einmal gab eine arme Frau zwei Pennys und fügte hinzu: »Es ist nur eine Kleinigkeit, aber ich muss sie Ihnen geben.« Und wie gelegen kamen diese zwei Pennys! Ein Penny fehlte gerade noch am Betrag, der soeben für Brot nötig war. Ein andermal waren acht Pennys nötig für die nächste Mahlzeit, nur sieben waren vorhanden; als man aber eine der Büchsen öffnete, fand man darin einen Penny, und so waren diese Pennys ein Zeichen der Fürsorge des himmlischen Vaters.

Im Dezember des gleichen Jahres 1841 beschloss man – um eben zu zeigen, wie völlig und umfassend man in der Abhängigkeit von dem göttlichen Versorger lebte –, für eine Zeit lang die öffentlichen Versammlungen einzustellen und auch die Herausgabe eines Jahresberichts zu unterlassen. So wurde der Bericht des Jahres 1841/1842 fünf Monate lang hinausgeschoben. In tiefster Armut und zum Teil gerade infolge der drückenden Notlage wurde auf diese Weise wieder ein kühner Schritt getan.

Man hätte meinen sollen, dass nach dieser Entscheidung Gott nun eilen würde, ein solch mutiges Vertrauen zu belohnen. Aber stattdessen – so geheimnisvoll sind Seine Wege – wurde Georg Müllers Glaube noch nie so hart versucht wie zwischen dem 12. Dezember 1841 und dem 12. April 1842. Während dieser vier Monate war es, als wenn Gott sagen wollte: »Ich will nun sehen, ob du dich wirklich auf Mich stützt und auf Mich schaust.« Georg Müller hätte noch jeden Augenblick seinen Entschluss in Bezug auf die öffentlichen Versammlungen und das Erscheinen des Jahresberichts ändern können, denn außer den wenigen, mit denen er die Sache beriet, wusste niemand darum; ja, viele Kinder Gottes, die den Jahresbericht erwarteten, konnten die Verzögerung nicht begreifen. Allein der Beschluss wurde aufrechterhalten, und wieder bewies Gott Seine Treue.

Am 9. März 1842 war die Not aufs Äußerste gestiegen, sodass, wenn keine Hilfe gekommen wäre, das Werk nicht hätte fortbestehen können. Aber gerade an jenem Tag schickte ein Bruder, der bei Dublin lebte, 10 Pfund. Die Hand des Herrn trat bei dieser Gabe klar zutage; denn als die Post schon angekommen war, ohne etwas zu bringen, war dennoch das Herz Georg Müllers voller Zuversicht. Er hatte die feste Überzeugung, dass die Hilfe vor der Tür sei. Und siehe da, wenige Augenblicke danach wurde ihm der Geldbrief, der aus Versehen zuerst einem anderen Haus zugestellt worden war, abgeliefert.

Im gleichen Monat musste das Mittagessen einmal um eine halbe Stunde hinausgeschoben werden, weil nicht genug zu essen da war. Das war früher noch nie vorgekommen und wiederholte sich auch später selten in der Geschichte des Werkes, obwohl ja mehrere Hundert jeden Tag gespeist werden mussten.

Im Frühling 1843 wurde Georg Müller dazu geführt, ein viertes Waisenhaus zu eröffnen, nachdem seit der Eröffnung des dritten nahezu sechs Jahre verflossen waren. Der Schritt wurde wieder nach reiflicher Überlegung getan. Georg Müller stand schon länger unter dem Eindruck, dass eine Erweiterung des Werkes nötig wäre, hatte aber nicht einmal mit seiner Frau über die Sache gesprochen. Tag für Tag wartete er im Gebet auf Gott. Er wollte lieber mit Ihm allein Zwiesprache halten und Ihn um Rat fragen, weil er besorgt darum war, dass etwas übereilt geschehen könnte oder dass er der göttlichen Leitung vorgreifen bzw. nach menschlichem Gutdünken handeln könnte.

Unerwartete Schwierigkeiten kamen dazwischen, aber er ließ sich dadurch keineswegs verwirren. Sein Gebet war: »Herr, wenn Du kein neues Waisenhaus nötig hast, dann gilt das auch für mich.«

Dabei spürte er, dass die ruhige Überlegung, mit der er die ganze Sache begonnen hatte, und der ungestörte Friede, mit dem er den neuen Hindernissen entgegentrat, zusammenwirkten: Sie lieferten den Beweis dafür, dass er wirklich der Führung Gottes und nicht Regungen des Eigenwillens folgte.

Da die öffentliche Versammlung und das Erscheinen des Jahresberichts bis jetzt hinausgeschoben worden waren, stiegen viele Gebete zu Gott empor. Die Gläubigen baten darum, Er möge vor dem 15. Juli 1844, dem Termin der nächsten Jahresversammlung, so reichlich für alle Bedürfnisse sorgen, dass es klar zutage trete, wie ohne alle menschliche Inanspruchnahme – selbst in der angemessensten Weise – das Gebet des Glaubens die Hilfe herabgezogen habe. Da das Rechnungsjahr im Mai schloss, waren es nun mehr als zwei Jahre, seit der letzte Bericht veröffentlicht worden war.

Georg Müller war ganz darauf bedacht, für den Gott der Heerscharen zu eifern. Nach seinem Willen sollte auch »kein Schatten eines Grundes« für gewisse Leute bleiben, sodass sie hätten sagen können: »Sie [die Mitarbeiter des Waisenhauses] sind außerstande, weiteres Geld zu bekommen, und geben daher einen neuen Bericht heraus.«

Und wie er es erbeten hatte, so geschah es; Geld und andere Hilfsmittel gingen ein, und am Tag vor dem Schluss der Rechnung kamen so große Gaben, dass ein Überschuss von über 20 Pfund für das ganze Werk in der Kasse war.

Die Wolken- und Feuersäule

»Von dem HERRN werden die Schritte des Mannes [d. h. des Gerechten] befestigt«, heißt es Psalm 37,23. Sinnreich hat jemand hinzugefügt: »… und auch sein Stillstehen«. Die Wolken- und Feuersäule ist das Sinnbild dieser göttlichen Führung. Aus der Sicht Georg Müllers war es gesegnet, sowohl Schritt für Schritt vorwärtszugehen, wenn Gott rief, als auch stillzustehen, wenn Er Halt gebot.

Ende Mai 1843 wurde er vor eine wichtige Entscheidung gestellt. Etwa eineinhalb Jahre vorher hatte ihn eine deutsche Dame aus Württemberg aufgesucht, um gewisse Angelegenheiten mit ihm zu besprechen. Sie stand aber Gott noch verhältnismäßig fern; deshalb sprach Georg Müller mit ihr auch über ihr Seelenheil und gab ihr die zwei ersten Teile seines Tagebuches zum Lesen. Das war für sie so gesegnet, dass sie sich bekehrte. Die Dame hatte jetzt das Bedürfnis, Georg Müllers Buch ins Deutsche zu übersetzen, weil es auch für andere in ihrer Heimat ein Kanal des Segens werden sollte.

Sie vollendete das Werk nur teilweise, und zwar etwas mangelhaft. Der ganze Vorfall aber schien Georg Müller ein Fingerzeig zu sein, dass Gott ihn wieder einmal nach Deutschland rief und dort Arbeit auf ihn wartete. Durch viel Gebet wurde diese Überzeugung gefestigt. Einige der Gründe, die ihn zu diesem Entschluss führten, zeichnete er nach seiner Gewohnheit auf. Er schreibt:

1. Da er von Geburt ein Deutscher und daher mit den deutschen Sitten und Gebräuchen bekannt sei, habe er den Eindruck, dass er unter seinen Landsleuten mehr ausrichten könne als anderswo.

2. Er beabsichtigte, sein Tagebuch in seiner Muttersprache herauszugeben, und zwar als unabhängigen Bericht seiner Lebenserfahrungen.
3. In Stuttgart war ihm eine Tür weit aufgetan, und obwohl es nicht an Gegnern fehlte, machte gerade dies seine Hilfe für die Brüder, deren geistliches Wohl gefährdet war, nur umso nötiger.
4. Die Sache war ihm vom Herrn als eine Last aufs Herz gelegt worden, die unter Gebet größer wurde, statt abzunehmen.
5. Eben weil ihm diese Sache vom Herrn aufs Herz gelegt worden war und deren Last unter Gebet zunahm, statt abzunehmen, konnte er selbst sich das Warum nicht erklären. Er spürte jedoch, dass immer eine gewisse Ruhe über ihn kam, sobald er sich mit dem Gedanken vertraut machte, nach Deutschland zu reisen, und eine Unruhe, wenn er diesen Gedanken aufgeben wollte.

Um vor Irrtum bewahrt zu werden, zeichnete er mit der gleichen Sorgfalt auch die Gegengründe auf.

1. Das neue Waisenhaus Nr. 4 sollte eben eröffnet werden, und dazu war seine Anwesenheit, wenn auch nicht unbedingt nötig, so doch sehr wünschenswert.
2. Einige Hundert Pfund mussten für die laufenden Ausgaben zurückgelassen werden.
3. Die Reisekosten für ihn selbst und seine Frau, deren Gesundheit eine Reise nötig machte, mussten vorhanden sein.
4. Ebenso waren Geldmittel nötig, um eine Auflage von 4000 Exemplaren des oben genannten Buches herauszugeben, ohne die der Verkaufspreis zu hoch werden würde.
5. Für das neue Waisenhaus war noch keine geeignete Hausmutter gefunden worden.

An einem solch vorsichtigen Abwägen der Gründe und Gegengründe lassen es viele aufrichtige Jünger Jesu fehlen. Wenn sie einen Entschluss fassen sollen, können sie nur schwer eine Verzögerung ertragen. Oft genug werden sie von ihren Gefühlen mit fortgerissen und geraten durch selbst gemachte Pläne auf Irrwege.

Das Leben ist aber zu kurz und zu kostbar, um solche Fehltritte zu riskieren. Wo es dem Betreffenden zur heiligen Gewohnheit geworden ist, sich leiten zu lassen, da wird sein ganzes Wesen so offen für die göttlichen Impulse, dass es ihm ohne äußerliches Zeichen darum geht, innerlich den Willen Gottes zu erkennen und zu wählen. Gott führt nicht immer durch sichtbare Zeichen, sondern oft auch dadurch, dass Er den Entschluss lenkt. So vor Ihm zu warten, indem man unvoreingenommen jedes Für und Wider abwägt und bereit ist, das Übergewicht auf der einen oder anderen Seite zu sehen, das ist die richtige Verfassung des Geistes und Herzens, um von Gott geführt zu werden. Er berührt dann die Waagschalen und lässt sie auf- und absteigen, wie Er will, aber unsere Hände dürfen wir dabei nicht zu Hilfe nehmen.

Ein sicheres Zeichen der richtigen Stellung ist die völlige Ruhe, mit der scheinbare Hindernisse ins Auge gefasst werden. Wenn wir in Wahrheit der Wolken- und Feuersäule folgen, wird uns das Rote Meer nicht in Angst versetzen, denn es wird nur ein neuer Schauplatz für die Entfaltung der Macht dessen sein, der den Wassern gebietet, sich wie eine Mauer zu erheben, während wir trockenen Fußes durch das Meer gehen. Auch wenn Satan selbst uns an etwas hindert (vgl. 1Thes 2,18), braucht uns dies nicht zu entmutigen; Gott lässt es zu, dass er uns eine Zeit lang in den Weg treten darf, aber nur als Probe für unsere Geduld und unseren Glauben.

Georg Müller hatte diese Lektion gelernt. Er sagt: »Ich empfand insgeheim völligen Frieden angesichts der Größe der Schwierigkeiten, die im Weg standen. Ich war weit entfernt davon, dadurch niedergedrückt zu werden, denn ich verlangte danach, in der ganzen Angelegenheit nur den Willen Gottes zu tun.«

Indessen schienen nach vierzigtägigem Warten die Schwierigkeiten eher zu wachsen, als abzunehmen. Es wurde viel Geld ausgegeben, und wenig ging ein; statt dass man eine tüchtige Hausmutter fand, sollte eine in der Arbeit stehende Schwester voraussichtlich ausscheiden, sodass zwei Posten statt einem neu besetzt werden mussten. Dennoch blieb Georg Müllers Ruhe unerschüttert. Der Glaube hielt nicht nur den Vorsatz fest, sondern er sah die Hindernisse bereits als beseitigt an und dankte im Voraus. Weil Kaleb »Gott völlig nachgefolgt« war, hatten selbst die Enakssöhne mit ihren befestigten Städten und ihrer schweren Bewaffnung für ihn nichts Schreckliches. Ihr Schutz war von ihnen gewichen, aber der Herr war mit Seinem gläubigen Knecht und machte ihn stark, sie zu vertreiben und ihr Land als ein rechtmäßiges Erbe in Besitz zu nehmen.

Während dieser Wartezeit äußerte Georg Müller einer Glaubensschwester gegenüber: »Meine Seele ist in Frieden. Die Stunde des Herrn ist noch nicht gekommen; aber wenn sie einmal da ist, wird Er alle Schwierigkeiten wegblasen, wie die Spreu vom Wind weggeweht wird.«

Eine Viertelstunde später kam eine Gabe von etwas mehr als 700 Pfund, sodass drei von den im Weg stehenden fünf Hindernissen für die Reise auf einmal wegfielen. Alle Reisekosten für sich selbst und seine Frau, alle nötigen Ausgaben für das Werk zu Hause und alle Kosten der Veröffentlichung des Buches in Deutschland waren gedeckt. Das war am 12. Juli, und ebenso schnell wurden auch die anderen Schwierigkeiten aus dem Weg geräumt, sodass am 9. August Georg Müller und seine Frau sich auf der Reise nach Deutschland befanden.

Der Aufenthalt dauerte sieben Monate; am 6. März 1844 waren beide wieder in Bristol. Während dieser Abwesenheit wurde kein Tagebuch geführt, aber Georg Müllers Briefe dienen als Anhaltspunkte. Rotterdam, Köln, Mainz, Stuttgart, Heidelberg, Weinheim usw. wurden besucht. Georg Müller verteilte Traktate und sprach mit den Leuten, denen er begegnete; aber die Hauptsache war ihm das Auslegen des Wortes in kleinen Versammlungen von Gläubigen, die sich von der Staatskirche getrennt hatten.

Die erste Stunde seines Aufenthalts in Stuttgart brachte eine der schwersten Glaubensproben, die er je durchlebt hat. Worin sie bestand, wird im Tagebuch nicht erwähnt, aber es ist ziemlich sicher, dass es sich um eine Zurücknahme der Gabe von 700 Pfund handelte, auf die hin er seine Reise nach Deutschland unternommen hatte. Georg Müller schrieb damals nichts darüber, weil die Betreffenden es als Vorwurf hätten auffassen können. Es war dies indessen nicht die einzige Probe, die er während seines Aufenthalts in Deutschland bestehen musste. Vielmehr waren diese so zahlreich, schwer und verschiedenartig, ja, teilweise von so langer Dauer, dass es aller Weisheit und Gnade, die er von Gott empfangen hatte, bedurfte, um durchzukommen. Alles in der Schule der Erfahrung früher Gelernte kam ihm nun sehr zustatten. Nicht ein einziges Mal wurde sein Friede gefährdet, vielmehr war er im tiefsten Herzen davon überzeugt, dass in alledem sich Gottes Güte offenbarte. Er hätte sich nichts anderes gewünscht. Die größten Prüfungen brachten den reichsten Segen und oft überströmenden Segen. Besonders erregte es immer wieder sein Erstaunen und seine Bewunderung, wenn er sah, wie Gott die Reise gerade bis zum rechten Zeitpunkt verschoben hatte. Wäre er nur ein wenig eher gefahren, so wäre es zu früh gewesen, da er dann das nötige Rüstzeug nicht gehabt hätte, um den Schwierigkeiten, die er in Deutschland antraf, zu begegnen. Wenn Dunkelheit seinen Weg zu überschatten schien, ließ der Glaube ihn auf das Licht oder wenigstens auf Leitung in der Dunkelheit hoffen.

In Stuttgart fand er unter den Gläubigen viele Irrtümer. Besonders legten sie viel zu viel Gewicht auf die Taufe (bei Erwachsenen). Ein Bruder hatte gelehrt, dass ohne diese keine Wiedergeburt möglich sei und daher auch niemand vorher Sündenvergebung erlangen könne.

In der Taufe würde der alte Mensch buchstäblich ertränkt. Ebenso wurde gelehrt, dass es Sünde sei, mit ungetauften Gläubigen oder Gliedern der Staatskirche das Brot zu brechen, usw.

Eine noch gefährlichere Irrlehre, der Georg Müller mit allem Ernst entgegentrat, war die von der Wiederbringung aller Dinge (Allversöhnungslehre), nach der zuletzt alle sündigen Menschen errettet würden, was sogar für den Teufel selbst gelte. Georg Müller bezeichnete sie als einen »schauerlichen Irrtum«.

Mit Ruhe und Freundlichkeit, aber fest und mutig, trat er diesen und damit zusammenhängenden Irrlehren entgegen. Das Zurückweisen derselben erregte wohl Bitterkeit bei den Gegnern, aber Gott stand Seinem Knecht bei, sodass er ruhig und friedevoll bleiben konnte.

Der Herr ging auch darin vor Seinem Knecht her, dass Er ihm den Weg zur Veröffentlichung seines Buches bahnte. Er führte ihn zu einem Buchhändler, der den Verkauf auf Kommission übernahm. Dadurch konnte er 2000 Exemplare zum Verteilen für sich behalten und den Rest verkaufen lassen.

Georg Müller erwähnte, wie er zu dieser Zeit durch den geistlichen Segen, der mit seinem Werk einherging, und das sichtbare Gelingen der Veröffentlichung seines Buches sehr freudig und getrost gewesen sei. Von allen Seiten kamen Nachrichten, wie viele Gläubige durch das Lesen des Buches dazu geführt worden waren, sich wieder vertrauensvoller auf die Verheißungen des großen Versorgers zu stützen. Ungläubige wurden durch die einfache Lektüre der *Erzählungen der Taten Gottes* bekehrt.

Im Anschluss an seine Rückkehr nach England gab es wieder neue Glaubensproben in den Waisenhäusern. Andererseits wurden die Ursachen zum Loben immer zahlreicher. Am 4. September 1844 waren bei Tagesanbruch nur noch zwei Pennys in der Kasse, und 140 hungrige Menschen warteten auf das Frühstück.

Aus Georg Müllers Sicht war der Geldmangel noch seine leichteste Last, denn es gab außerdem noch genug Anliegen, die viel mehr Glauben erforderten. Handelte es sich doch darum, nicht allein so viele Waisenkinder mit Nahrung und Kleidung zu versorgen, sondern sie vor allen Dingen nach Gottes Wort zu erziehen. Sie mussten von ihrer Bildung her auf einen Beruf vorbereitet und beim Verlassen des Waisenhauses in rechten Familien untergebracht werden; man hatte über ihre Gesundheit zu wachen, um nach Möglichkeit Krankheiten zu verhüten, und noch vieles andere. Auch der Charakter und das Verhalten der Mitarbeiter erforderten eine sorgfältige Aufsicht, damit man nicht Unwürdige anstellte oder im Dienst behielt.

Diese und andere Angelegenheiten, die zu zahlreich sind, um einzeln aufgezählt zu werden, mussten täglich vor den großen Helfer gebracht werden, denn ohne den Beistand dieser ewigen Arme wäre kein Durchkommen möglich gewesen.

Für alle Bedürfnisse des Werkes war immer die Hilfe da, und nie kam sie zu spät. So groß unsere Armut sein mag, und solange wir auf Gott auch warten müssen, nie wird die Hilfe ausbleiben, wenn wir an die Verheißungen glauben und treu unsere Pflicht erfüllen. Aber die Verzögerung der Erhörung hat einen bestimmten Zweck. Gott lässt es zu, dass wir zu Ihm rufen, ohne dass Er antwortet. Er will damit sowohl unseren Glauben und unsere Beharrlichkeit prüfen als auch andere im Glauben stärken, die von Seinen Wegen mit uns hören.

Zunahme, Erweiterung – das war bis dahin in der Geschichte der Arbeit Georg Müllers die Regel gewesen. So blieb es auch weiterhin. Das Herz dieses Mannes wurde immer mehr zu ausgedehnterem Dienen befähigt, und auch sein Glaube wuchs, sodass er immer fester vertrauen konnte. Wenn er dazu geführt wurde, Größeres für Gott zu unternehmen, erwartete er auch Größeres von Gott.

Jesus sprach zu Nathanael: »Weil ich dir sagte: Ich sah dich unter dem Feigenbaum, glaubst du? Du wirst Größeres als dieses sehen.« Diese Worte waren für Georg Müller oft eine Ermutigung, noch größere Dinge zu erwarten.

Im Jahr 1846 bewegte es ihn in besonderem Maße, noch mehr als bisher die Mission zu unterstützen. Wohl hatte er schon früher Brüdern in Britisch-Guayana und auf anderen Arbeitsfeldern hilfreich zur Seite gestanden. Aber nun wünschte er, dass Gott ihn noch mehr zur Aussendung und Unterstützung von Missionaren, die auf schriftgemäßer Grundlage arbeiteten, gebrauchte. Er hatte ja hinreichend erfahren, dass Gott ihm auch mehr Mittel gab, wenn Er ihm eine neue Arbeit auftrug. Infolgedessen beschloss er, fortan Brüder in ganz England tatkräftig zu unterstützen, nämlich solche, die treue Zeugen Gottes waren und keinen festen Lohn erhielten. Ganz besonders sollte seine Hilfe denen zugutekommen, die um des Gewissens willen frühere Unterstützungen oder weltliche Vorteile aufgegeben hatten.

Auch dieses Unternehmen war keineswegs ein Zeichen dafür, dass Überfluss an Geld vorhanden gewesen wäre. Schritte vorwärts wurden nur unternommen, wenn die Wolkensäule sich bewegte, und ein neues Werk wurde oft angefangen, wenn der Betrag in der Kasse eher auf einem Tiefstand war.

Gottes Bau: Die neuen Waisenhäuser

Wie wenig können wir Menschen doch die Wege der göttlichen Vorsehung durchschauen! Manche vielschichtigen Ereignisse bringen ihrerseits viele Folgen mit sich, wie die Räder in dem Gesicht Hesekiels, der ein Rad inmitten anderer Räder sah. Solch ein Ereignis bedeutsamer Arbeit war der Bau des ersten der »neuen Waisenhäuser« auf Ashley Down.

Gegen Ende Oktober 1845 wurde es Georg Müller klar, dass die Führung durch den Herrn in diese Richtung wies. Einige Bewohner der Wilson Street hatten über den Lärm geklagt, den die Kinder hauptsächlich in ihren Freistunden verursachten; die Spielplätze waren außerdem für eine so große Schar nicht mehr geräumig genug. Die Kanalisation war unzureichend, wie denn im Ganzen die Lage der gemieteten Häuser vom gesundheitlichen Standpunkt aus sehr vieles zu wünschen übrig ließ. Es hatte sich herausgestellt, dass mehr Gartenland gebraucht wurde, um die Jungen in ihren Freistunden richtig zu beschäftigen, usw. Das waren einige Gründe, die den Bau eines neuen Waisenhauses zu fordern schienen. Die Überzeugung gewann immer mehr an Boden, dass es im höchsten Maße wünschenswert und zum Wohl aller Beteiligten wäre, wenn sich ein geeigneter Platz fände, auf dem man ein zweckentsprechendes Gebäude errichten könnte.

Doch waren auch Gründe vorhanden, die dagegensprachen und die ebenso sorgfältig erwogen wurden. Vor allem würden große Geldmittel erforderlich sein; die Erstellung der Pläne und die Ausführung des Baues würden Zeit und Kraft in hohem Maße in Anspruch nehmen. Und außerdem entstand die Frage, ob es überhaupt für Pilger Gottes, die hier keine bleibende Stätte haben und glauben, dass das Ende aller Dinge nahe ist, angemessen sei, Häuser zu bauen. Anhaltendes Gebet brachte Georg Müller indessen eine solche Ruhe und friedevolle Überzeugung, auf dem rechten Weg zu sein, dass alle Einwände durch Erwägungen zugunsten des Planes verdrängt wurden. Ja, er war bald der Sache so sicher, als wenn das Gebäude bereits vor seinen Augen stände, obgleich in fünf Wochen nicht ein Penny für diesen Zweck eingegangen war. Georg Müller prüfte sein eigenes Herz immer wieder aufs Sorgfältigste, ob nicht irgendein selbstsüchtiger Beweggrund darin verborgen war, der seinen Willen beeinflusste. Aber alles Durchforschen brachte keine andere bewusste Absicht ans Licht als das Bestreben, Gott dadurch zu verherrlichen, das Wohl der Waisen zu fördern und alle, die mit diesem Werk bekannt wurden, zu tieferem Vertrauen auf Gott zu führen. *Ein* Grund schien dabei besonders ins Gewicht zu fallen: Wenn Gott große Summen dem Unternehmen zukommen ließe, würde das nicht wieder ein neuer augenscheinlicher Beweis von der Macht des Gebets sein, das – wenn es ein Bitten im Glauben ist – Hilfe von oben herabzieht? Ein Stück Land, das groß genug für den fraglichen Zweck wäre, würde allein schon etwa mehrere Tausend Pfund kosten; aber warum sollte deswegen ein wirkliches Kind Gottes verzagen, das doch einen unendlich reichen Vater hat? Georg Müller und seine Mitarbeiter suchten Tag für Tag die Leitung des Herrn, und während sie sich von diesem täglichen Brot – dem Umgang mit Ihm – nährten, wurde ihre Überzeugung immer fester, dass die Hilfe kommen werde.

Im November dieses Jahres wurde Georg Müller in seinem Vorhaben noch bestärkt durch den Besuch eines Bruders[17], der ihn in dieser Sache ermutigte, aber ihm auch die große Notwendigkeit ans Herz legte, bei jedem Schritt um Weisheit von oben zu bitten. Er ermahnte ihn, Gottes Hilfe schon für den Bauplan zu erflehen, damit auch darin alle Einzelheiten dem Willen Gottes gemäß wären. Am 36. Tag, nachdem man angefangen hatte, besonders für dieses neue Haus zu beten – am 10. Dezember 1845 –, erhielt Georg

---

17 A. d. H.: A. T. Pierson vermerkt an dieser Stelle des Originals in einer Fußnote, dass es Robert Chapman war, dessen geistliches Urteilsvermögen Georg Müller sehr schätzte.

Müller 1000 Pfund für das beabsichtigte Werk, die größte Summe, die er bis dahin je auf einmal bekommen hatte. Dennoch blieb er so ruhig und gefasst, als wenn es nur ein Shilling gewesen wäre. Sah doch sein Glaube in Wahrheit in Gott den Lenker der Herzen wie den Versorger der Waisen. Es hätte ihn, wie er selbst bemerkte, auch nicht überrascht, wenn der Betrag auch noch fünf- oder zehnmal größer gewesen wäre.

Drei Tage später bot sich ein gläubiger Architekt von London freiwillig an, nicht nur die Pläne zu zeichnen, sondern auch unentgeltlich den Bau zu leiten. Dieses Angebot wurde als ein neues Zeichen dafür angesehen, dass dieses Vorhaben dem Willen Gottes entsprach. Es war Georg Müller ein Unterpfand Seiner sicheren Hilfe. Georg Müllers Schwägerin war nämlich bei einem Besuch in London diesem Architekten begegnet, und weil er sich so lebhaft für das Werk, von dem er schon gelesen hatte, interessierte, erzählte sie ihm von dem Bauprojekt. Und dabei hatte sie nicht beabsichtigt, ihn für eine Mitwirkung zu gewinnen. Die Folge war, dass er dieses Angebot machte.

In 40 Tagen waren also die ersten 1000 Pfund eingegangen und die sehr geschätzte Hilfe des Architekten gesichert. Ja, Gott ging vor Seinem Knecht her.

Was für ein Glaubenswagnis für einen Mann, der selbst keinen Penny besaß, ein solches Haus in solchem Umfang bauen zu wollen, ohne andere Menschen um Gaben zu bitten, und der ausschließlich von Gott abhängig war! Die Größe des Unternehmens und das herrliche, mächtige Zeugnis, das es seither für einen Gebete erhörenden Gott gewesen ist, können nur dann völlig ermessen werden, wenn alle Umstände richtig gewürdigt werden.

Es galt zunächst, einen Bauplatz zu kaufen, der mindestens 24 000 bis 28 000 Quadratmeter umfasste. Er sollte in der Nähe von Bristol gelegen sein, weil sich Georg Müllers Arbeitsfeld ja im Stadtgebiet befand und weil die Waisen sowie die Mitarbeiter imstande sein sollten, den gewöhnlich aufgesuchten Versammlungssaal leicht zu erreichen. Außerdem war noch aufgrund vieler anderer

Erwägungen die Nähe der Stadt wünschenswert. Ein solcher Platz konnte aber kaum unter 2000 bis 3000 Pfund erworben werden.

War der Platz vorhanden, so musste das Gebäude errichtet und mit allem Nötigen für 300 Waisen und ihre Betreuer und Lehrer sowie für die verschiedenen Mitarbeiter ausgestattet werden. So einfach das Haus und die Inneneinrichtung auch vorgesehen war, so überstiegen die Kosten dafür doch den Preis des Bauplatzes um das Drei- oder Vierfache.

Endlich musste mit den jährlichen Unterhaltungskosten für eine solche Anstalt gerechnet werden, die sich wieder auf 4000 bis 5000 Pfund belaufen würden. Es waren also für den Beginn etwa 10 000 bis 15 000 Pfund nötig, während für jedes folgende Jahr gut ein Drittel dieser Summe anfiel. Kein vernünftiger Mensch, der äußerlich gesehen so mittellos wie Georg Müller war, hätte an ein solch riesiges Projekt auch nur denken können, wenn sein Glaube und seine Hoffnung nicht fest auf Gott hin ausgerichtet gewesen wären.

Als Konstantin der Große den Bau der neuen Hauptstadt am Bosporus in großem Maßstab in Angriff nahm, wurde er angesichts seiner Tollkühnheit getadelt; aber er sagte einfach: »Ich folge einem, der mich leitet.« Auch Georg Müllers Plan ging nicht auf eigene Ideen zurück. Er folgte Einem, der ihn leitete, und weil er sich dieser Leitung bewusst war, hatte er nur zu vertrauen und zu warten. Weil das Unternehmen so groß war, sollte nach seinem Wunsch daran Gottes Hand deutlich wahrzunehmen sein. Darum vermied er es auch, den Eindruck zu erwecken, als ob er selbst eine hervorragende Stelle dabei einnähme. Er gab keinen Rundbrief heraus, der sein Vorhaben der christlichen Welt bekannt machte. Mit den wenigen in seinem engeren Kreis sprach er auch nur dann darüber, wenn das Gespräch darauf kam.

Gott sollte so sichtbar auf den Plan treten, dass jedermann erkennen musste, dass er – Georg Müller – nichts als das Werkzeug in Seiner Hand war. Unterdessen forschte er täglich in der Bibel und fand darin so reiche Unterweisung und Ermutigung, dass es schien, als wäre die Schrift eigens für ihn geschrieben, um ihm

Botschaften von oben zu übermitteln. So las er im Buch Esra, wie Gott, als Seine Zeit für die Rückkehr Seines verbannten Volkes und den Wiederaufbau des Tempels gekommen war, den heidnischen König Kores (Kyrus) gebrauchte. Dieser hatte einen entsprechenden Befehl ausgehen lassen und die Mittel zur Ausführung des göttlichen Planes bereitgestellt, der ihm doch völlig unbekannt war. Georg Müller sah auch, wie Gott das Volk bewegte, die heimkehrenden Gefangenen zu unterstützen, und er sagte sich: ›Dieser gleiche Gott kann und will auf Seine Weise das Geld und alle von Menschen nötige Hilfe geben, indem Er die Herzen Seiner Kinder bewegt zu helfen, wie es Ihm gefällt.‹

Die ersten Gaben für das neue Werk enthielten eine wichtige Lehre. Am 10. Dezember waren von einem einzigen Geber 1000 Pfund eingegangen, 20 Tage später gingen 50 Pfund ein, am darauf folgenden Tag drei Pfund und sechs Pennys sowie am Abend des gleichen Tages noch eine Gabe von 1000 Pfund. Kurz nachher brachte die Post ein Säckchen mit fremdländischen Sämereien und eine aus Muscheln verfertigte Blume, die zugunsten der Baukasse verkauft werden sollten. Der Geldwert dieser letzteren Gaben war ein geringer; aber doch ermutigten sie Georg Müller mehr als eine große Summe Geld durch die ihnen beigefügte Verheißung: »Wer bist du, großer Berg, vor Serubbabel? Zur Ebene sollst du werden!« (Sach 4,7).

Die Gaben wurden übrigens nie nach der Größe ihres Geldwerts geschätzt, sondern immer als Zeichen dafür gesehen, wie Gott an den Herzen Seiner Kinder wirkte. Daher rief eine Gabe von 1000 Pfund nicht mehr aufrichtigen Preis Gottes und freudigen Dank hervor als die 33 Pennys, die ein armes Waisenkind bald darauf schenkte.

Mit dem Gebet, dass der Herr vor ihm hergehen möge, begann Georg Müller nun, sich nach einem Bauplatz umzusehen. Etwa vier Wochen vergingen unter fruchtlosem Suchen. Dann aber bekam er den Eindruck, dass der Herr ihm das Baugrundstück nun bald schenken werde, und er teilte dies an einem Samstagabend seinen Mitarbeitern auch mit. Das war am 31. Januar 1846. Schon nach zwei Tagen ließ ihn der Gedanke an Ashley Down, wo er ganz besonders geeignetes Baugelände gefunden hatte, nicht mehr los. Er wollte zweimal den Eigentümer aufsuchen, einmal in seiner Wohnung und dann in seinem Kontor, verfehlte ihn aber beide Male. Er hinterließ jedoch die Mitteilung, dass er wegen des Ankaufs von Land verhandeln wolle. Da er zweimal an einem Tag den Eigentümer des Grundstücks nicht getroffen hatte, leitete er daraus eine Weisung des Herrn ab, bis zum nächsten Tag zu warten. Als er am folgenden Morgen endlich den Besitzer zu Hause traf, wurde seine Geduld unerwartet belohnt. Der Mann gestand ihm nämlich, dass er in der vergangenen Nacht zwei Stunden wach gelegen und sich besonnen habe, zu welchem Preis er Georg Müller das Land geben solle. Seine frühere Forderung sei 200 Pfund für einen Acre (4046 Quadratmeter) gewesen; nun wolle er aber nur 120 Pfund dafür haben.

Das Geschäft war bald abgeschlossen, und der Diener des Herrn hatte, weil er warten konnte, bei dem Kauf des Bauplatzes 80 Pfund pro Acre (bzw. insgesamt 560 Pfund) gespart. Georg Müller hatte den Herrn gebeten, vor ihm herzugehen, und Er tat es in einer Weise, wie es Sein Knecht nie gedacht hatte!

Sechs Tage später kam das schriftliche Angebot des Architekten von London, und wieder acht Tage später kam er selbst nach Bristol und fand den Bauplatz in jeder Hinsicht passend.

Bis zum 4. Juni 1846 betrug die Summe, die für den Bau beisammen war, wenig mehr als 2700 Pfund – ein kleiner Teil des gesamten nötigen Betrages. Aber Georg Müller zweifelte keinen Augenblick daran, dass zu Gottes Stunde alles Erforderliche kommen würde. 212 Tage hatte er schon auf Gott gewartet und darauf vertraut, dass Er den Bau ermöglichen würde. Er beschloss, weiter zu warten, bis die ganze Summe in seiner Hand wäre.

Mit großer Weisheit legte Georg Müller darüber hinaus fest, dass fortan auch andere an der Verantwortung für das Werk beteiligt werden sollten. Zehn Brüder sollten mit ihm zusammen die Verwaltung dieser ihm anvertrauten Geldmittel übernehmen – Brüder, die ein »gutes Zeugnis« hätten und »voll Heiligen Geistes und Weisheit« wären. Seiner Überzeugung nach hatten jetzt, da das Werk in einer solchen Weise ausgeweitet wurde, diejenigen, die sich in großer Zahl für die Anstalt interessierten, ein Recht darauf, nun auch in der Leitung vertreten zu sein.

Der Teufel legte wieder Schwierigkeiten in den Weg. Nachdem der Bauplatz für das neue Waisenhaus gefunden, gekauft und bezahlt war, verzögerten unvorhergesehene Hindernisse die Ausfertigung der Besitzdokumente. Aber Georg Müller ließ sich in seinem inneren Frieden nicht erschüttern, da er wusste, dass auch angesichts dieser Hindernisse Gottes Souveränität unangetastet blieb. Wenn es der Herr zulassen sollte, dass ihm ein Stück Land wieder genommen werden würde, so konnte das nach seiner festen Überzeugung nur geschehen, weil Gott ihm ein besseres dafür geben wollte. So diente die Verzögerung nur dazu, seinen Glauben und seine Geduld auf die Probe zu stellen.

Am 6. Juli gingen 2000 Pfund ein, doppelt so viel wie jene erste Gabe vom 10. Dezember, und am 25. Januar 1847 eine andere von gleicher Größe, sodass man am 5. Juli 1847 mit dem Bau beginnen konnte. Sechs Monate später, nach 400 Tagen des Wartens auf Gott, waren 9000 Pfund als Antwort auf das Gebet des Glaubens beisammen.

Als das neue Gebäude mit seinen 300 großen Fenstern seiner Vollendung entgegenging, aber noch viel zu beschaffen blieb, bis es für den Einzug von 330 Bewohnern fertig war, fehlten, obwohl inzwischen im Ganzen 11 000 Pfund eingegangen waren, noch immer etwa 4000 Pfund. Aber die Hilfe kam nicht nur, sie kam auch weit über Erwarten. Es ging so viel Geld ein, dass alles bezahlt werden konnte und sogar mehr als nötig da war, und auch die Mitarbeiter, die man brauchte, hatten sich gefunden.

Am 18. Juni 1849, mehr als zwölf Jahre seit Beginn des Werkes, konnten die Waisenkinder aus den vier gemieteten Häusern in der Wilson Street in das neue Waisenhaus in Ashley Down umziehen.

Ehe man am neuen Standort neue Kinder aufnahm, wartete man fünf Wochen, damit man sich zuerst etwas eingewöhnen konnte und alles in ordnungsgemäßer Weise in Gang kam. Am 26. Mai 1850 waren indessen bereits 275 Kinder dort untergebracht, und die Zahl aller Bewohner des Hauses zusammen belief sich auf 308.

Der Name »das neue Waisenhaus« war gewählt worden, um es von einer anderen ähnlichen Anstalt in der Nähe zu unterscheiden. Es sollte kein bloßes »Asyl« sein. Vor allem sollte damit verhindert werden, dass jemand es als »Herrn Müllers Waisenhaus« bezeichnete, damit nicht der Ruhm auf jemanden fiel, der nur Gottes Werkzeug bei seiner Errichtung gewesen war. Georg Müller hielt es für Sünde, auch nur indirekt irgendein Fünkchen der Ehre für sich in Anspruch zu nehmen, die allein dem gehörte, der den Glauben gewirkt und die Mittel dargereicht hatte. Georg Müller wollte auch nicht, dass andere ihm diese Ehre zurechneten. Das Eigentumsrecht wurde elf Kuratoren[18] übergeben, die Georg Müller ausgewählt hatte. Es wurde festgelegt, dass das Haus immer am Mittwochnachmittag für Besucher offen sein sollte. Zur Besichtigung des ganzen Gebäudes waren etwa eineinhalb Stunden nötig.

Kaum waren die Waisen in Ashley Down untergebracht, als in Georg Müllers Herz immer stärker der Wunsch wach wurde, dass 1000 statt nur 300 Waisenkindern die Wohltat dieser äußeren Versorgung und geistlichen Pflege zuteilwerden möge, und ehe das neue Jahr 1851 angebrochen war, war sein Wunsch zum Vorhaben gereift. So wie er es gewohnt war, prüfte er wieder sorgfältig und unter anhaltendem Gebet, ob er nicht etwa einer Regung des Eigenwillens folgte, sondern sich an den Willen Gottes hielt, und wieder wurde das Für und Wider gewissenhaft erwogen. War nicht das Werk mit dem ausgeweiteten Briefwechsel und der Verantwortung, die es mit sich brachte, schon groß genug? Würde nicht ein neues

18 A.d.H.: Hier handelte es sich um Glaubensbrüder, die ehrenamtlich und treuhänderisch ihre Aufgaben wahrnahmen und sozusagen den Verwaltungsrat dieses Werkes bildeten.

Waisenhaus für 300 Kinder wieder 15 000 Pfund kosten, oder wenn es für 700 ausgelegt sein müsste, mit dem nötigen Baugrund 35 000 Pfund? Und auch wenn es gebaut und eingerichtet und mit Bewohnern gefüllt werden würde, wäre nicht der tägliche Unterhalt eine stets wiederkehrende Sorge? Es wären 8000 Pfund jährlich nötig, um erneut für 700 Minderjährige zu sorgen. All diesen Fragen und Einwänden gegenüber gab es für Georg Müller nur die eine Antwort: Gott ist der Allgenugsame. Und weil Georg Müllers Augen auf Seine Macht und Weisheit und Reichtümer blickten, vergaß er seine eigene Schwachheit, Torheit und Armut.

Ein anderes Bedenken erwachte. Wenn es nun gelänge, eintausend arme Waisen zu versorgen und zu ernähren, was sollte nach seinem Tod aus der Anstalt werden? Die Antwort Georg Müllers ist bemerkenswert: »Meine Sache ist es, mit allen mir zu Gebote stehenden Mitteln meiner eigenen Generation nach Gottes Willen zu dienen; und auf diese Weise werde ich auch der kommenden Generation am besten dienen, wenn der Herr Jesus mit Seinem Kommen noch verzieht.« Er erinnerte sich daran, wie Francke in Halle vor über 100 Jahren dem gleichen Einwand begegnet war, als er die damals größte Einrichtung gründete, die mildtätigen Zwecken diente. Als aber nach ca. 30-jähriger Leitung Francke abgerufen wurde, war sein Schwiegersohn da, der an seine Stelle treten konnte. So ermutigte jetzt wieder das Vorbild dieses seines Landsmanns Georg Müller, vorwärtszugehen, seine Pflicht zu tun und die Zukunft dem ewig treuen Gott zu überlassen.

Georg Müller zählt verschiedene Gründe auf, die ihn veranlassten, das Werk auszudehnen: die vielen Aufnahmegesuche, die wegen des Platzmangels nicht berücksichtigt werden konnten, der sittliche Tiefstand der Armenhäuser, in die diese in Armut befindlichen Kinder sonst geschickt wurden, und das große Elend verwaister Kinder, die ohne Hilfe blieben. Dazu kamen die bis jetzt gemachten Erfahrungen der Gnade und Barmherzigkeit des Herrn. Außerdem waren da sein eigener innerer Frieden, wenn er an die geplante Ausdehnung dachte, und die geistlichen Segnungen, die einer größeren Zahl von heimatlosen Kindern zugeeignet werden könnten. Aber ein Grund überwog alle anderen: Ein ausgedehnterer Dienst an der Menschheit, der allein in der Abhängigkeit vom Herrn geschah, würde ein umso größeres Zeugnis für den Gott sein, der Gebete erhört. Dieser Gedanke war es, der bei jeder neuen Erweiterung des Werkes ausschlaggebend war.

Am 4. Januar 1851 ging wieder eine Gabe ein – 3000 Pfund, die größte Gabe bis zu diesem Zeitpunkt. Da die Verwendung ihm völlig freigestellt war, ermutigte sie ihn zum Weitergehen.

Auch diesmal zog er keinen Menschen zurate. Bis zum 25. Januar hatte er seinen Plan einer abermaligen Vergrößerung nicht einmal seiner Frau mitgeteilt. Erst nachdem der zwölfte Jahresbericht der Anstalt zur Ausbreitung der Schriftkenntnis erschienen war, kam sein Vorhaben an die Öffentlichkeit, mit Gottes Hilfe für weitere 700 bedürftige Waisenkinder Raum zu schaffen.

Bis zum 2. Oktober 1851 waren nur etwa 1100 Pfund direkt für dieses zweite Waisenhaus eingegangen, und bis zum 26. Mai des folgenden Jahres waren es im Ganzen 3500 Pfund. Aber Georg Müller dachte an einen, der, »nachdem er … ausgeharrt hatte, … die Verheißung [erlangte]« (Hebr 6,15). Er hatte mehr als zwei Jahre gewartet, bevor alle nötigen Mittel für das erste Haus beisammen waren. Er konnte noch länger, wenn Gott es so wollte, auf die Erhörung der gegenwärtigen Gebete für den Bau des zweiten Hauses warten.

Nach 19 Monaten – während dieser Zeit hatte er fast täglich als Antwort auf sein Gebet etwas bekommen – vernahm er, dass eine Anzahl Kinder Gottes sich zusammengetan hatten, um ihm eine Gabe von 8100 Pfund zu übermitteln. Davon bestimmte er 6000 Pfund für die Baukasse. Auch diesmal war er weder überrascht noch außer sich, aber sehr fröhlich und triumphierend in seinem Gott. Gerade zwei Jahre vorher, als er die bis dahin größte Gabe – 3000 Pfund – verzeichnete, hatte er ebenfalls seiner Erwartung, noch größere Dinge zu erleben, Ausdruck gegeben. Und nun sollte wirklich eine zwei-, ja, nahezu dreimal so große Gabe in seinen Besitz gelangen! Es war indessen nicht die große Geldsumme, die ihn mit so überströmender Freude erfüllte, sondern die Tatsache, dass er sich nicht umsonst seines Gottes gerühmt hatte.

Da nun 483 Waisen auf Aufnahme warteten, fühlte er sich zu dem Gebet getrieben, dass der Weg zum Beginn des Baues sich bald öffnen möge. Jakobus 1,4 (»Das Ausharren aber habe ein vollkommenes Werk, damit ihr vollkommen und vollendet seid und in nichts Mangel habt«) wurde ihm indessen dabei sehr wichtig.

Am 26. Mai 1853 betrug die für den Bau verfügbare Gesamtsumme etwa 12 500 Pfund, und über 500 Waisenkinder hatten sich angemeldet. Zweimal so viel war aber vonnöten, ehe das neue Haus begonnen werden konnte, ohne Gefahr zu laufen, in Schulden zu geraten.

Am 8. Januar 1855 hatten sich erneut mehrere christliche Freunde in dem Anliegen vereint, ihm 5700 Pfund für das Werk Gottes zu überreichen. Von dieser Summe bestimmte er 3400 Pfund für die Baukasse. Da aber nun inzwischen 700 bis 800 Waisenkinder um Aufnahme baten, schien es Gottes Wille zu sein, dass wenigstens ein Bauplatz gesichert wurde. Einige Wochen später bemühte sich Georg Müller denn auch, zwei Äcker, die an das erste Waisenhaus angrenzten, für seinen Zweck zu erwerben. Da sie aber im Augenblick nicht zu kaufen waren, blieb ihm nichts anderes übrig, als zu glauben, dass der Herr andere Absichten habe oder ein besseres Bauterrain geben wolle als dasjenige, das Sein Knecht ins Auge gefasst hatte.

Nach weiterem Nachsinnen und Gebet kam ihm der Gedanke, dass eigentlich auf dem ersten Bauplatz durch Anbau auf jeder Seite noch ein Haus erstellt werden könnte. So wurde denn beschlossen, zunächst auf der Südseite ein Haus anzubauen, das Platz für 400 Waisen bieten sollte. Für den Bau und die Inneneinrichtung war Geld genug auf der Bank.

Am 26. Mai 1856 waren fast 30 000 Pfund für das neue Waisenhaus Nr. 2 beisammen. Am 12. November 1857 wurde dieses Haus für 400 neue Waisen eröffnet. Es blieb noch ein Überschuss von 2300 Pfund. Der Gott, der für das Haus gesorgt hatte, schickte auch die Mitarbeiter, ohne dass man sich darum hätte bemühen müssen. Mit dem Anfang des neuen Jahres begann Georg Müller, 600 Pfund als erstes Kapital für das dritte Waisenhaus auf die Seite zu legen. Ein an das Grundstück der Waisenhäuser angrenzendes Stück Land wurde hinzugekauft. Da so viele Anmeldungen vorlagen und die Unterhaltskosten für eine größere Zahl zwar etwas höher sein, aber im erwartbaren Rahmen liegen würden, beschloss man, gleich für 450 statt für 300 zu bauen. Bei jeder Erweiterung des Werkes freute sich Georg Müller besonders darüber, dass so immer mehr erkennbar wurde, was ein einziger armer Mann, der einfach auf Gott vertraut, durch das Gebet erreichen kann.

Das Waisenhaus Nr. 3 wurde am 12. März 1862 eröffnet. Dabei hatte man über 10 000 Pfund für die laufenden Ausgaben in der Hand. Zwar waren die nötigen Mitarbeiter noch nicht alle gefunden, aber diese Wartezeit war nur ein neuer Antrieb zu gläubigem Gebet. Statt einmal stiegen dreimal am Tag die Gebete zu Gott empor, dass Er die passenden Leute schicken möge. Und es kam einer nach dem anderen und jeder zur rechten Zeit, sodass die Aufnahme der Kinder nicht aufgehalten wurde und alles in dem gesamten Werk weiterhin ordnungsgemäß ablief.

Erneut schien aus den gleichen Gründen wie vorher eine Erweiterung nötig. Der Andrang von Waisen, die um Aufnahme baten, wurde immer größer, und die Erfahrung von Gottes wunderbarer Durchhilfe ermutigte Georg Müller dazu, größere Dinge sowohl in Angriff zu nehmen als auch zu erwarten. Waisenhäuser Nr. 4 und 5 begannen, an seinem Glaubenshorizont aufzusteigen. Bis zum 26. Mai 1862 hatte er bereits über 6600 Pfund dafür beisammen. Im November 1864 kam eine große Gabe von 5000 Pfund von einem Geber, der weder seinen Namen noch Wohnort bekannt geben wollte. Bis zu diesem Zeitpunkt waren etwa 27 000 Pfund eingegangen; 50 000 Pfund waren nötig.

Da also mehr als die Hälfte der Summe in der Kasse war, konnte der Ankauf eines Bauplatzes wohl unternommen und das Fundament für die Gebäude gelegt werden. Georg Müller hatte jahrelang ein Stück Land ins Auge gefasst, das an die drei bereits gebauten Häuser anstieß und nur durch eine Straße davon getrennt war. Er suchte den entsprechenden Makler auf und stellte fest, dass der betreffende Platz noch für zwei Jahre verpachtet war. Dieses Hindernis trieb nur zu neuem Gebet an. Aber die Schwierigkeiten schienen zu wachsen: Der verlangte Preis war zu hoch, und die Wasserwerksgesellschaft von Bristol stand wegen desselben Grundstücks in Verhandlungen, da sie beabsichtigte, dort große Wasserbehälter anzulegen.

Indessen beseitigte Gott nacheinander all diese Hindernisse, sodass das Land gekauft und den Kuratoren im März übergeben werden konnte. Nachdem die Kaufsumme ausgezahlt war, blieben über 25 000 Pfund für den Bau übrig. Da es eine große Ersparnis an Kosten und Mühe mit sich bringen würde, wenn man beide Häuser gleichzeitig baute, bat man Gott um reiche Mittel, damit das ganze Werk bald vollendet werden könne.

Im Mai 1866 standen Georg Müller 34 000 Pfund Verfügung. So wurde denn mit Haus Nr. 4 begonnen, bevor im Januar des nächsten Jahres Haus Nr. 5 folgte. Bis Ende März 1867 waren mehr als 50 000 Pfund eingegangen, und es fehlten nur noch 6000 Pfund für die Inneneinrichtung der beiden Häuser. Anfang Februar 1868 waren alles in allem 58 000 Pfund an Gaben eingegangen, sodass am 5. November 1868 das neue Waisenhaus Nr. 4 eröffnet werden konnte, gefolgt von Nr. 5 am 6. Januar 1870. Es blieb dabei ein Überschuss von etwa 5000 Pfund. So hatte im Frühjahr 1870 die Waisenhausarbeit ihre volle Ausdehnung in den fünf großen Häusern von Ashley Down erlangt. Sie boten Platz für 2000 Waisenkinder und alle nötigen Lehrer und sonstigen Mitarbeiter.

Die ganze Baugeschichte von Ashley Down, die Geschichte dieses großen Denkmals der Treue eines Gebete erhörenden Gottes ist hier in ein Kapitel zusammengedrängt worden. In Wirklichkeit erstreckte sich diese über viele Jahre. Zwischen dem ersten Entschluss, einen Neubau zu errichten, im Jahr 1845 und der Eröffnung des dritten Hauses im Jahr 1862 waren fast 17 Jahre vergangen, und bis Nr. 5 bezogen werden konnte, im Jahr 1870, vergingen beinahe 25 Jahre. Und doch war das Werk ein einheitliches von seiner Planung und seiner Ausführung her. Das einzige große Ziel war die Ehre Gottes, das einzige Hilfsmittel das gläubige Gebet, der einzige Ort, wo man Rat holte, war das Wort Gottes, und der einzige göttliche Lehrer war der Heilige Geist. Jeder Schritt, der im Glauben und unter Gebet getan wurde, war die Vorbereitung zu einem folgenden gewesen; jede Glaubenstat hatte den Knecht Gottes kühner gemacht, eine andere zu wagen; jedes gläubige Wagnis hatte nur bewiesen, dass man sich nicht in Gefahr begibt, wenn man sich auf Gottes Treue und Barmherzigkeit verlässt.

Besucht man die Waisenhäuser, so ist man überrascht von ihrer Bauart und Größe. Sie sind sehr geräumig und haben etwa 1700 große Fenster und Platz für mehr als 2000 Bewohner. Sie sind massiv aus Stein gebaut. Die Bauart ist außerordentlich einfach; sie haben mehr den Stempel der Nützlichkeit als der Schönheit – sowohl nach außen hin als auch im Inneren. Man ist bei der Errichtung mit äußerster Sparsamkeit zu Werke gegangen. Die Einrichtung ist sehr bescheiden, Schmuck und Luxus fehlen hier. Georg Müller ist deswegen schon getadelt worden, da einige meinten, es hätte auch sein Gutes gehabt, dem Schönheitssinn der Kinder ein wenig Rechnung zu tragen.

Darauf kann man aber zweierlei antworten: Erstens sollte nach dem Willen von Georg Müller alles und jedes nur dem einen großen Zweck dienen: Er wollte zeigen, dass der lebendige Gott Gebete erhört. Zweitens sah er sich selbst als Verwalter von Gottes Eigentum an und schreckte davor zurück, auch nur einen Penny für etwas auszugeben, was für eine einfache, bescheidene Ausführung des Werkes Gottes keineswegs nötig war. Aus seiner Sicht sollte all das, was ohne Schaden und Nachteil für die Gesundheit, den Unterricht und die schriftgemäße sowie geistliche Erziehung seiner Waisen eingespart werden konnte, für andere Arme und Notleidende verwendet werden. Ebenso war er der Meinung, dass diese Waisen – wo auch immer sie danach sein sollten – sich wahrscheinlich in einfachen und bescheidenen Verhältnissen bewegen und ein Leben lang darin bleiben würden. Daher könnte eine Umgebung, die sie an ein höheres Lebensniveau gewöhnen würde, sie nur anspruchsvoll und unzufrieden mit ihrem künftigen Dasein machen. So war ihm nur daran gelegen, dass ihnen nichts mangelte, was für eine gesunde Lebensweise und einfache Behaglichkeit nötig war. Er war darauf bedacht, dass sie lernten, zufrieden zu sein, wenn sie das hatten, was sie zum Leben brauchten.

Übrigens wäre Georg Müller sicherlich noch mehr und schärfer getadelt worden, wenn er die anvertrauten Gaben zum äußeren Schmuck verwendet hätte. Man würde ihm vorgeworfen haben, er gehe mit dem Geld der Armen leichtsinnig um. Es war doch auch zu bedenken, dass manche ihre Scherflein darbrachten und dabei die eigenen Bedürfnisse zurückstellten. Es waren Gaben, die sie nicht hätten geben können, wenn sie ihr eigenes Heim hätten elegant ausstatten wollen. Es wäre in der Tat unangebracht gewesen, für die Waisen das zu kaufen, was die Geber für sich selbst nicht aufwenden konnten.

Überall herrschen dagegen Sauberkeit, Reinlichkeit und Ordnung, und die ehrliche Arbeit wird hochgehalten. Das Land, das die Gebäude umgibt, wird zum Anlegen von Gemüsegärten genutzt, in denen die Waisenkinder eine gesunde Beschäftigung finden; sie lernen eine Tätigkeit, die ihnen zum Lebensunterhalt später dienlich sein kann, und gleichzeitig wird so ein Teil der täglichen Nahrung gewonnen.

Alles in den Häusern ist bestens geordnet und eingerichtet. Jedes Kind hat für seine Kleider ein nummeriertes Fach. In jeder Abteilung führen sechs größere Waisen die Aufsicht über die Kleiderablage. Von den Jungen hat jeder drei Anzüge; die Mädchen haben fünf Kleider, die sie selbst anfertigen und ausbessern müssen, wozu sie angeleitet werden. Im Kinderzimmer haben die

Kleinen ihre Bilderbücher und ihr Spielzeug, sie werden hier mit mütterlicher Zuwendung umsorgt. Oft sind mehrere Kinder aus einer Familie in der Einrichtung, damit die Familienbande nicht unnötigerweise zerrissen werden. Die mittlere Dauer des Aufenthalts in der Anstalt beträgt zehn Jahre, einzelne Waisen sind bis zu 17 Jahren darin verblieben.

Im täglichen Leben geht es um Regelmäßigkeit, wobei auf Pünktlichkeit Wert gelegt wird. Die Kinder stehen um 6 Uhr auf; von 7 Uhr bis zum Frühstück, das um 8 Uhr stattfindet, sollen die Mädchen stricken und die Jungen lesen. Um 8.30 Uhr ist eine kurze Morgenandacht; die Schule beginnt um 10 Uhr. Vor dem Mittagessen um 13 Uhr ist eine halbstündige Pause, in der sich die Kinder auf dem Spielplatz tummeln dürfen. Am Nachmittag ist wieder Schule bis um 16 Uhr; dann dürfen die Kinder wieder bis 17.30 Uhr spielen oder sich sonst im Freien bewegen. Um 18 Uhr ist das Abendessen, vor dem wieder eine halbstündige Andacht gehalten wird. Nachher arbeiten die Mädchen mit der Nadel, während die Jungen nochmals Schule haben, bis es Schlafenszeit ist. Die jüngeren Kinder müssen um 20 Uhr, die größeren um 21 Uhr zu Bett gehen. Die Kinder bekommen genügend zu essen. Die Kost ist einfach, aber nährstoffreich; sie besteht aus Brot, Haferbrei, Milch, Suppe, Fleisch, Reis und Gemüse. Alles soll dem einen Zweck dienen, den Georg Müller mit diesen Worten zusammenfasst: »Wir sind darauf bedacht, dass es nicht an uns liegt, wenn eines der Kinder für das irdische Leben oder in geistlicher Beziehung keinen guten Weg einschlägt oder kein nützliches Glied der menschlichen Gesellschaft wird.«

Die mannigfache Gnade Gottes

Jemand hat bei der Auslegung des 23. Psalms sinnreich gesagt, dass der Wagen, in dem die Heiligen des Herrn fahren, außer dem Kutscher noch zwei Bedienstete habe, das seien »*Güte und Gnade*«; es heißt von ihnen, »[sie] werden mir folgen mein Leben lang«[19].

Gewiss folgten diese beiden Georg Müller sein Leben lang. So wunderbar die Geschichte des Baues der fünf Waisenhäuser in Ashley Down ist, so haben noch viele andere Ereignisse und Erfahrungen in Georg Müllers Leben nicht weniger die Güte und Gnade Gottes bewiesen. Auch diese dürfen hier nicht übergangen werden. Er selbst sann gern über die Wege nach, auf denen Gottes Güte und Seine Gnade sich in seinem Leben erwiesen hatten, und er fand eine Fülle von Beweisen, dass Güte und Gnade ihm auf Schritt und Tritt gefolgt waren. Einige Beispiele mögen hier angefügt werden.

Gottes liebevolle Fürsorge für Seinen Knecht zeigte sich auch in Bezug auf seine Tochter Lydia. Die Eltern hielten es für besser, dass ihr Kind auswärts unterrichtet wurde. Georg Müller war mit einer Schwester bekannt geworden, die eine besondere Gabe zur Erziehung und zum Unterricht von Kindern besaß. Ihr wurde Lydia anvertraut. Natürlich wollte Georg Müller für sein Kind den Betrag der Pension bezahlen; er verlangte daher die Rechnung und beglich sie. Aber die Summe wurde ihm ohne Angabe des Absenders zurückgeschickt, und während der ganzen sechs Jahre, die Lydia in dem Haus dieser Dame zubrachte, erhielt Georg Müller keine einzige Rechnung mehr. So nahm ihm Gott eine große Sorge aus der Hand, weil er nicht für die Pensionskosten und die Schulgebühren

---

19 A. d. H.: Vgl. jeweils Psalm 23,6 (Schlachter 2000).

seines Kindes aufkommen musste. Besonders kostbar war es den Eltern zu sehen, dass Lydia wirklich in der Zucht und Ermahnung des Herrn war. Im April 1846 kam sie zum Frieden, und von da an begann das verborgene Leben mit dem Herrn, in dem sie 44 Jahre lang in so besonderer Weise erkennen ließ, dass sie immer mehr in das Bild Jesu umgestaltet wurde.

Viele christliche Eltern begehen den Fehler, dass sie ihre Kinder solchen Pädagogen zur Erziehung anvertrauen, die nur den Verstand und nicht den inneren Menschen prägen können. Unter einem solchen Einfluss werden die jungen Leute oft gleichgültig gegenüber dem christlichen Glauben; im besten Fall werden nur Wissensdurst und weltlicher Ehrgeiz in ihnen wachgerufen. In vielen Fällen sind die Impulse des frommen Elternhauses durch die pädagogischen Einrichtungen, denen das geistliche Leben fehlte, verwischt worden. In den jungen Jahren, in denen der auf die Ewigkeit hin ausgerichtete Charakter ausgeprägt wird, ist nichts wichtiger, als dass die empfänglichen Kinderseelen christliche Lebensluft atmen.

Güte und Gnade folgten Georg Müller und seiner Frau auch bei ihrem Aufenthalt in Deutschland im Jahr 1845. Sie kamen in Stuttgart zu einer Zeit an, in der die Stadt sehr überfüllt war. Aber ein reicher Arzt, der bis dahin nie Zimmer vermietet hatte, ließ ihnen eine Unterkunft in seinem Haus anbieten.

Die dortige Arbeit Georg Müllers war reich gesegnet. Eine Zeit lang hielt er jede Woche acht Versammlungen; er konnte ferner elf Traktate in deutscher Sprache erscheinen lassen und verteilte davon über 220 000 sowie nahezu 4000 Exemplare seiner *Erzählungen der Taten Gottes.*

Gottes Güte und Gnade zeigte sich besonders auch darin, dass immer dann, wenn Georg Müller den inneren Impuls verspürte, ein größeres Werk in Angriff zu nehmen, die Mittel reichlicher flossen. Das war nicht nur in der Waisenhausarbeit so, sondern auch bei der Anstalt zur Ausbreitung der Schriftkenntnis, deren einzelne Zweige rasch zur vollen Entfaltung gelangten. Als dann die Zeit kam, in der in gewissen Teilen des Werkes ein Stillstand eintrat, sah Georg Müller, dass auch dies Güte und Gnade war. Die Ursache davon lag, wie man nachher erkannte, allein darin, dass auch andere Brüder ans Werk gegangen und mehr Anstalten entstanden waren. Darüber konnte sich Georg Müller so uneingeschränkt freuen, als wenn es sein Dienst allein gewesen wäre, der von Gott gebraucht wurde.

Im Werk der Äußeren Mission, das ihm immer mehr am Herzen lag, konnte er schon im Jahr 1846 siebenmal mehr tun als in den Jahren vorher. Im Laufe der Zeit wurde es ihm ermöglicht, 122 Missionare zu unterstützen. Im Jahr 1865 brauchte er dazu 466 Pfund Sterling, es fehlten ihm aber 92 Pfund Sterling. Er brachte sein Anliegen vor den Herrn, und am gleichen Abend erhielt er fünf Pfund Sterling und am folgenden Morgen 100 Pfund und dazu ein »Geburtstagsdankopfer« von 50 Pfund. Im Ganzen bekam er 37 Pfund mehr von seinem Gott, als er erbeten hatte.

Welch eine Güte und Gnade folgte ihm bei dem Tragen der Lasten seines eigenen Werkes! Ja, der Wagen des Herrn trug ihn und seine Lasten zusammen. Tag für Tag bewahrte ihm sein gnädiger Herr den Frieden, obwohl auch Krankheit den Weg in seine große Familie fand und obgleich für Waisen, die die Einrichtung verließen, passende Arbeitsplätze und geeignete Familien gefunden werden mussten. Er blieb im Frieden bei aller Sorge für den Unterhalt und die Erziehung der aufzunehmenden Waisen, wenn schon sehr oft kritische Zeiten kamen und schwierige Angelegenheiten täglich viel Gebet und Wachsamkeit erforderten.

Der Winter 1846/1847 war eine Zeit, in der Nahrungsmittel knapp waren. Sollte Gottes Güte und Gnade ihn im Stich lassen? Aber durch all diese Zeiten des allgemeinen Mangels hindurch bezeugte Georg Müller: »Es fehlt uns an nichts, Gott hilft uns.« Je dunkler der Pfad war, desto mehr fühlte man die Hand, die den Blinden auf dem Weg führt, den er nicht kennt! Georg Müller und die Waisen seines Gottes kamen durch diesen Winter ebenso leicht wie durch irgendeinen anderen seit Beginn des Werkes.

War es nicht auch ein Zeichen von Gottes besonderer Güte und Gnade, dass das Werk stets auf den Grundpfeilern, auf denen es ruhte, dem Glauben und Gebet, bestehen blieb? Weder Schwierigkeiten und Enttäuschungen noch Erfolge und Triumphe brachten auch nur für eine Stunde eine Abweichung von den gottgemäßen Prinzipien zustande, auf die es gegründet war.

Wir haben von einem Bruder gehört, der von Gott gewürdigt worden war, ein Glaubenswerk anzufangen, wie er später, als das Werk größere Ausmaße angenommen hatte, die Sache mehr geschäftsmäßig betrieb.

Bei dem Werk in Bristol dagegen trat nie eine Veränderung der Grundsätze ein; nie wurde nach menschlichem Schutz oder menschlicher Unterstützung ausgeschaut, nie war man abhängig von einem regelmäßigen Einkommen oder von bestimmten Schenkungen.

Wie von Anfang an war es auch durch alle folgenden Jahre hindurch allein der lebendige Gott, unter dessen Leitung und Schutz das Werk stand.

War es nicht Güte und Gnade, dass Georg Müller ebenso im Geist des Dankens und des Glaubens verharrte? Man könnte meinen, dass man nach so vielen Erfahrungen von Gebetserhörungen dafür immer mehr abgestumpft sein würde, wenn diese Erfahrungen zur Gewohnheit geworden sind. Aber bei Georg Müller war dies keineswegs der Fall. Als im Juni 1853, zu einer Zeit großer Not, der Herr ihm einen Betrag von 300 Pfund zukommen ließ, konnte er seine triumphierende Freude in Gott fast nicht zurückhalten. Lange Zeit ging er in seinem Zimmer auf und ab, indem sein Herz überfloss und ihm die Augen übergingen und sein Mund voll Lachens und seine Lippen voll Jauchzens waren und er sich aufs Neue dem treuen Meister, dem er diente, übergab. Gottes Segnungen waren ihm immer neu und immer frisch; erhörte Gebete verloren für ihn nie den Reiz der Neuheit; wie Blumen, die jede Stunde frisch im Garten Gottes gepflückt werden, wurden sie nie welk und verloren ihre Schönheit und ihren himmlischen Wohlgeruch nie.

Was für Güte und Gnade war es, dass der Gebetsgeist und die Geduld nie ausgingen, ebenso wenig, wenn die Erhörungen kamen wie Schneeflocken, als wenn der Himmel verschlossen schien und der Glaube lange warten musste! Jeder Tag brachte neue Anliegen, die ins Gebet trieben. Ja, Georg Müller bezeugte, der einzige Unterschied zwischen den späteren und früheren Zeiten sei der gewesen, dass die Schwierigkeiten mit der Ausdehnung des Werkes wuchsen. Aber, so fügte er hinzu, das konnte man nicht anders erwarten, denn der Herr gibt den Glauben gerade dazu, dass er erprobt werden kann, zur Ehre Seines Namens. Durch die Proben allein lernt der Glaube das Geheimnis des Sieges.

Gottes Diener – Güte und Gnade – begleiteten Georg Müller und hielten auch einen schützenden Schild über ihn. Unter Tausenden von ungeahnten Gefahren wurde manchmal die eine und andere offenbar, und zwar gewöhnlich, wenn sie vorüber war. Als er im Jahr 1847 in Keswick arbeitete, wohnte im gleichen Haus ein Mann, der an Verfolgungswahn litt und der sich dann erschoss. Erst nachträglich wurde bekannt, dass er in seinem krankhaften Zustand glaubte, Georg Müller hege Mordabsichten gegen ihn; wäre ihm dieser begegnet, so hätte er ihn ohne Zweifel niedergeschossen, da er immer eine geladene Pistole bei sich trug.

Der Pfad dieses teuren Gottesmannes führte oft durch tiefe Wasser der Anfechtung; aber Güte und Gnade folgten ihm dennoch und hielten ihn. Im Herbst 1852 kam sein Schwager, A. N. Groves, sehr krank aus Indien heim, und im Mai des nächsten Jahres, nachdem er noch ein gesegnetes Zeugnis für Gott abgelegt hatte, entschlief er in Georg Müllers Haus. Das Band zwischen diesen beiden Männern war sehr eng und fest gewesen.

Im Juli 1853 erkrankte die damals 20-jährige Tochter Lydia; nachdem sie Fieber bekommen hatte, wurde bei ihr schwerer Typhus diagnostiziert, der sie an den Rand des Grabes brachte. Aber der Glaube behielt den Sieg; die Tochter wurde zum Trost der Eltern, deren Freude sie war, wieder gesund. Auch damals, als Georg Müller damit rechnen musste, dass sein einziges Kind, das

das Erwachsenenalter erreicht hatte, abgerufen werden würde, blieben sein Vertrauen und sein Friede unangefochten. Er konnte nicht umhin, sich an die gegenteilige Erfahrung zu erinnern, wie er bei einer ähnlichen Prüfung vor 21 Jahren unruhig und voll Murrens gewesen war.

Der zweite Band von Georg Müllers Tagebuch schließt mit einem förmlichen Protest gegen die Ansicht gewisser Leute, die in ihm eine Art »Wundermann« erblickten. Er drückt sein Bedauern darüber aus, dass ein Werk, das allein auf den Verheißungen der Schrift beruhte und nach den Grundsätzen des Glaubens und Gebets betrieben wurde, sofort entweder als ein Wunder oder als schwärmerisch bewertet wurde.

Die Urteile über ihn und seine geistlichen Siege, wie man sie gewöhnlich hören konnte, könnte man im höchsten Maße als lächerlich und komisch bezeichnen, wenn sie nicht einen so traurigen Unglauben hätten erkennen lassen. Die einen sagten: »Herr Müller ist ein Ausländer; seine Ideen haben um ihrer Neuheit willen die Aufmerksamkeit auf sich gezogen.« Andere meinten, dass die Jahresberichte das Geld einbrächten; oder sie vermuteten, dass er einen geheimen Schatz besitze. Er antwortete ruhig: Der Umstand, dass er ein Ausländer sei, wäre doch eher geeignet, das Vertrauen zu schwächen, als es zu wecken. Der Reiz der Neuheit aber würde gewiss nicht länger als eine gewisse Anzahl von Jahren wirken, und Jahresberichte gäben andere Anstalten ebenfalls heraus, ohne dass immer Fehlbeträge vermieden werden könnten. Was hingegen den geheimen Schatz anbeträfe, so fühle er sich gezwungen einzuräumen, dass daran mehr sei, als die Leute ahnten. Er habe in der Tat einen Schatz, der unerschöpflich sei und sich in den Verheißungen eines unwandelbar treuen Gottes finde. Er bekennt (schon 1856), dass er im Laufe von 22 Jahren aus diesem Schatz über 113 000 Pfund entnommen habe. Was die Jahresberichte anbelangt, so ist es bemerkenswert, dass er darin nur einmal in seinem Leben eine Bitte an die interessierte Öffentlichkeit richtete. Er bat nämlich um mehr Waisen – eine Bitte der seltenen

Art, durch die er nicht seine Einnahmen, sondern seine Ausgaben vergrößern wollte! Der sichtbare Schatz war oft so klein, dass er zu nichts zusammenschmolz; aber der unsichtbare Schatz war Gottes Reichtum, und aus ihm konnte er unaufhörlich schöpfen. Er wusste, dass dieser Strom nie austrocknet.

Die Waisenhausarbeit brachte für Georg Müller je länger, je mehr Erquickungen mit sich. Sein Hauptziel war, für diese Kinder das Werkzeug ihrer Seelenrettung zu sein. Aber er hatte auch die Freude zu sehen, wie Gott diese Heimstätten hinsichtlich ihres äußeren Gedeihens segnete, wie in nicht wenigen Fällen ihre schwachen und kranken Körper vollständig gesundeten. In vielen Fällen hatten die Waisen schwindsüchtige Eltern und waren daher erblich belastet. Oft wurden Kinder ins Waisenhaus gebracht, die viele Schadstoffe im Blut hatten oder mit Krankheitskeimen aller Art behaftet waren. Daneben gab es andere, die durch Hunger und Kälte schwer gelitten hatten.

Im Frühling 1855 wurden z. B. vier Kinder aus einer Familie aufgenommen, die im Alter von fünf bis neun Jahren waren und sich aus Mangel an Nahrung und Pflege im schlimmsten Zustand befanden. Es war ernstlich erwogen worden, ob man sie überhaupt aufnehmen könne, weil die Anstalt doch kein Krankenhaus war und solche Fälle verhältnismäßig viel Opfer an Zeit und Pflege erforderten. Aber es schien doch auch beinahe unmenschlich zu sein, solch arme Wesen abzuweisen. So nahm man sie in Gottes Namen auf und pflegte sie. Schon wenige Wochen später erkannte man diese Kinder kaum wieder, so sehr hatten sie sich erholt. Man darf annehmen, dass auf diese Weise unter Gottes Beistand vier Gräber noch nicht gegraben werden mussten.

Die Sorgen und Mühen, die der geistliche Zustand der Kinder mit sich brachte, waren aber noch viel größer. Wenn Kinder sich als unverbesserlich schlecht erwiesen, wurden sie entlassen, damit sie nicht auf die anderen einen verderblichen Einfluss ausübten, denn die Einrichtung sollte auch keine Besserungsanstalt sein. Im Jahr 1849 wurde ein Junge entlassen, der noch nicht einmal acht Jahre alt war. Er war ein Lügner und Dieb, der zweimal mit dem Eigentum anderer Kinder fortgelaufen war und sich seines Verbrechertums in so jungen Jahren auch noch rühmte. Aber selbst dieser Junge war mit großer, ja, gottgemäßer Langmut getragen worden. Über fünf Jahre lang hatte man sich mit Ermahnungen und Gebet sowie auf sonstige Weise ernstlich um ihn bemüht. Als die Entlassung unvermeidlich geworden war, wurde dies in aller Form und mit Gebet vor den Augen aller getan. Dieses Verfahren sollte, wenn möglich, ihm selbst zur Umkehr verhelfen und den anderen zur Warnung dienen. Auch nach seiner Entlassung ging man dem jungen Sünder noch mit Liebe nach und versuchte, ihn zur Rettung zu führen.

Ende November 1857 entdeckte man, dass der Kessel der Zentralheizung im Haus Nr. 1 schadhaft und eine sofortige Reparatur unumgänglich war. Da er von einer Backsteinmauer umgeben war und vielleicht ganz ersetzt werden musste, war dies eine Arbeit, die Zeit erforderte. Wie konnte man unterdessen 300 Kinder, von denen eine Anzahl noch sehr klein und zart war, vor Kälte schützen? Auch wenn man es vorübergehend mit Gasöfen hätte versuchen wollen, wären doch Kamine nötig gewesen, um die verbrauchte Luft abzuführen. Es gab kein Mittel, das Haus während der Zeit der Reparatur zu heizen, selbst wenn man 100 Pfund Sterling dafür hätte ausgeben wollen.

Wieder wandte sich Georg Müller an den lebendigen Gott und entschied im Vertrauen zu Ihm, dass mit der Reparatur sofort begonnen werden sollte. Einen oder zwei Tage, bevor man das Feuer ausgehen lassen musste, setzte ein kalter Nordwind ein. Die Arbeit ließ sich nicht länger hinausschieben. Und doch bedrohte die vorzeitig eingebrochene Kälte die Gesundheit der Kinder. In kühnem Glaubensmut bat man den Herrn: »Herr, diese Waisen sind Dein; lass es Dir gefallen, den Nordwind in einen Südwind zu verwandeln, und gib es den Arbeitern ins Herz, dass sie die Reparatur beschleunigen.«

Am Abend vorher blies noch der eisige Nordwind; aber am Tag, an dem die Arbeit begonnen wurde, wehte der Südwind, und das

Wetter war so mild, dass man nicht heizen musste. Und dann, als Georg Müller mit dem Vorarbeiter in den Keller ging, um zu sehen, wie die Arbeit möglichst beschleunigt werden könnte, sagte dieser im Beisein der Arbeiter: »Wir werden bis spät in die Nacht daran arbeiten und morgen recht früh wieder anfangen.« – »Wir können die ganze Nacht arbeiten«, erwiderten die Arbeiter.[20] Und so geschah es. In etwa 30 Stunden konnte das Feuer wieder angezündet werden. Der Südwind wehte, bis der Kessel wieder geheizt werden konnte. Güte und Gnade folgten dem demütigen Knecht Gottes, und die Schwierigkeiten und Proben ließen diese Güte nur umso sichtbarer werden.

Jedes neue Bedürfnis war Veranlassung zu neuem Gebet und zu neuem Glauben. Im Jahr 1862 sollte eine Anzahl Jungen ihre Lehrzeit beginnen, aber es standen keine Plätze für sie zur Verfügung. Das Gebet war wieder die einzige Zuflucht. Georg Müller wollte keine Bekanntmachung weitergeben, weil man dadurch womöglich Angebote von solchen Meistern erhalten hätte, die die Jungen um des eigenen Vorteils willen als Lehrlinge eingestellt hätten. Auf sein Gebet hin aber bekam jeder der 18 Jungen einen christlichen Meister, bei dem er handwerklich gründlich ausgebildet und auch in die entsprechende Familie aufgenommen wurde.

Ungefähr zu der gleichen Zeit war eine der Wasserröhren zersprungen, die etwa 3,3 Meter unter der Erde lagen. Als schon drei Löcher gegraben worden waren, ohne dass man die schadhafte Stelle entdeckt hatte, wandte man sich an den Herrn mit der Bitte, dass doch bei dem vierten Versuch die Reparateure an die richtige Stelle geführt werden mögen. Daraufhin folgte die buchstäbliche Erhörung dieser Gebete.

20 A. d. H.: Nach anderen Quellen kam der Vorschlag vom ebenfalls anwesenden Chef bzw. von einem leitenden Mitarbeiter der Heizungsfirma, woraufhin ihm der Vorarbeiter (und nicht die Arbeiter in ihrer Gesamtheit) wie oben erwähnt antwortete. Alle Berichte stimmen aber darin überein, dass letztlich die ganze Nacht hindurch gearbeitet wurde.

Drei Fälle von augenscheinlicher Hilfe als Antwort auf das Gebet werden in der Zeit vom 26. Mai 1864 bis zum gleichen Datum des Jahres 1865 berichtet, die hier erzählt werden sollen.

In der großen Trockenheit des Sommers 1864 waren die 15 großen Zisternen, die neun tiefen Brunnen und eine sehr gute Quelle, die vorher nie versiegt war, beinahe ganz ausgetrocknet. Und doch betrug der tägliche Wasserbedarf für die Anstalt mehr als 100 Hektoliter. Man flehte zu Gott, dass Er Regen schenken möge. Er half, obwohl Er die Quellen von oben noch nicht öffnete. Ein Bauer, der in der Nähe wohnte, spendete aus seinen Brunnen, die tiefer waren und darum noch mehr Wasser hatten, die Hälfte des Bedarfs, die andere Hälfte konnte noch aus dem Anstaltsbrunnen von Ashley Down geschöpft werden. Und als man schließlich immer einen Tag vergehen lassen musste, bis der Brunnen wieder die halbe Wassermenge für einen Tag ergab, stellte ein anderer Bauer das Wasser eines Baches zur Verfügung, der durch seine Felder floss. Da hatte man Überfluss an Wasser, bis der Regen wieder die Zisternen und Brunnen füllte. 20 Jahre später hat das Wasserwerk von Bristol eine modernere und zuverlässigere Wasserversorgung eingerichtet.

Drei Jahre lang grassierten Scharlach, Typhus und die Pocken in Bristol und der Umgegend. Wiederum wandte man sich an den Gott, der ein Herr über Tod und Leben und über alle Kräfte der Natur ist. Während der ganzen Zeit gab es keinen einzigen Fall von Scharlach oder Typhus in den Waisenhäusern. Nur in Bezug auf die Pocken traten im kleinsten der Häuser einige Symptome auf. Das Gebet war auch jetzt die einzige Zuflucht. Die Krankheit wurde später wohl auch auf Kinder in den anderen Häusern übertragen, sodass schließlich zur gleichen Zeit 15 Kinder krank lagen; aber sie verlief jeweils wunderbar gnädig, die Fälle waren leicht. Man bat den Herrn, Er möge der Seuche Einhalt gebieten; kein Kind erkrankte mehr; und als die Pocken ganz verschwanden, war kein einziges Kind daran gestorben. Von den Erwachsenen hatte nur ein Mitarbeiter einen leichten Anfall gehabt. Was für Verheerungen hätte die Seuche unter den 1200 Bewohnern der Waisenhäuser anrichten können, wenn sie überhandgenommen hätte, wie später im Jahr 1872![21]

Im Januar 1865 suchten furchtbare Stürme Bristol und Umgebung heim. Die Dächer der Waisenhäuser wurden so stark beschädigt, dass sie an wenigstens 20 Stellen offen waren; große Glasscheiben waren zu Bruch gegangen. Es war an einem Samstag, und kein Glaser oder Dachdecker war vor Montag zu bekommen. So wurde der Herr des Windes angefleht, die der Beschädigung ausgesetzten Häuser während der Zwischenzeit zu beschützen. Der Wind legte sich, und der Regen wurde aufgehalten bis zum Mittwochnachmittag, als die Ausbesserung der Dächer nahezu fertig war. Jetzt kam ein heftiger Regenschauer, der die Dachdecker vom Dach trieb. Eine Öffnung war noch ungedeckt, und es drohte viel Schaden; aber in Antwort auf das Gebet wurde der Regen wieder aufgehalten, und die Arbeit konnte fortgesetzt und vollendet werden. Aber auch der Regen, der vor Beendigung der Arbeit gefallen war, hatte keinen Schaden verursacht, denn die Öffnung befand sich an der Südseite, während der Regen von Norden kam.

Georg Müller hatte alle diese Einzelheiten mit seiner üblichen Genauigkeit aufgezeichnet. Er wollte auch damit von dem lebendigen Gott Zeugnis geben und von der Güte und Gnade, die ihn auf Schritt und Tritt begleiteten.

In der Folgezeit (1865/1866) brach Scharlach im Waisenhaus aus. Alles in allem waren 39 Kinder krank, aber alle genasen wieder. Auch der Keuchhusten wurde eingeschleppt; aber obwohl er sonst sehr bösartig auftrat, gab es in allen drei Häusern nur 17 Keuchhustenkinder, wovon nur eines starb, dessen Lunge bereits vorher angegriffen war.

Im gleichen Jahr wirkte der Geist Gottes mächtig unter den Mädchen, wie Er im vorhergehenden Jahr unter den Jungen gewirkt hatte, sodass über 100 ernstlich anfingen, nach dem Heil in Chris-

21 A. d. H.: Damit ist gemeint, dass 1872 in Großbritannien (außerhalb der Waisenhäuser) ca. 40 000 Menschen den Pocken erlagen (die Toten von 1871 mitgerechnet).

tus zu suchen, und so war auch in der Trübsal die Freude im Herrn überschwänglich. Georg Müller und mit ihm seine Frau sowie die Mitarbeiter flehten nun zum Herrn, dass Er das Werk Seines Geistes vertiefen und mehren möge. Gegen Ende des Jahres wurde dann Emma Bunn schwindsüchtig. Obgleich sie schon 14 Jahre lang im Waisenhaus gewohnt hatte, war sie angesichts ihrer gefährlichen Krankheit dennoch sorglos und gleichgültig, und selbst als sie dem Tod immer näher kam, blieb ihr Seelenzustand so hoffnungslos wie zuvor. Man fuhr aber fort, unaufhörlich für sie zu beten, und es gefiel Gott, ihr plötzlich Jesus als ihren Erlöser zu offenbaren. Nun wich die frühere Gleichgültigkeit schweren Selbstanklagen, der vorherigen Verstockung folgte ein Sündenbekenntnis, und die bisherige Gefühllosigkeit und Kälte wich einer unaussprechlichen Freude im Herrn.

Diese plötzliche Umgestaltung des Mädchens war ein geistliches Wunder; sie war ein Zeugnis für Gott. Eine tiefe Erkenntnis ihrer vergangenen Sünden war in ihrem Leben wahrzunehmen; das Seelenheil der anderen lag ihr auf dem Herzen. Ihr früherer Leichtsinn war im ganzen Haus so sehr bekannt, dass ihre Bekehrung und ihr Sterben den tiefsten Eindruck auf alle hervorriefen und das Mittel zu einer großen Erweckung wurden. In einem Haus allein konnte man 350 Kindern den Weg zum Frieden durch den Glauben zeigen.

Welch wichtige Lehre liegt in diesen Vorgängen auch für uns! Das Gebet kann auch ein hartes Herz zerbrechen. Wir legen viel zu wenig Gewicht auf die geistliche Erziehung der Kinder und sind zu misstrauisch gegenüber bekehrten Kindern. Georg Müller lernte immer mehr den Sieg der Gnade im Leben der Kinder kennen, die sich schon im zarten Alter von neun und zehn Jahren bekehrten und deren Umgestaltung sich bis an ihr Lebensende als echt erwies.

Im Jahr 1866, als die Cholera in England auftrat, durfte die Seuche die Schwelle des Waisenhauses nicht überschreiten. Im Herbst des gleichen Jahres grassierten wieder Keuchhusten und Masern; aber obwohl von der letztgenannten Krankheit 270 Kinder angesteckt wurden, starb kein einziges, und keines hatte an schlimmen Folgen zu leiden. Von Mai 1866 bis Mai 1867 starben von über 1300 Kindern in der Obhut der Waisenhäuser nur elf, also weniger als ein Prozent.

Dass überhaupt solche grassierenden schweren Krankheiten den Weg in die Waisenhäuser fanden, mag denen seltsam vorkommen, die Gottes Treue bloß nach dem Augenschein und den Äußerlichkeiten beurteilen; aber der Herr entschädigte die Seinen immer reichlich für solche Prüfungen. Auch die Herzen der Kinder wurden durch diese Ereignisse näher zu Gott gezogen; Pfleger und andere Mitarbeiter der Anstalt wurden dadurch veranlasst, sich mit noch größerem Mitgefühl den ihnen Anvertrauten zuzuwenden, und das Volk Gottes wurde durch solche Führungen umso mehr zur Anteilnahme und tätigen Hilfe angeregt.

Beim Rückblick im Jahr 1865, nachdem das Werk 31 Jahre bestanden hatte,[22] konnte Georg Müller lobend und preisend bezeugen: »Bis hierher hat der HERR geholfen.« Das Werk war rasch gewachsen, bis es fast riesenhafte Ausmaße angenommen hatte, und auch die Hilfe hatte mit dem Wachstum Schritt gehalten.

Im Januar 1866 starb Bruder Craik, der volle 36 Jahre lang Georg Müllers treuer Freund und seit 34 Jahren sein Mitarbeiter in Bristol gewesen war. Er entschlief nach siebenmonatiger Krankheit. Georg Müller und Bruder Craik waren beinahe gleichaltrig, beide waren zu diesem Zeitpunkt 60 Jahre alt. Es wäre für den Überlebenden unmöglich gewesen, diesen schweren Verlust geduldig und in tiefem Frieden zu ertragen, wenn er nicht gespürt hätte, dass die ewigen Arme ihn hielten.

22 A. d. H.: Die Gründung der Anstalt zur Ausbreitung der Schriftkenntnis gilt hier als Anfangsdatum.

Der Schatten eines großen Leids

Kein Menschenleben bleibt ganz verschont von Wolken und stürmischen Tagen, und oft ist es so, dass »die Wolken nach dem Regen wiederkehren« (Pred 12,2). Es ist deshalb glückselig, wenn man weiß, dass das Licht Gottes hinter den Wolken scheint.

Das Jahr 1870 war für Georg Müller aufgrund des Heimgangs seiner Frau mit schmerzlichen Erinnerungen verbunden. Sie hatte gerade so lange gelebt, dass sie noch miterleben konnte, wie das letzte der neuen Waisenhäuser erstand. Von Anfang des Werkes an, also seit Mitte der 1830er-Jahre, war Georg Müllers hingegebene Frau auch seine treue Gehilfin gewesen.

Das Eheleben der beiden verwirklichte das Ideal eines glücklichen Ehestands; sie passten zueinander, sie waren eins im Glauben und in der Liebe zum Werk des Herrn und hatten so viele Jahre innigste Gebetsgemeinschaft. Bei ihnen hatte die Liebe der Brautzeit nie aufgehört; ja, statt zu verschwinden, nahm sie, als die Jahre dahineilten, nur zu. Nie war die geliebte »Mary« ihrem Gatten teurer als im Jahr ihres Abscheidens.

Wie glücklich diese Ehe war, davon zeugen Georg Müllers eigene Worte, dass er seine Frau seit dem Tag ihrer Verheiratung nie ansehen konnte, ohne dass ihn immer wieder dankbare Freude ergriff. Beide fanden auch Tag für Tag wenigstens einige Minuten des Beisammenseins, etwa nach Tisch, in denen sie Hand in Hand beisammensaßen und miteinander austauschten, was ihre Seelen bewegte. Sie wussten sich eins im Herrn. Ihre Freude in Gott und aneinander war tief und beständig und nahm mit den Jahren nur noch mehr zu.

Dieses reine Eheglück war nach Georg Müllers eigener fester Überzeugung dem Umstand zu verdanken, dass seine Frau nicht nur ein treues Kind Gottes war, sondern dass auch beide das gemeinsame Lebensziel hatten, allein und ganz für Gott zu leben, dass sie immer genug Arbeit für Gott vorfanden und darin herzlichst miteinander verbunden waren. Sie ließen es nicht zu, dass persönliche Glaubensprobleme den Eifer für das ihnen anvertraute Werk schmälerten oder dass die eigene Stille Zeit auf Kosten des gemeinsamen Gebets ging. Vielmehr nahmen sie sich oft dreimal täglich Zeit zum gemeinsamen Danken und Bitten.

Frau Müller war aufgrund ihrer Konstitution mehr als einmal am Rand des Grabes gewesen. Im Oktober 1859 – sie war damals 29 Jahre verheiratet – hatte sie Rheuma und musste fast neun Monate lang hilflos und unter vielen Schmerzen daliegen. Aber man erkannte später, dass diese Heimsuchung ein Zeichen besonderer Liebe und Treue Gottes war, weil gerade diese Zeit, in der sie gezwungenermaßen stillliegen musste, nach Georg Müllers Urteil dazu diente, sie kräftemäßig aufs Ganze gesehen wiederherzustellen und ihr Leben zu verlängern. Sie blieb dem Werk noch zehn Jahre erhalten. So war eine schwere Prüfung, die beide Ehegatten im Glauben bestanden hatten, in viel Segen für Seele und Leib verwandelt worden. In Bezug auf das Ende dieses Lebens und die letzten Stunden ihres Erdendaseins gibt es mehrere wertvolle Lektionen. Schon seit einigen Jahren merkte man, dass sich Frau Müllers Gesundheit verschlechterte und ihre Lebenskraft abnahm. Nur mit Mühe gelang es aber, sie von der Arbeit zurückzuhalten; selbst wenn ihr Husten sie noch so quälte, ließ sie es nur ungern zu, dass man einen Arzt für sie rief. Ihr Gatte pflegte sie auf das Liebevollste. Am 5. Februar 1870, einem Samstag, merkte sie nachts selbst, dass sie das eine Bein nicht mehr bewegen konnte. Man schloss daraus, dass das Ende nahe war. Ihr Geist war klar und ihr Herz voll Frieden. Sie selbst sagte: »Er wird bald kommen.« Tags darauf, am 6. Februar, an einem Sonntag, einige Minuten nach 16 Uhr, entschlief sie sanft, um fortan bei dem Herrn zu sein.

Unter dem Druck eines solchen Schmerzes wären viele Männer in fast hoffnungslose Verzweiflung versunken. Aber Georg Müller, der durch Gottes Liebe aufrecht gehalten wurde, suchte sofort nach Gründen zur Danksagung. Und er fand sie. Anstatt über seinen Verlust zu trauern, erinnerte er sich dankbar an die Güte Gottes, der eine solche heilige Seele von den Banden der körperlichen Schwachheit und Mühsal befreit hatte. Nun war sie nach dem Wunsch ihres Herzens bei dem Herrn Jesus, um Ihm fortan unablässig im Himmel zu dienen.

Ist nicht oft unsere Trauer weiter nichts als Selbstsucht, die sich so sehr mit dem eigenen Verlust beschäftigt, dass sie ganz vergisst, welchen Gewinn die Heimgegangenen haben, die allezeit nun bei dem Herrn sein dürfen?

Er hatte soeben diejenige verloren, die während so vieler Jahre mit Rat und Tat ihm zur Seite gestanden hatte. Und doch konnte er am Montagabend in die gewohnte Gebetsstunde in der Salem-Kapelle gehen und die dort Versammelten mit einem Angesicht, das buchstäblich leuchtete, mit folgenden Worten anreden: »Geliebte Brüder und Schwestern im Herrn, ich bitte euch, euch mit mir zu herzlichem Lob und Dank gegenüber meinem gnädigen Herrn zu vereinen, weil Er meine liebe, teure Frau aus Not und Leiden erlöst und zu sich genommen hat. Da ich mich freue über alles, was zu ihrem Glück beiträgt, so kann ich auch jetzt nur danken, wenn ich mir vergegenwärtige, wie viel glücklicher sie jetzt ist als in irgendeinem irdischen Stand. Sie sieht nun den Herrn, den sie so sehr geliebt hat. Ich bitte euch, auch für mich zu beten, dass der Herr mir Anteil gebe an ihrer Freude, damit mein trauerndes Herz sich mit ihrer Glückseligkeit und nicht mit meinem eigenen unbeschreiblichen Verlust beschäftigt.«

Diese bedeutsamen Worte haben sich einem Bruder, der dabei war, unauslöschlich ins Gedächtnis geprägt; so sind sie in einem weiteren Kreis bekannt geworden. Diese Begebenheit machte auf alle, die zugegen waren, einen tiefen Eindruck. Frau Müller war als eine sehr tüchtige, liebevolle und heilige Frau bekannt. Sie war ihrem Mann ein Segen gewesen, der sich nicht in Worte fassen lässt. Ihre Tochter Lydia aber hatte mit ihr nicht nur eine weise Mutter voller Zuwendung, sondern auch eine verständnisvolle

Gefährtin auf dem Glaubensweg verloren. Und doch konnte dieser Gottesmann durch Gottes Gnade seinen Verlust und den seiner Tochter vergessen und Gott für den Gewinn danken, der seiner entschlafenen Gattin widerfahren war.

Die irdische Hülle wurde am 11. Februar unter Anteilnahme vieler Tausend trauernder Freunde zur Ruhe gebettet. 1200 Waisen gingen in dem Trauerzug, dazu alle Mitarbeiter des Werkes, soweit sie sich freimachen konnten. Der trauernde Gatte, der von dem Arm des allmächtigen Gottes wunderbar getragen wurde, leitete selbst die Trauerfeier, sowohl in der Kapelle als auch auf dem Friedhof.

Georg Müller erkrankte danach ernstlich, aber sobald die wiederkehrende Kraft es erlaubte, hielt er die Gedächtnisrede für seine Frau – was ebenfalls ein bemerkenswertes Verhalten ist. Die innere Gelassenheit angesichts eines solchen Verlustes, die sein Wesen auszeichnete und die auf sein Ruhen in Gott zurückging, veranlasste seinen Arzt, zu einem Freund zu sagen: »Ich habe noch nie einen so übermenschlichen Mann gesehen.« Die Gedächtnisrede war eine Anerkennung der Güte Gottes auch in dieser großen Heimsuchung. Der Text lautete: »Du bist gut und tust Gutes« (Ps 119,68).

Die Verbindung zwischen Georg Müller und seiner Frau hatte im Gebet ihren Anfang genommen und war durch das Gebet bis zuletzt geheiligt. Frau Müllers Schönheit und Schmuck bestand in den Stücken, die in den Augen Gottes kostbar sind – in dem stillen und sanften Geist. Hatte sie an den Gebeten und Tränen ihres Gatten durch all die langen Prüfungszeiten hindurch Anteil gehabt, so galt das auch für seine Freuden- und Siegesstunden. Es ist kaum nötig, Georg Müllers eigenem Zeugnis über seine Frau noch etwas beizufügen, denn es ist das Zeugnis dessen, der sie am längsten und besten gekannt hat. Er schreibt:

»Sie war mir eigens von Gott geschenkt und passte wunderbar zu mir, sogar hinsichtlich ihres natürlichen Temperaments. Tausendmal sagte ich zu ihr: ›Gott selbst hat dich für mich auserlesen als die passendste Frau, die ich mir nur hätte wünschen können.‹«

Was ihre Bildung betrifft, so hatte sie nicht nur die zum praktischen Leben notwendigen Kenntnisse, sie besaß auch allerlei Fähigkeiten und Fertigkeiten, wie sie Damen gebildeter Stände auszuüben pflegen. Allerdings hatte sie als Ehefrau kaum noch Zeit und Muße, sie anzuwenden. Frau Müller war versiert in Sprachen und in den höheren Wissenschaften, wie z. B. in der Sternkunde, bewandert, ja, sogar in der Mathematik. Gerade ihre Ausbildung im letztgenannten Bereich machte sie für ihren Gatten zu einer unschätzbaren Gehilfin. 34 Jahre lang hat sie Monat für Monat alle Ausgabenbücher und die nach Hunderten zählenden Rechnungen der Hausmütter der Waisenhäuser geprüft, wobei sie mit dem scharfen Auge eines Sachverständigen den kleinsten Fehler darin entdeckte.

Sowohl ihre natürliche Begabung als auch ihre gesamte Bildung ließen erkennen, dass sie von Gott in ihren Aufgabenbereich berufen worden war. Ihre Geschicklichkeit mit der Nadel und ihre Fähigkeit, Stoffe zu beurteilen, befähigte sie, den Einkauf von Leinen, Kleiderstoffen und dergleichen sowie die Anfertigung von Kleidern und Wäsche zu beaufsichtigen. Wie ein Engel der Liebe ging sie in den Waisenhäusern umher, und die geringsten Dinge, die sie leisten konnte, erfüllten sie mit selbstloser Freude. Um derentwillen, der kleine Kinder in Seine Arme nahm und herzte, wurde sie für Tausende von armen Waisen eine Pflegerin und Mutter.

Kurz nach ihrem Tod kam ein Brief von einem gläubigen Mann, einem ehemaligen Waisenjungen, der zugleich im Namen anderer ehemaliger Waisenkinder die Erlaubnis erbat, als Ausdruck der Liebe und dankbaren Erinnerung einen Grabstein für ihr Grab stiften zu dürfen. Da die Zustimmung dazu gegeben wurde, gingen Hunderte von kleinen Gaben ein. Sie kamen von Waisen, die während der vergangenen 25 Jahre unter Frau Müllers mütterlicher Aufsicht gewesen waren.

Ihre Tochter Lydia hatte zwei Jahre vor dem Heimgang der Mutter in einem ihrer Taschenbücher eine Notiz von ihrer Hand gefunden, die sie ihrem trauernden Vater nun mitteilte. Sie lautete:

»Sollte es dem Herrn gefallen, M.M. (Mary Müller) plötzlich wegzunehmen, so möge doch keines der teuren Überlebenden denken, das geschehe zum Gericht für die Hinwegeilende oder die Zurückbleibenden. Sie hat so oft, wenn sie die Nähe des Herrn spürte, gedacht, wie köstlich es wäre, gerade jetzt abzuscheiden und allezeit bei dem Herrn zu sein. Nur der Gedanke, welch ein Schlag dies für den Gatten und die Tochter wäre, hat das Sehnen, aus der Vergänglichkeit zum Herrn zu entfliehen, nicht übermäßig werden lassen. Geliebter Heiland, Dein Wille soll auch darin geschehen, wie in allem, und nicht der ihre!«

Diese Worte waren für Georg Müller ihr letztes Vermächtnis, das ihn sehr tröstete. Und seine Tochter Lydia tat alles, was eine Tochter tun kann, um die Stelle der Mutter auszufüllen.

Anderthalb Jahre nach dem Heimgang von Frau Müller bat James Wright, der seine Lebensgefährtin ebenfalls verloren hatte, um die Hand Lydias. Georg Müller war überrascht; aber da er den Eindruck hatte, dass er sie keinem anderen Mann lieber anvertraut hätte, ermutigte er selbst seine Tochter, als er merkte, dass sie um des Vaters willen schwankte. Im November 1871 wurden sie vermählt, und auch ihre Ehe, die auf Gebet gegründet war, wurde außerordentlich glücklich und gesegnet.

Schon vor der Verheiratung seiner Tochter spürte Georg Müller seine eigene Vereinsamung und das Bedürfnis, wieder jemanden zu haben, mit dem er Gebet und Arbeit teilen könnte. Er kam zu der Überzeugung, es sei nach Gottes Willen, dass er sich wieder verheirate. Nach viel Gebet entschied er sich, Fräulein Susannah Grace Sangar um die Hand zur Ehe zu bitten. Er kannte sie seit mehr als 25 Jahren als eine treue Jüngerin Jesu und hielt sie für tüchtig, seine Gehilfin zu werden. Vierzehn Tage nach der Hochzeit seiner Tochter wurde er mit ihr getraut.

Die zweite Frau von Georg Müller wusste sich, wie er selbst, als Verwalterin, was das Eigentum des Herrn anging. Sie kam arm zu ihm, denn was sie früher besessen hatte, hatte sie verloren. Und wäre sie reich gewesen, so hätte Georg Müller ihren Wohlstand als ein Hindernis für seine Ehe mit ihr angesehen. Reichtum oder Wohlstand hätte ihnen zum Fallstrick werden können. Den Rest von 200 Pfund, die sie vor der Hochzeit noch besaß, hatte sie dem Herrn zur Verfügung gestellt und folgte nun ihrem Gatten auf dem Weg freiwilliger Armut. Auch als ihr später verschiedene Erbschaften zufielen, blieb sie diesem Grundsatz treu.

Man hatte oft die Frage aufgeworfen, was aus dem Werk werden würde, wenn Georg Müller einmal nicht mehr da wäre. Wo sollte der Mann gefunden werden, der die Leitung übernehmen könnte – der Mann, der wie der Gründer auf Gott vertrauen und von Ihm allein abhängig sein könnte?

So fragten manchmal zum Zweifel neigende und furchtsame Beobachter des großen und vielverzweigten Werkes. Georg Müller hatte immer ein und dieselbe Antwort bereit: Der lebendige Gott ist da! Nur an Ihn wandte er sich, wenn es um Antworten auf alle sorgenvoll gestellten Fragen und um Auswege aus allen Verlegenheiten ging. Er, der die Waisenhäuser erbaut hatte, würde sie auch erhalten; Er, der einen schwachen Mann zum Aufseher des Werkes erwählt hatte, würde gewiss auch für einen würdigen Nachfolger sorgen, wie Josua auf Mose folgte. Ist doch der Herr der Heerscharen in Seinen Hilfsmitteln nicht beschränkt.

Indessen betete man doch viel dafür, dass der Herr den rechten Nachfolger schenken wolle; und er fand sich in der Person von James Wright. Die Wahl fiel nicht etwa auf ihn, weil er der Schwiegersohn von Georg Müller war; denn zu jener Zeit war noch keine Rede von einer Verbindung zwischen ihm und Georg Müllers Tochter. Georg Müller kannte James Wright schon als Junge, also seit mehr als 30 Jahren. Er hatte sein geistliches Wachstum beobachten können. Schon seit Langem war dieser in den wichtigsten Geschäften seine »rechte Hand« gewesen. Während dieser ganzen Zeit brachten Georg Müller und seine Frau die Sache vor den Herrn, weil sie beide ahnten, dass Wright der von Gott bestimmte Nachfolger sei, den der Herr immer mehr dazu ausrüsten würde, die Verantwortung zu übernehmen.

Als nach dem Tod seiner Frau Georg Müller erkrankte, sprach er mit Bruder Wright erstmalig über diese Sache. Dieser schrak zuerst vor der Verantwortung zurück; und seine erste Frau, die damals noch lebte, fürchtete ebenfalls, die Last würde für ihren Mann zu schwer sein. Aber alle Einwände wurden überwunden, als man deutlich erkannte und sah, dass es so Gottes Wille war.

Vom Mai 1872 an teilte James Wright mit seinem Schwiegervater die Sorge und Verantwortung für die Anstalt, sodass Georg Müller angesichts des Mitstreiters und Gefährten voller Zufriedenheit und Freude war; sie waren beide in allen wichtigen Grundsätzen eines Sinnes.

Im März 1874, knapp drei Jahre nach ihrer Verheiratung, erkrankte Georg Müllers zweite Frau gefährlich und kam infolge eines Blutsturzes dem Tod nahe. Zwar erholte sie sich wieder, aber es folgten Fieber und hartnäckige Schlaflosigkeit, sodass an ihrer Genesung gezweifelt wurde. Noch im April war sie so schwach, dass ein erfahrener Londoner Arzt keine Hoffnung auf Genesung für sie hatte. Doch auch dieses Mal wurden die Gebete erhört, und als Frau Müller im Mai zu ihrer Erholung ans Meer reiste, stärkte sie sich zusehends und war bald wieder vollständig hergestellt. Der Herr wollte sie ihrem Mann zur Gefährtin lassen für die Jahre der Missionsreisen, auf denen er in aller Welt von dem Gebete erhörenden Gott Zeugnis ablegen sollte. Im Schatten des Leids fand dieser auserwählte Knecht Gottes immer wieder die göttliche Erquickung, die sich erweist als »der Schatten eines gewaltigen Felsens in lechzendem Land« (Jes 32,2).

Die Zeit der Missionsreisen

Gottes Antwort auf unser Gebet scheint oft ein Abschlagen unserer Bitten zu sein. Er hört neben der äußeren Bitte auch deren eigentlichen Inhalt und antwortet mehr nach den Gedanken des Geistes Gottes, der sich bei unserem Bitten für uns verwendet, als nach den unvollkommenen und vielleicht unrichtigen Worten, in denen unser Sehnen seinen Ausdruck sucht. Überdies sieht Seine unendliche Weisheit, dass wir oft einen größeren Segen nur dadurch bekommen können, wenn Er uns die kleine Gabe, die wir suchen, vorenthält. Darum glaubt der rechte Beter an Gottes Erhörung, nicht nach unserer Weise oder zu unserer Zeit oder nach den von uns ausgedrückten Wünschen, sondern vielmehr nach dem unaussprechlichen Seufzern in uns, die Er besser deuten kann als wir.

Monica, die Mutter von Augustinus, bat Gott inständig, dass ihr verlorener Sohn nicht nach Rom – in diesen Sündenpfuhl – reisen möge; aber Gott ließ ihn doch gehen, und er kam so in Berührung mit Ambrosius, dem Bischof von Mailand, durch den er sich bekehrte. Gott erfüllte also den Wunsch der Mutter, indem Er ihre Bitte versagte.

Als sich Georg Müller fünfmal während der ersten acht Jahre nach seiner Bekehrung für die Mission zur Verfügung stellte, versperrte ihm Gott den Weg; als 70-Jähriger durfte er in einer Weise, wie er es sich nie hätte träumen lassen, ein Missionar für die ganze Welt werden. Seit Beginn seines Dienstes war er mehr oder weniger ein Mann, der unterwegs war, da er viel Zeit auf Reisen in England oder auf dem Festland zubrachte. Aber nun sollte er auch in ferne Länder reisen und den größten Teil der folgenden 17 Jahre ein Zeuge für den Gebete erhörenden Gott sein.

Diese ausgedehnten Missionsreisen füllten den Abend von Georg Müllers arbeits- und segensreichem Leben aus, die Zeit von 1875 bis 1892. Sie erstreckten sich über Europa, Amerika, Asien, Afrika und Australien, sodass allein schon diese Reisen das Lebenswerk eines »gewöhnlichen Gläubigen« hätten ausmachen können.

Ein besonderer Anlass gab den Anstoß dazu. Im Jahr 1874 war Georg Müller mit seiner Frau auf der Insel Wight, weil eine Luftveränderung für sie nötig war. Als er dort predigte, sagte ihm der Bruder, in dessen Gemeinde er gepredigt hatte – ein Mann von großer christlicher Erfahrung –, »dies sei der glücklichste Tag seines Lebens gewesen«. Diese Bemerkung und ähnliche Äußerungen aus früherer Zeit erweckten in Georg Müller den Eindruck, dass der Herr ihn fortan gebrauchen wolle, um den Gläubigen außerhalb von Bristol zu dienen. Er entschloss sich schließlich, seine Arbeit nicht mehr auf einen einzigen Ort zu beschränken, sondern überall hinzugehen, wo sich eine Tür für ihn öffnen würde. Als er diese Frage erwog, ergaben sich aus seiner Sicht sieben Gründe für diese Missionsreisen.

1. Er wollte das Evangelium in seiner Einfachheit predigen und besonders zeigen, dass die Erlösung nicht auf unser Gefühl oder nicht einmal auf unseren Glauben, sondern allein auf das vollendete Werk Christi gegründet ist; dass die Rechtfertigung uns zugeeignet ist von dem Augenblick an, in dem wir glauben; dass wir unsere Stellung als in dem Geliebten angenehm Gemachte festhalten müssen, ohne Rücksicht auf unsere Gefühle oder Gemütsbewegungen zu nehmen.
2. Er hielt es für nötig, die Gläubigen zur Gewissheit und Freude des Heils und zum Bleiben in Jesus anzuleiten, weil er sah, dass sogar viele Reichsgottesarbeiter durchaus keinen wahren Frieden und keine rechte Freude in Christus hatten und darum auch andere nicht dazu führen konnten.
3. Er sah, wie nötig es war, die Gläubigen zum rechten Gebrauch der Schrift zu führen, damit sie deren verborgene Schätze fänden. Sie sollten an diesem Prüfstein alles beurteilen und sie täg-

lich unter Nachsinnen und Gebet vor dem Herrn lesen, um sie dann im Gehorsam auszuleben.

4. Es war ihm ein Anliegen, unter allen wahren Gläubigen die brüderliche Liebe zu fördern. Ihm ging es darum, dass sie weniger die nebensächlichen Fragen, in denen Brüder verschiedener Meinung sein können, mehr aber die großen grundlegenden Wahrheiten, in denen alle Gläubigen eins sein sollen, betonten. Er wollte allen, die den einen Herrn liebten und Ihm vertrauten, über engherzige sektiererische Vorurteile hinweghelfen.
5. Es war seine Absicht, den Glauben der Kinder Gottes an die in Seinen unwandelbaren Verheißungen zugesagte Erhörung des Gebets zu stärken.
6. Es lag ihm daran, die Kinder Gottes zur Absonderung von der Welt und der weltlichen Gesinnung und zum Streben nach himmlischen Dingen anzuhalten. Gleichzeitig wollte er vor schwärmerischen Verirrungen wie z. B. vor der Lehre von der Sündlosigkeit schon während des Erdenlebens warnen.
7. Schließlich sollte es sein Ziel sein, die Hoffnung der Jünger auf die Wiederkunft unseres Herrn Jesus zu richten. In Verbindung damit beabsichtigte er, auf die rechte Stellung der Gemeinde Christi gegenüber der Welt in dieser Zeit der Sammlung der Brautgemeinde aufmerksam zu machen.

Von diesen langen und inhaltsreichen Missionsreisen können nur Umrisse gezeichnet und ein allgemeiner Überblick gegeben werden. Der 26. März 1875 war in Georg Müllers Leben ein wichtiges Datum, denn es war der Ausgangspunkt der Missionsreisen.

Die erste Reise dauerte zehn Wochen. Georg Müller sprach siebzigmal in verschiedenen Städten Englands. Auch Spurgeon bat ihn, in seinem *Metropolitan Tabernacle* zu sprechen, zu der sich eine große Zuhörerschaft einfand.

Nach kaum sechs Wochen reiste er zum zweiten Mal ab, und zwar hauptsächlich, um das Erweckungswerk Moodys und Sankeys zu unterstützen. Da diese an jedem Ort nur kurze Zeit bleiben konnten, war es ihnen nicht möglich, die Neubekehrten tiefer in Erkenntnis und Gnade hineinzuführen. Und doch war es nötig, solche Gläubigen in einem Leben des Gehorsams zu befestigen. Er folgte also diesen Evangelisten auf ihren Evangelisationsreisen in England, Irland und Schottland und blieb an jedem Ort ein bis sechs Wochen. In verschiedenen Fällen, so z. B. in London, Glasgow, Liverpool und Dublin waren die Versammlungen von 2000 bis 6000 Personen besucht. Überall waren sie reich gesegnet. Diese zweite Reise ging im Juli 1876 nach fast elfmonatiger Dauer zu Ende, in deren Verlauf Georg Müller wenigstens 300-mal gepredigt hatte. Das war ungefähr an jedem Tag eine Ansprache, die Reisetage abgerechnet. Die Arbeit war so gesegnet, dass von noch sehr vielen Orten Einladungen kamen, die er nicht mehr annehmen konnte.

Die dritte Reise führte ihn auf das Festland. Sie dauerte beinahe ein Jahr. Er besuchte verschiedene Orte in Frankreich, in der Schweiz, in den Niederlanden und in Deutschland. Etwa 70 Städte und Dörfer, aus denen er schriftlich eingeladen worden war, hatte er besucht; und als die Reise abgeschlossen war, waren noch über 60 schriftliche Einladungen unberücksichtigt geblieben.

Nun wandte er sich nach Amerika. Diese vierte Reise dauerte vom August 1877 bis zum Juni des folgenden Jahres. Schon seit einigen Jahren waren aus den Vereinigten Staaten und aus Kanada immer häufiger Einladungen gekommen. Zuletzt wurden sie so dringlich, dass er darin den Ruf Gottes erkannte. Dies galt umso mehr, wenn er an viele Tausende von Deutschen dachte, die jenseits des Ozeans lebten und die, wenn sie ihn in ihrer Muttersprache würden sprechen hören, wohl »umso ruhiger« zuhören würden (vgl. Apg 22,2).

So landeten Georg Müller und seine Frau in Quebec, von wo aus sie sich in die Vereinigten Staaten begaben. Dort fand er während eines zehnmonatigen Aufenthalts ein ungeheuer großes Arbeitsfeld, das sich über die Bundesstaaten New York, New

Jersey, Massachusetts, Pennsylvania und Maryland, den District of Columbia, Virginia, South Carolina, Georgia, Florida, Alabama, Louisiana und Missouri erstreckte. Nachdem er auf diese Weise die ost- und südküstennahen Bundesstaaten und angrenzende Regionen bereist hatte, fuhr er hinüber zum Stillen Ozean. Auf dem Rückweg besuchte er Salt Lake City in Utah – die Hochburg des Mormonentums –, Illinois, Ohio usw.

Er sprach oft vor großen Versammlungen von Deutschen, in den Südstaaten auch vor Farbigen; aber kein Dienst war ihm so wichtig wie Ansprachen, die er vor Geistlichen, Evangelisten, Pastoren und anderen Arbeitern im Weinberg des Herrn hielt. Dazu kamen Besprechungen mit Vertretern großer Studentenverbände und mit Professoren an Universitäten, Hochschulen, theologischen Seminaren und höheren pädagogischen Einrichtungen. Das Salz des Evangeliums in die eigentlichen Quellen zu werfen, aus denen sich das speist, was das öffentliche Leben beeinflusst, schien ihm ein großes, heiliges Vorrecht zu sein. Seine Offenheit für Gläubige mit einem anderen gemeindlichen Hintergrund, seine Liebe und seine Demut zogen selbst solche an, die sonst nicht seiner Meinung waren, und die allermeisten christlichen Kreise öffneten ihm ihre Versammlungen. Über einhundert Einladungen mussten unberücksichtigt bleiben, weil Zeit und Kraft nicht ausreichten.

Nach einem Aufenthalt von etwa zwei Monaten in Bristol traten er und seine Frau am 5. September 1878 die fünfte dieser Missionsreisen an. Diesmal war es wieder das Festland, wohin er seine Schritte lenkte. Er hatte auf Englisch, Deutsch und Französisch zu sprechen. In Spanien und Italien wurden seine Ansprachen übersetzt. Der Herr öffnete ihm viele Türen, nicht nur bei den ärmeren Klassen, sondern auch bei den mittleren und höheren Ständen. In Menton hatten Spurgeon und er eine gesegnete Zusammenkunft. In Spanien hatte Georg Müller die Freude, die evangelischen Schulen kennenzulernen, die durch die Anstalt zur Ausbreitung der Schriftkenntnis unterhalten wurden. Er sah da, wie in Hunderten von Fällen sogar römisch-katholische Eltern diese Schulen hoch schätzten und – ungeachtet der Drohungen und Überredungsversuche der Priester – fortfuhren, ihre Kinder dorthin zu schicken. Er vernahm, dass die Schüler oft zu Hause ihren Eltern das Wort Gottes vorlasen und ihnen die geistlichen Lieder vorsangen, die sie in der Schule lernten, sodass der Einfluss, den die Schulen ausübten, weiter reichte, als menschliche Augen sehen konnten.

Das Werk hatte mit dem Widerstand vonseiten der Regierung zu kämpfen. Als in Madrid ein Saal für evangelische Versammlungen eröffnet worden war, wurde dies draußen durch ein an der Mauer angebrachtes Hinweisschild bekannt gemacht. Da kam ein Befehl von den Behörden, dass die Anzeige verschwinden müsse. Der Maler, der das Hinweisschild nicht entfernen und auch Gottes Werk nicht aufgehalten wissen wollte, übermalte das Schild mit Wasserfarbe. Durch diese schimmerte die Bekanntmachung noch hindurch, und ziemlich schnell hatte der Regen die Farbe weggewaschen. Darauf schickte die zuständige Behörde einen eigenen Arbeiter, der die Bekanntmachung mit dicker Ölfarbe überstrich.

Georg Müller, der auch bereit war, den Bewohnern von Rom das Evangelium zu predigen, wurde betrübt, als er die Stadt so voller Götzendienst sah – nicht den Götzendienst des Heidentums, sondern des Papsttums –, das Rom nicht der Cäsaren, sondern der Päpste.

Als er im Raum Neapel war, besuchte er den Vesuv. Diese Lavamassen, die offenbar einen gewaltigeren Umfang hatten als der Berg selbst, machten auf ihn einen tieferen Eindruck als irgendetwas früher Gesehenes. Als er auf den rauchenden Kegel blickte und an den Tod dachte, der aufgrund der Lavamassen und des Ascheregens über die Bewohner gekommen war, sagte er zu sich selbst: »Was kann Gott nicht tun!« Er hatte wohl immer etwas von Seiner Allmacht empfunden, die sich in Liebe und Gnade offenbart; nun aber sah er, wie sie sich auch in Gericht und Verderben zeigen kann.

Sein Besuch in den Waldensertälern, wo so viele Märtyrer Verbannung und Gefangenschaft, Verlust der Güter und des Lebens um Jesu willen erduldet hatten, bewegte ihn bis in die Tiefen seiner Seele und weckte auch in ihm den Märtyrersinn.

Nach einer Abwesenheit von über neun Monaten kam er am 18. Juni 1879 wieder in Bristol an. Nach zehnwöchigem Aufenthalt zu Hause schiffte er sich mit seiner Frau erneut nach Amerika ein und landete Anfang September in New York. Diesmal galt sein Besuch den Gegenden zwischen dem Atlantischen Ozean und dem Mississippi. Er dauerte 272 Tage, in deren Verlauf er immerhin 300 Ansprachen in über 40 Städten hielt. Georg Müller hielt es für durchaus nötig, wenn möglich jedes Jahr eine Zeit lang in Bristol zu sein, um in enger Verbindung mit dem Werk daheim zu bleiben und um seinem Schwiegersohn James Wright und seiner Tochter wenigstens vorübergehend die große Verantwortung für das Werk abzunehmen.

Am 15. September 1880 verließen Georg Müller und seine Frau Bristol wieder, um ihre siebte Missionsreise anzutreten, und landeten zehn Tage später in Quebec. Georg Müller hatte eine natürliche Abneigung gegen das Meer, da er früher während der Überfahrt über den Kanal stets an Seekrankheit litt. Aber da er diese langen Reisen nicht zu seinem Vergnügen oder um des äußeren Vorteils willen, sondern ganz allein auf Gottes Geheiß hin unternahm, so sah er es denn auch als ein besonderes Zeichen der fürsorgenden Liebe seines Herrn an, dass er bei all seinen jetzigen Atlantik-Überquerungen überhaupt nicht seekrank wurde und sich auf dieser Reise ganz besonders wohlfühlte.

Er reiste diesmal nach Massachusetts, Connecticut, New York, New Jersey und Pennsylvania. Neben anderen Städten besuchte er Boston, Plymouth – den zweiten Landungsplatz der Pilgerväter –, Wellesley und South Hadley, wo sich große Bildungseinrichtungen für Frauen befinden, sowie die Zentren weiter im Westen, wo er bei Deutschen vielfältige Möglichkeiten zum Zeugnis hatte. Diese Reise dauerte nur acht Monate, aber sie war reich gesegnet. Er hatte im Ganzen etwa 250-mal gesprochen. Seine Frau hatte viele Gelegenheiten, mit suchenden Seelen persönlich zu reden und Bücher und Traktate unter Gläubigen und Ungläubigen zu verteilen. Sie erledigte auch den Briefwechsel, was an sich keine leichte Aufgabe war, da durchschnittlich drei Briefe pro Tag ankamen. Am 30. Mai 1881 waren die Reisenden wieder auf britischem Boden.

Während der achten großen Predigtreise, die vom 23. August 1881 bis zum 30. Mai 1882 dauerte, sollte es wieder auf das europäische Festland gehen, wohin Georg Müller in Anbetracht des Tiefstands geistlichen Lebens in der Schweiz und in Deutschland sich besonders gezogen fühlte.

Diese Reise sollte sich aber aufgrund der wunderbaren Führung des Herrn bis nach Palästina erstrecken. Nachdem Georg Müller in Alexandria, Kairo und Port Said gesprochen hatte, reiste er nach Jaffa und von dort aus nach Jerusalem. Mit heiliger Ehrfurcht betrat er den Boden, auf dem einst der Sohn Gottes gewandelt hatte, und besuchte die Stätten Gethsemane und Golgatha. Über den Ölberg begab er sich nach Bethanien, dann nach Bethlehem und zurück nach Jaffa; hierauf besuchte er Haifa und den Berg Karmel. Von da ging es nach Beirut, Smyrna (heute Izmir), Ephesus, Konstantinopel, Athen, Brindisi, Rom und Florenz. Wieder waren es Monate, ausgefüllt mit einem Dienst, dessen Früchte erst der Tag des Herrn Jesus offenbaren wird.

Er hielt Ansprachen auf Englisch, Deutsch und Französisch; seine Reden wurden durch Übersetzer in arabischer, armenischer, türkischer und neugriechischer Sprache wiedergegeben. Der Genuss der Sehenswürdigkeiten war selbstverständlich Nebensache gegenüber dem Dienst für den Herrn Jesus.

Während dieser achten Reise, die acht Monate dauerte, sprach Georg Müller einige hundertmal. Die Spuren göttlichen Segens waren, wie früher, so auch jetzt wahrzunehmen.

Die neunte Reise dauerte vom 8. August 1882 bis zum 1. Juni 1883 und war ausgefüllt mit Arbeit in Deutschland, Österreich-Ungarn und Russland. Eine besondere Freude war es ihm, in Kroppenstedt, seinem Geburtsort, nach einer Abwesenheit von etwa 64 Jahren, von seinem Gott zeugen zu dürfen. In St. Petersburg war er der Gast der Fürstin Lieven und hatte in ihrer Villa viele Begegnungen und Unterredungen mit Vornehmen. Im Haus des Gardeobersten Paschkow, der nicht nur Verfolgung, sondern auch Verbannung um des Herrn willen erlitten hatte, fing er auch an, Versammlungen zu halten.

Am 26. September 1883 trat Georg Müller seine zehnte Reise an. Dieses Mal war sein Angesicht wieder nach dem Orient gerichtet. Fast 60 Jahre früher hatte er gewünscht, als Missionar nach Ostindien zu gehen; nun erfüllte ihm der Herr den Wunsch seines Herzens auf ganz besondere Weise. Indien war das 23. Land, das er nun bereiste. Er legte eine Strecke von etwa 34 000 Kilometern zurück und sprach über zweihundertmal vor Missionaren und anderen Reichsgottesarbeitern sowie vor Europäern, Hindus und Muslimen, auch vor eingeborenen Jungen und Mädchen im Waisenhaus in Kolar usw. So war dieser Knecht Gottes in seinem 79. Lebensjahr noch in umfassender Weise für Ihn tätig, und Gott segnete sie reichlich.

Nachdem er einige Monate in England, Schottland und Wales gearbeitet hatte, brachen er und seine Frau am 19. November 1885 zum vierten Mal in die Vereinigten Staaten auf. Es war ihre elfte größere Missionsreise. Sie kreuzten dann den Stillen Ozean und kamen nach Sydney (New South Wales), und nach sieben Monaten, die sie in Australien verbrachten, schifften sie sich nach Java ein, von da aus nach China. In Hongkong kamen sie am 12. September 1886 an. Japan und die Meerenge Malakka wurden ebenfalls berührt. Die Rückreise nach England erfolgte über Nizza, und am 14. Juni 1887 kehrten sie wohlbehalten nach Hause zurück. Sie waren mehr als ein Jahr und sieben Monate abwesend gewesen.

Nach kaum zwei Monaten befand sich Georg Müller aber wieder an Bord eine Schiffes, das nach Südaustralien unterwegs war. Die nächsten Stationen waren Neuseeland, Ceylon und Indien. Diese zwölfte große Reise beendete er im März 1890. Die große

Hitze zwang ihn, Kalkutta zu verlassen. Auf der Bahnfahrt nach Darjeeling fürchtete seine Frau, er werde sterben. Aber Gott gewährte ihm in Seiner Gnade noch weitere Lebensjahre.

Es war auf dieser Reise, im Januar 1890, als Georg Müller sich eben in Jabalpur aufhielt und unter dem starken Beistand des Herrn predigte, als ihm ein Brief mit der Nachricht von dem Tod seiner Tochter Lydia übergeben wurde.

Fast 30 Jahre hatte sie freiwillig im Waisenhaus gedient; 18 Jahre lang war sie ihres Gatten hochgeschätzte Gefährtin gewesen, fast 58 Jahre lang ihres Vaters Kleinod – sie hinterließ also Lücken, die nie mehr ausgefüllt werden konnten. Aber sowohl Georg Müller als auch Bruder Wright blieben im Frieden, weil sie zuversichtlich glaubten, dass denen, die Gott lieben, alle Dinge zum Besten dienen, wenn auch Gottes Wege noch so geheimnisvoll sind.

Dieser unerwartete Verlust veranlasste Georg Müller, die Reise, auf der er sich gerade befand, abzukürzen und nach Bristol zurückzukehren.

Nach zwei Monaten verließ er indessen mit seiner Frau erneut die Heimat. Sie reisten auf das Festland und waren vom Juli 1890 bis Mai 1892 abwesend. Ein Jahr lang haben sie in Deutschland, den Niederlanden, Österreich und Italien zugebracht. Hiermit wurde dieser Reisedienst in Georg Müllers Leben abgeschlossen. Er hatte sich über 17 Jahre erstreckt.

So hatte nun dieser Mann von seinem 70. bis 87. Lebensjahr – in einem Alter, in dem sich sonst die meisten Männer zur Ruhe setzen – 42 Länder bereist und eine Strecke von 322 000 Kilometern zurückgelegt, was etwa einer achtmaligen Reise um die Welt gleichkommt! Er selbst schätzte, dass er in diesen 17 Jahren zu drei Millionen Menschen gesprochen hatte. Nach den noch vorgefundenen Aufzeichnungen muss er auf diesen Reisen zwischen 5000 und 6000 Ansprachen gehalten haben.

Welcher Art sein Lehren und Zeugen war, brauchen wir denen, die den Lehrer und Zeugen gehört haben, nicht darzulegen. Im Jahr 1891 hielt er in Berlin eine Ansprache vor christlichen Brüdern und Schwestern, die uns eine Probe davon geben mag, welche lebensvollen Wahrheiten er seinen Zuhörern einzuprägen suchte.

Er forderte die Gläubige zunächst auf, nie – selbst nicht unter den größten Schwierigkeiten – verzagt zu sein. Dafür führte er viele Schriftgründe an. Dann betonte er, dass es an jedem Tag vor allem darum gehen müsse, die Ruhe und den Frieden in Gott festzuhalten. Hierauf zeigte er, wie aus dem Wort Gottes alle erlösten Gläubigen ihre wahre Glaubensstellung in Christus erkennen und wie sie besonders in schwierigen Lagen den Willen Gottes erfahren können. Sodann ermahnte er die Gläubigen, mit ganzem Ernst danach zu streben, Gott kennenzulernen, wie Er sich in der Heiligen Schrift offenbart. Dazu sei die gottgemäße Gewohnheit des regelmäßigen Forschens in der Heiligen Schrift, des Gebets, eines heiligen Wandels und reichlichen Gebens für Seine Sache notwendig. Er bewies, dass Gott allein der Seele volle Genüge geben könne. Wir müssten mit voller Überzeugung sagen können, dass Er als der Allgenugsame unser ist. Zum Schluss betonte er noch einmal, dass es das ganze, einzige, tägliche, alles andere verschlingende Streben unserer Seele sein müsse, Gott durch eine völlige Übergabe an Seinen Willen und Dienst zu verherrlichen.

Auf all diesen Missionsreisen offenbarte sich die Treue des Herrn sichtbar auch dadurch, dass für alle äußeren Bedürfnisse wunderbar gesorgt wurde. Seereisen und Bahnfahrten, das Wohnen in Hotels – all das kostete viel Geld. Georg Müller zog gewöhnlich das Hotel der Inanspruchnahme der Gastfreundschaft vor, weil ein Wohnen bei Freunden seine Freiheit zu stark beschränkte. Er musste ungehindert seine Zeit zur Zwiesprache mit Gott, zur öffentlichen Arbeit und zur nötigen Ruhe haben. Diese neue Lebensweise, die er um des Herrn willen angenommen hatte, war aber wenigstens dreimal so teuer wie früher, als er in einfacheren Verhältnissen in Bristol gelebt hatte. Aber ohne irgendeine Inanspruchnahme von Menschen erhielt er von seinem Herrn alles, was er brauchte.

Er war gewohnt, Schritt für Schritt auf solche Zeichen der göttlichen Zustimmung zu achten, aus denen er die Zuversicht schöpfen konnte, auf dem eingeschlagenen Weg weiterzugehen. Als er einmal 100 Pfund für seine persönlichen Bedürfnisse erhielt, nahm er an, Gott wolle ihm dadurch sagen: »Ich habe Wohlgefallen an deinem Werk und Dienst auf diesen langen Missionsreisen. Ich will die Ausgaben dafür bezahlen, und ich habe dir ein Angeld in Bezug darauf gegeben, dass ich noch mehr für dich tun will.«

Zwei andere Tatsachen hebt Georg Müller in Verbindung mit diesen Reisen hervor. Zuerst erinnert er an Gottes gnädige Führung und Bewahrung des Werkes in Bristol, sodass es durch seine Abwesenheit keinen Schaden litt. Und zweitens betont er, dass diese Reisen nie dazu dienten, um Geldmittel für das Werk zu sammeln oder auch nur die Leute darauf aufmerksam zu machen. Es wurde einmal in den Zeitungen berichtet, dass in Amerika große Summen gesammelt worden seien; aber die Unhaltbarkeit solcher Gerüchte tritt klar zutage, wenn man bedenkt, dass auf der ersten Reise nach Amerika im Ganzen kaum 60 Pfund eingingen, also nicht mehr als zwei Drittel der tagtäglichen Ausgaben für die Waisenhäuser.

Die Missionsreisen wurden übrigens von den Freunden und Ratgebern nicht immer gebilligt. Als es im Jahr 1882 mit dem Waisenhaus durch schwere Zeiten ging und das Geld immer recht knapp war, waren manche, die treu zu der Sache standen, der Meinung, der Knecht Gottes sollte seine langen Abwesenheiten abkürzen. Sie hielten diese für den Hauptgrund der mangelnden Einnahmen. Er war für Rat immer offen, behielt sich aber auch stets eine unabhängige Entscheidung vor. Und nach reiflicher Erwägung stellte er folgende Gründe auf, die ihn dahin führten, davon auszugehen, dass für das Gotteswerk zu Hause seine Gegenwart nicht unbedingt erforderlich sei:

1. Er hatte Jahr für Jahr beobachtet, dass unter Bruder Wright und seinen treuen Mitarbeitern das Werk so gut gedieh wie in seiner Anwesenheit.

2. Auch abwesend blieb er immer in Verbindung mit den Mitarbeitern zu Hause und erhielt wenigstens wöchentlich Nachrichten von Bruder Wright; über alle wichtigen Angelegenheiten wurde brieflich sein Rat eingeholt. Das Werk auf betendem Herzen tragen, das konnte er so gut aus der Ferne wie zu Hause. Und da er sich zwischen den einzelnen Reisen immer wieder eine Zeit lang in Bristol aufhielt, blieb er doch in ganz enger Verbindung mit ihm.
3. Seiner tieferen inneren Überzeugung zufolge waren die Missionsreisen das Werk, das Gott für seinen Lebensabend vorbehalten hatte, und viele Zeichen bestärkten ihn in diesem Glauben.
4. Der durchschlagende Grund war jedoch noch ein anderer. Der Gedanke, es sei nötig, dass er zu Hause bleibe, damit die nötigen Mittel eingingen, war ein völliger Widerspruch zu den Grundsätzen, auf denen das ganze Werk ruhte. Wahrer Glaube steht über den Umständen; dies wurde denn auch erprobt. Denn im dritten Jahr der Reisen waren die Gaben, die für die verschiedenen Zweige des Werkes eingingen, zahlreicher und größer als in allen vorhergehenden 44 Jahren ihres Bestehens.

Darum blieb Georg Müller bei seinem Vorhaben, ungeachtet des wohlmeinenden Rats einiger Geber und Freunde. Er tat dies umso mehr, als er gerade beweisen wollte, dass kein Mensch für das Werk des Herrn unabkömmlich ist.

»Die, die mich ehren, werde ich ehren« (1Sam 2,30). Er betrachtete es als die größte Ehre seines Lebens, sein Zeugnis von Gott in der ganzen Welt ablegen zu dürfen.

Der Verfasser dieses Buches hatte das Vorrecht, Georg Müller auf seiner ersten und zweiten Amerika-Reise persönlich kennenzulernen. Als ich in San Francisco war, sollte Georg Müller an einem Sonntagnachmittag des Jahres 1878 in Oakland sprechen, das sich auf der anderen Seite der San Francisco Bay befindet. Da ich aber, falls es sich irgendwie einrichten ließ, mich nicht an einem

Sonntag auf Reisen begab, verzichtete ich auf den Besuch der Versammlung, obwohl es den Anschein hatte, als ob ich damit die einzige Gelegenheit versäumte, den Mann Gottes zu sehen und zu hören, dessen Leben und Arbeit ich schon über 20 Jahre verfolgt hatte. Er sollte nämlich einige Tage vor mir nach dem Osten abreisen und wahrscheinlich beim Reisen mir immer ein wenig voraus sein. Als ich indessen Ogden erreichte, wo die Zweigbahn vom Salzsee auf die Hauptstrecke trifft, stiegen durch Gottes Fügung Herr und Frau Müller in meinen Zug, und wir reisten zusammen bis Chicago. Ich stellte mich selbst vor und unterhielt mich an mehreren Tagen mit Georg Müller über göttliche Dinge, wobei ich auch in Chicago noch mehrfach Gelegenheit hatte, ihn zu hören.

Ich wurde durch diesen vertrauten Umgang reich gesegnet. Auf seiner nächsten Reise kam er selbst nach Detroit in Michigan und sprach in der presbyterianischen Kirche, deren Pastor ich war.

Georg Müller besuchte mich mehrere Male für eine Stunde in meinem Studierzimmer, wo wir uns über solche Wahrheiten der Heiligen Schrift miteinander austauschten, über die ich mehr Licht haben wollte. Ich brachte auch meine Gegenargumente vor, hinsichtlich derer ich anderer Meinung war als er. Er hatte aber auf alles das, was ich ihm sagte, nur eine Antwort: »Mein geliebter Bruder, ich habe Ihre Einwände gehört, aber alle haben den gleichen verhängnisvollen Fehler: Keiner stützt sich auf das Wort Gottes. Sie werden aber nie die Wahrheit über irgendeine göttliche Offenbarung finden, bis Sie Ihre Vorurteile beiseitelegen und wie ein kleines Kind einfach fragen, was die Heilige Schrift darüber sagt.«

Mit Geduld und Weisheit half er mir zurecht, und als er weiterreiste, blieben diese Worte in meinem Gedächtnis eingeprägt.

Was vermag doch die Zunge eines Bevollmächtigten! Einige einfache Sätze, die vor über 20 Jahren gesprochen wurden, übten fortan täglich ihren Einfluss auf das Leben dessen aus, an den sie gerichtet waren.

Es ist die Bitte und die Hoffnung des Verfassers dieses Lebensbildes, dass das Lesen dieser Blätter wie eine Begegnung mit dem Mann wirken möge, an den damit erinnert werden soll. Möge das Zeugnis Georg Müllers für viele Leser eine Quelle unversiegbaren, lebenslänglichen Segens werden.

Wir dürfen dabei nicht vergessen, dass es *viel* kosten und wie teuer es zu stehen kommen kann, seine Überzeugung in die Tat umzusetzen. Es kann Verzichtleistungen und Trennungen aller Art nötig machen, die ein Gefühl der Entbehrung und Einsamkeit hervorrufen. Aber wer wie ein Adler sich hoch hinaufschwingen und im Sonnenschein seines Gottes leben will, muss als ein Kind Gottes bereit sein, ein verhältnismäßig einsames Leben zu führen. Kein Vogel lebt so einsam wie der Adler. – Adler fliegen nie in Scharen.

Das Leben, das jemand in Gott lebt, muss oft darauf verzichten, menschliche Gefährten zu haben, aber es genießt die göttliche Gemeinschaft. Ein solches Kind Gottes unternimmt es wie sein Meister, »allezeit [das] zu tun, was Ihm gefällt«. Es kann sagen wie Er: »Mein Vater lässt mich nicht allein.«

Glaube und Geduld im Dienst

Die Quantität des Dienstes ist von viel geringerer Wichtigkeit als die Qualität. Derjenige Mensch, dessen Ziel es ist, Gott zu gefallen, hat einen Wahlspruch: »Was ich tue, will ich recht tun; das ist mehr wert, als recht viel zu tun.« Unser Herr gebot Seinen Jüngern zu warten, bis sie mit der Kraft aus der Höhe angetan werden würden. Nur diese Ausrüstung verleiht allem Zeugnis und aller Arbeit jenen himmlischen Duft echten geistlichen Lebens.

Bevor wir zu den letzten Ereignissen kommen, halten wir einen kurzen Überblick über Georg Müllers Wirken, das in so erfreulicher Weise beides vereinigt. Es ist daran zu zweifeln, ob irgendein anderer Mann seines Jahrhunderts so viel zu Gottes Ehre und zum Wohl der Menschen vollbrachte wie er. Auf allem, was er tat, lag ein Duft himmlischer Gnade. Das Werk zur Ausbreitung der Schriftkenntnis mit seinen verschiedenen Zweigen, die Waisenhäuser, die Schulen und die Missionsarbeit sind uns schon bekannt.

Ein Knecht Gottes aber, der danach dürstet, Seelen für Jesus zu gewinnen, gibt sich nie zufrieden mit dem, was schon getan worden ist, sondern ist bereit, jede neue Tür zu nutzen, die Gott öffnet. Im Jahr 1867 fand die Pariser Weltausstellung statt. Dabei bot sich eine solch seltene Gelegenheit, unter der großen Menge von Fremden, die die französische Hauptstadt besuchten, das Wort Gottes zu verbreiten. Infolgedessen griff Georg Müller auf den Dienst zweier sprachkundiger Brüder zurück, von denen der eine drei und der andere acht Sprachen beherrschte. Durch diese wurden beinahe 12 000 Exemplare von Bibeln oder Bibelteilen in 13 verschiedenen Sprachen verteilt. Es ist berechnet worden, dass bei dieser Ausstellung im Ganzen über 1,25 Million Bibeln in 16 verschiedenen Sprachen unter die Leute kamen. Die meisten wurden dankbar angenommen, sogar von katholischen Priestern. Durch den

Dienst derer, die diese »gegebene offene Tür« genutzt hatten, wurden innerhalb von sechs Monaten mehr Bibeln verbreitet, als unter gewöhnlichen Verhältnissen 10 000 Bibelverteiler in der 20-fachen Zeit hätten verbreiten können. Tausende von Seelen fanden Rettung durch das einfache Lesen des Neuen Testaments. Georg Müller durfte mithelfen, dieses herrliche Werk zu fördern.

Bei der Internationalen Ausstellung in Le Havre, die im folgenden Jahr stattfand, wurde eine ähnliche Arbeit getan, ebenso in Spanien, als sich dort eine Tür öffnete. In den Straßen von Madrid sah man in jener Zeit zum ersten Mal die offene Bibel, und der Absatz war so reißend, dass stündlich 250 Exemplare verkauft wurden und der Vorrat bald nicht mehr ausreichte. Das Gleiche konnte man beobachten, als in Italien der Same des Wortes Gottes ausgestreut werden durfte.

Georg Müller achtete, als wachsamer Knecht Gottes, auf die Zeichen der Zeit; während andere schliefen, folgte er dem Ruf seines Herrn zum Vorwärtsgehen.

Es ist interessant, auch die Geschichte der Entwicklung des Traktatwerkes zu verfolgen. Schon im Jahr 1874 wurden mehr als 3,75 Millionen Traktate verteilt,[23] und Gott gab die Mittel dazu reichlich. Für Georg Müller war die Welt ein Ackerfeld, das dazu bestimmt war, dass darauf der Same des Wortes Gottes ausgestreut wurde. Eifrig wurde jede Gelegenheit genutzt, um die Wahrheit zu verbreiten. Traktate wurden in großen Mengen freigebig bei Gottesdiensten im Freien, auf Märkten, bei Pferderennen, auf Dampfschiffen, in Eisenbahnen und auf Straßen verteilt. Oft wurden bei einer einzigen Gelegenheit, bei der viele Leute zusammenkamen, unter Gebet über 10 000 Traktate verbreitet, und dieser Zweig des Werkes hat all diese Jahre hindurch in unvermindertem Segen fortbestanden.

---

23 A. d. H.: Diese enorme Zahl lässt sich auch aus den Angaben auf einer entsprechenden Website ableiten. Man berücksichtige außerdem, dass weiter unten von vier Millionen Traktat*seiten* die Rede ist.

All das war vom Anfang bis zum Ende ein Werk des Glaubens. Wie sehr der Glaube immer wieder und bis aufs Äußerste erprobt wurde, kann man nur recht verstehen, wenn man sich an Georg Müllers Stelle versetzt. Im Jahr 1874 z. B. waren für das ganze Werk ungefähr 44000 Pfund nötig. Er war gezwungen, die Kosten zu berechnen und die Lage ins Auge zu fassen. 2100 Menschen mussten täglich mit Nahrungsmitteln versorgt und gekleidet werden. 189 Missionare brauchten Beistand; 100 Schulen mit etwa 9000 Schülern mussten erhalten werden; vier Millionen Traktatseiten und Zehntausende von Bibelexemplaren mussten zum Verteilen bereit sein, und neben diesen laufenden Ausgaben mussten unvorhergesehene Kosten und Verlegenheiten ins Auge gefasst werden. Auch mit der menschlichen Möglichkeit und Wahrscheinlichkeit einer leeren Kasse war zu rechnen.

Wie Georg Müller solchen Anforderungen entgegentrat, zeigen uns folgende Worte: »Gott, unser unendlich reicher Schatzmeister, bleibt derselbe. – Ich sagte zu mir selbst: ›Gott, der dieses Werk durch mich aufgerichtet hat, Gott, der mich Jahr für Jahr dazu geführt hat, es zu vergrößern, Gott, der es nun fast mehr als 40 Jahre durchgebracht hat, wird weiterhelfen und nicht zulassen, dass ich zuschanden werde, weil ich mich auf Ihn verlasse. Ich übergebe das ganze Werk Ihm, und Er wird mir geben, was ich auch in Zukunft brauche, obwohl ich nicht weiß, woher die Mittel kommen sollen.‹«

So schrieb er in sein Tagebuch am 28. Juli 1874. Inzwischen sind 36 Jahre[24] verflossen, und bis heute besteht das Werk fort, obschon der, der die Leitung hatte, in Jesus entschlafen ist.

Durch all die Zeiten des Mangels hindurch war der treue Gott Georg Müllers Zuflucht; ihn hielten die ewigen Arme. Die Glaubensproben hörten auch bis zuletzt nie auf. Am 18. Juli 1881 finden wir folgende Eintragung in seinem Tagebuch: »Die Ein-

---

24 A. d. H.: Hier und im Folgenden wird das Jahr 1910 als Bezugspunkt genommen, obwohl die erste Ausgabe des Werkes von A. T. Pierson bereits 1899 veröffentlicht wurde.

nahmen haben seit einiger Zeit nur etwa ein Drittel der Ausgaben gedeckt. Alles, was wir zum Unterhalt der Waisen haben, ist auch aufgebraucht, und für die anderen Zweige ist fast nichts mehr vorhanden. Es sieht so aus, als ob das Werk nicht weitergehen könne. Aber ich *glaube*, dass der Herr sowohl die Mittel für die Waisen als auch für die anderen Arbeitszweige darreichen wird, sodass wir nicht zuschanden werden und das Werk nicht aufgegeben werden muss. Ich erwarte die Hilfe ganz sicher und habe dies zur Ehre Gottes niedergeschrieben, damit man sich künftig daran erinnert und es den Kindern Gottes zur Glaubensstärkung dient. Die Erhörung wird sichtbar werden. Ich erwarte, dass wir nicht beschämt werden, obwohl wir seit Jahren nicht so arm gewesen sind.«

Während der Glaube sich auf Gott stützte, nutzte man umso eifriger die Möglichkeit des Gebets. Sechs-, sieben-, achtmal am Tag gingen er und seine Frau zusammen auf die Knie, schauten nach der Erhörung aus und waren fest davon überzeugt, dass sie nicht enttäuscht werden würden. Seit diese Tagebucheintragung gemacht wurde, haben 29 weitere Jahre es bewiesen, dass ihr Vertrauen nicht umsonst war. Nicht *ein* Zweig dieser segensreichen Unternehmungen hat durch das scharfe Messer der Not abgeschnitten werden müssen.

In dieser Zeit der Glaubensproben, ehe eine anhaltende Besserung der Lage eingetreten war, verließ Georg Müller mit seiner Frau Bristol, um seine achte Predigtreise auf das Festland anzutreten. Er reiste ruhig ab in einem Augenblick, da dem natürlichen Auge seine Gegenwart eigentlich unentbehrlich vorkommen musste. Die Reise, die unter Gottes Führung schon vorbereitet worden war, wurde in der tiefen Überzeugung unternommen, dass Gott denen, die im Gebet auf Ihn warten, in fernen Landen so nah wie in Ashley Down ist und dass Er nicht irgendwo oder irgendwann auf die persönliche Gegenwart eines Menschen angewiesen ist, um Sein Werk auszuführen.

Ein teilweise geistig behinderter Junge in einer amerikanischen Stadt, der eine schwere Last zu tragen hatte, fragte einen Fuhrmann, ob er auf seinem leeren Wagen sitzen dürfe. Da es ihm erlaubt wurde, stieg er mit seinem Korb auf den Wagen; da er aber meinte, es sei so für das Pferd weniger schwer, behielt er seine Last auf dem Rücken und trug sie im Fahren.

Wir lachen über diese Einfältigkeit. Und doch, wie oft begehen wir die gleiche Torheit! Wir geben vor, uns selbst und unsere Lasten auf den Herrn Jesus zu legen, und fahren dann doch fort, sie selbst zu tragen, als wenn Er unfähig wäre, uns und unsere Lasten zugleich zu tragen. Es ist eine sehr heilsame Lektion für Arbeiter im Reich Gottes zu lernen, dass alle wahre Arbeit in erster Linie die Sache des Herrn und erst in zweiter Linie die unsere ist.

Alles Sorgen unserseits ist einerseits ein Misstrauen gegenüber Gott und andererseits eine versteckte Anmaßung, die vergisst, dass Er der alleinige Werkmeister ist, während alle anderen nur Seine Werkzeuge sind.

Es fällt uns immer schwer, unsere Prüfungen, Schwierigkeiten, Verluste und Enttäuschungen ohne Zögern im vollen Vertrauen auf den Herrn zu werfen. Wohl halten wir uns an das Wort, das der Herr bei der Fußwaschung dem sich sträubenden Petrus sagte: »Was ich tue, weißt du jetzt nicht, du wirst es aber nachher verstehen.« Wir meinen dabei, dass dieses »Nachher« in jener Zukunft liege, von der wir die Lösung aller Rätsel erwarten. Bei Petrus kam das »Nachher« sofort nach der Fußwaschung, als der Herr ihre Bedeutung erklärte. Es stärkt unseren Glauben, wenn wir hören, was Georg Müller bezeugen konnte: All die Proben und schweren Erfahrungen seines Lebens haben ohne eine einzige Ausnahme schon in diesem Leben ihm zum Guten mitgewirkt, sodass er Ursache hatte, Gott für alle zu danken. Nicht wenige Kinder Gottes haben schon im Diesseits himmlische Freude für jedes Jahr und jeden Tag der Trübsal geschmeckt, wenn sie ihre Anfechtungen und Widerwärtigkeiten geduldig getragen haben.

An zwei Erfahrungen erinnert sich Georg Müller in diesem Lebensabschnitt mit besonderer Dankbarkeit:

1. »Ungefähr 50 Jahre lang«, schreibt er, »habe ich nun durch Seine Gnade einen Weg völliger Abhängigkeit von Ihm, dem Ewigen, Treuen, beschritten, und doch bin ich immer tiefer davon überzeugt, dass ich allein mit Seiner Hilfe imstande bin, auf diesem Weg weiterzugehen; denn wenn ich mir selbst überlassen bliebe, könnte ich auch nach der kostbaren Erfahrung eines so lange fortgesetzten Wandelns in der Gemeinschaft mit Gott noch jetzt in Versuchung kommen, diesen Weg zu verlassen. Zu Seiner Ehre darf ich aber bezeugen, dass ich mehr als ein halbes Jahrhundert lang nie die geringste Neigung dazu verspürt habe.«
2. Im Jahr 1880 geschah ein Gnadenwerk des Heiligen Geistes unter den Waisen in Ashley Down und in manchen Schulen, das bis Mai 1881 anhielt. Während der drei Monate, die Georg Müller daheim zubrachte, ehe er sich im September 1880 nach Amerika einschiffte, war er besonders getrieben worden, für eine solche Erweckung zu beten, und hatte diese Sache auch seinen Mitarbeitern aufs Herz gelegt. Der Herr ist treu. Während der Abwesenheit Seines Knechts erfreute Er sein Herz, indem Er in reichem Maße Erhörung schenkte. Noch ehe Georg Müller seine Arbeit in Amerika recht begonnen hatte, kamen Nachrichten von zu Hause, dass eine Erweckung eingesetzt habe. Sie dauerte fast ein Jahr. Man durfte nachher annehmen, dass in den fünf Häusern 512 Waisen Gott, ihren Vater, in Christus gefunden hatten. Fast halb so viele berechtigten zu großen Hoffnungen.

Am 7. Juni 1884 erhielt Georg Müller eine Erbschaft von über 11 000 Pfund, die größte einzelne Spende, die er je bekommen hatte. Die größten Gaben, die früher eingegangen waren, hatten 1000, 2000, 3000, 5000, 8100 und 9091 Pfund Sterling betragen.

Dieser Betrag von 11 000 Pfund war der Erlös für ein verkauftes Gut. Er war schon sechs Jahre früher der Anstalt vermacht worden. Es war auf allerlei Verzögerungen beim Kanzleigericht zurückzuführen, dass die Erbschaft bis jetzt nicht ausbezahlt worden war. Tag für Tag wurde dafür gebetet, dass das Geld verfügbar würde, und nun kam die volle Erhörung gerade im rechten Augenblick; denn zurzeit waren nur noch 41 Pfund in der Kasse, nicht einmal halb so viel, wie zur Bestreitung der durchschnittlichen Tagesausgaben nötig war. Ebenso mussten gerade gewisse gesundheitliche Verbesserungen vorgenommen werden, was erneut etwa 2000 Pfund erforderte.

Georg Müller schließt die Erinnerungen an dieses Jahr mit den Worten: »So endete das Jahr 1884, in dem wir hart und auf mancherlei Weise geprüft wurden, immer aber nur zu dem Zweck, dass unser Glaube erprobt würde und dass wir Gott völliger kennenlernten. In diesem Jahr wurde uns aber auch Hilfe und Segen zuteil, und zwar viel Hilfe und viel Segen. Wir können daher im Frieden in das Jahr 1885 hineingehen in der festen Gewissheit, dass – da wir Gott für uns und mit uns haben – alles, alles gut werden wird.«

John Wesley sagte im gleichen Geist ein Jahrhundert vorher: »Das Beste von allem ist, dass Gott mit uns ist.«

In den letzten Jahren sind die Waisenhäuser von Ashley Down weniger besetzt gewesen als früher, und es hätten etwa 400 bis 500 Kinder mehr aufgenommen werden können. Georg Müller sah sich einige Jahre vor seinem Tod veranlasst, dies öffentlich bekannt zu machen, indem er hoffte, dass noch mehr verlassene Waisen darin ein Heim finden würden.

Vergessen wir jedoch nicht, dass in der Versorgung der Waisen jetzt viel mehr getan wird als früher. Im Jahr 1845 wurden in England nur 3600 Kinder in Anstalten versorgt. Fast doppelt so viele Kleine unter acht Jahren schmachteten in Gefängnissen und Armenhäusern. Dieser Stand der Dinge führte damals Georg Müller zu der raschen Vergrößerung des Werkes, bis 2000 Kinder allein in Ashley Down untergebracht waren. Gewiss wurden gerade durch das Beispiel Georg Müllers andere zu ähnlichem Vorgehen angespornt, sodass 50 Jahre nach der Gründung seines Werkes wenigstens 100 000 Waisen in England allein in Anstalten versorgt wurden.

In all dem mannigfachen Werk, das Georg Müller tat, dachte er nicht an sich selbst. Vom Oktober 1830 an, als er auf jedes feste Einkommen sowohl als Prediger wie auch als Leiter des Werkes zur Ausbreitung der Schriftkenntnis verzichtete, hat er nie mehr ein solches bezogen. Er wollte von Gott allein das Nötige zur Bestreitung seiner Bedürfnisse erwarten.

Gott lenkte aber die Herzen Seiner gläubigen Kinder in allen Teilen der Erde, nicht nur für die verschiedenen Zweige des Werkes zu geben, sondern auch für Georg Müllers eigene Bedürfnisse das zu senden, was er an Geld, Kleidung, Nahrung und anderen lebensnotwendigen Dingen benötigte. Nie nahm er einen Penny für sich, der nicht irgendwie für seinen persönlichen Gebrauch bestimmt oder dessen Verwendung ihm nicht freigestellt war. Keine finanzielle Verlegenheit, in der er selbst oder seine Familie sich befand, brachte ihn je dazu, auch nur zeitweilig für sich zu verwenden, was ihm für einen anderen Zweck übergeben worden war. Gewöhnlich waren die Gaben, die für ihn selbst bestimmt waren, in Papier eingewickelt und sein Name darauf geschrieben. Oder sie waren auf andere Weise deutlich als Betrag gekennzeichnet, der für ihn bestimmt war. So betrug seine persönliche Einnahme schon im Jahr 1874 mehr als 2100 Pfund. Nur wenige Pastoren der freikirchlichen Gemeinden und nicht einer von 20 Geistlichen in der Staatskirche hatten ein solches Einkommen, das durchschnittlich für den Tag sechs Pfund ausmachte. Und all das kam vom Herrn einfach als Antwort auf sein Gebet, ohne dass irgendein Mensch deswegen angefragt oder irgendeinem auch nur ein Bedürfnis bekannt gemacht worden wäre. Wenn wir aus Erbschaften stammende Beträge dazurechnen, die Ende 1873 überwiesen wurden, so betrug Georg Müllers gesamtes Einkommen in etwa 13 Monaten mehr als 3100 Pfund Sterling. Davon gab er alles wieder weg, teils an Arme, teils für das Werk Gottes bis auf etwa 250 Pfund Sterling, die er zum Unterhalt für sich und seine Familie brauchte. So begann er das Jahr 1875 so arm, wie er 45 Jahre früher angefangen hatte.

Als seine Tochter Lydia im Alter von 58 Jahren starb, stand Georg Müller im 84. Lebensjahr. Niemand, der nicht Zeuge des innigen Verbundenseins zwischen Vater und Tochter gewesen ist, kann ermessen, was für ein Schlag das für ihn war. Der Verlust aber, den ihr Gatte erlitt, war noch viel größer, denn diese Ehe war im höchsten Maße glücklich gewesen, und Bruder Wright schien es, dass ein unzertrennlicher Teil seiner selbst von ihm genommen worden wäre. Bei Lydia Wright geb. Müller war Demut der lieblichste Zug ihres Wesens. Der Schmuck eines sanften und stillen Geistes ließ sie allen, die sie kannten, so lieblich erscheinen. Ja, »die Schönheit des Herrn, ihres Gottes, lag auf ihr«.

James Wright hatte mit seiner Frau mehr als 18 Jahre in »ungetrübtem Glück« gelebt. Zusammen hatten sie gebetet und vor Gott geweint und alle Last gemeinsam getragen. So schwach Frau Wright auch körperlich war, hatte ihr Mann doch in ihr eine Stütze gehabt. Mit großem Takt und großer Treue wachte sie über die Bedürfnisse der Waisen wie vorher ihre Mutter.

Nach ihrem Heimgang fand Bruder Wright unter anderen Gegenständen ihres Nachlasses folgende Worte, die von ihrer Hand geschrieben worden waren:

Jesu Antlitz darf ich schauen,
Hab nun weiter kein Begehr;
Jesu Stimme darf ich hören,
Nichts verlangt die Seele mehr.

Diese wenigen Worte waren ihm ebenso kostbar und tröstlich, wie für Georg Müller die Zeilen gewesen waren, die die Tochter im Nachlass ihrer Mutter gefunden hatte. Ihr Wunsch war erfüllt; sie sah das Angesicht dessen, der allein ihrer Seele volle Genüge geben konnte, und hörte Seine Stimme.

Im 53. Bericht, der den Zeitraum bis zum 26. Mai 1892 umfasst, wird festgestellt, dass die Ausgaben für die Waisenhausarbeit die Einnahmen um über 3600 Pfund überstiegen, sodass viele liebe

Mitarbeiter, jedoch ohne die leiseste Klage von ihrer Seite, ihren Lohn nicht ausgezahlt bekommen hatten. Es war dies das zweite Mal in 58 Jahren, dass dergleichen der Fall war. Zehn Jahre früher waren die Ausgaben um 488 Pfund Sterling höher gewesen als die Einnahmen, aber in Monatsfrist ging durch Erbschaften dreimal so viel ein, als das Defizit betrug, und durch weitere Schenkungen sechsmal so viel. Nun entstand die Frage, ob es nicht Gottes Wille wäre, das Werk eher einzuschränken als noch mehr auszudehnen.

Georg Müller sagte: »Das Vorgehen des Herrn mit uns im letzten Jahr deutet an, dass wir unsere Unternehmungen gemäß Seinem Willen einschränken sollten. Wir warten auf Ihn, um nähere Weisung zu erhalten, wie dies geschehen soll. Als ich diese Anstalt gründete, war einer der aufgestellten Grundsätze, dass keine Ausdehnung des Werkes durch Schuldenmachen stattfinden solle. Gleicherweise können wir auch nicht fortfahren mit dem, was schon besteht, wenn wir nicht die hinreichenden Mittel haben, die laufenden Ausgaben zu bestreiten.« So war der Gottesmann, der für den Dienst des Herrn so gern noch mehr tat, auch demütig genug, sich dem Willen Gottes zu beugen, wenn eine Einschränkung nötig schien.

Man ging umso mehr ins Gebet, und der Glaube wurde nicht schwach, obwohl die Probe wochen- und monatelang dauerte. Die Not wurde dann im März durch den Verkauf von 17 Acres[25] (der Acre zu ca. 1000 Pfund Sterling) behoben. Am Ende des Jahres war ein Überschuss von 2300 Pfund Sterling vorhanden.

Es ging aber immer noch mehr oder weniger knapp zu, bis im Jahr 1893 bis 1894 nach mehreren Jahren der Prüfung der Herr wieder einmal reichliche Mittel zufließen ließ. Georg Müller vergisst nicht beizufügen, dass es zwar während dieser schweren Jahre oft den Anschein hatte, als ob Gott sie vergessen oder verlassen hätte und sich um die Anstalt nicht mehr kümmern wolle; aber in Wirklichkeit habe Er doch treu für alles gesorgt. Er befähigte Seine

25 A. d. H.: D. h. ca. 6,88 Hektar.

Leute, die Probe in Geduld und Herzensfrieden zu bestehen. Und Zehntausende von Gläubigen wurden gesegnet, als sie danach von diesen Erfahrungen göttlicher Treue hörten.

Fünf Jahre nach dem Heimgang seiner Tochter Lydia war Georg Müller wieder Witwer. Seine letzte große Missionsreise hatte er im Jahr 1892 beendet, und im Jahr 1895, am 13. Januar, ging seine Frau, die auf all diesen großen Reisen seine beständige Begleiterin gewesen war, zu ihrer Ruhe ein. Wieder war er allein gelassen. Aber durch die Gnade Gottes wurde er nicht nur aufrecht gehalten, sondern auch befähigt, die Hand zu küssen, die geschlagen hatte.

Auch den Beerdigungsgottesdienst seiner zweiten Frau leitete er selbst. Selten wird ein 90-jähriger Greis für einen solchen Anlass infrage kommen. Georg Müller lebte aber in so enger Verbindung mit der unsichtbaren Welt, dass für ihn der Übergang von der einen zur anderen nichts Befremdliches hatte.

Georg Müller äußerte einmal, er habe acht Jahre warten müssen, bis er verstanden habe, warum Gott seine erste Frau, die so unentbehrlich für ihn schien, weggenommen habe. Sein eigenes Tagebuch erklärt diese Bemerkung noch besser.

Als es Gott gefiel, ihm nach 23-jähriger Ehe seine zweite Frau abzurufen, gab Er ihm doch die Gnade, sich an die Verheißung zu halten, dass »denen, die Gott lieben, alle Dinge zum Guten mitwirken«.

Beim Heimgang seiner ersten Frau, mit der er mehr als 39 Jahre in treuer Gemeinschaft verbunden war, beugte er sich unter den Willen Gottes in dem festen Glauben, dass die Wege des Herrn vollkommen sind. Der Verlust schien unersetzlich zu sein. Doch nachher verstand Georg Müller seinen Gott völlig. Er erkannte Gottes Willen darin, dass er seinen Lebensabend dem Missionswerk in fernen Ländern widmen sollte. Diese Reisen waren natürlich sehr ermüdend für den äußeren Menschen. Zuweilen mussten mehrere Tage im Abteil eines Zuges und manchmal vier bis sechs Wochen an Bord eines Schiffes zugebracht werden. Seine Begleiterin wurde durch diese Reisen und all das, was sie als seine Mitarbeiterin sonst leistete, ebenfalls sehr angestrengt. Inmitten dieser ermüdenden Reisen, bei denen man ja auch noch dem Wechsel des Klimas ausgesetzt war, ging Georg Müller plötzlich ein Licht darüber auf, dass seine erste Frau, die in ihrem 73. Lebensjahr starb, diese Reisen nie hätte mit ihm unternehmen können. Der Herr hatte ihn also durch ihre Wegnahme für diesen neuen Dienst frei machen wollen. Als er die Reisen begann, wäre sie schon fast 78 Jahre alt gewesen. Überdies war sie gesundheitlich immer anfällig gewesen. Seine zweite Frau dagegen war zu jener Zeit noch nicht ganz 58 Jahre alt und konnte aufgrund ihrer kräftigen Konstitution die Anstrengungen der Reisen ohne besondere Schwierigkeit ertragen.[26]

---

26 A. d. H.: Dem voraus gingen kurz zuvor der oben erwähnte Blutsturz, der sie an den Rand des Todes brachte, und die göttlich geschenkte Genesung.

Um den Abend wird es licht

Auch der Abschluss dieser schönen und ereignisreichen Lebensgeschichte ist von tiefem und ergreifendem Interesse. Wie auf der Spitze eines hohen Berges einen Augenblick lang der letzte Glanz der untergehenden Sonne liegt, sodass der goldene Gipfel in der klaren, wolkenlosen Stille des Abends mehr dem Himmel als der Erde anzugehören scheint, so war es mit dem Lebensabend Georg Müllers.

Von Mai 1892 an, nach Beendigung der letzten Missionsreise, widmete er sich hauptsächlich dem Werk zur Ausbreitung der Schriftkenntnis und der Predigt in der Bethesda-Kapelle und überall dort, wo Gott ihn sonst zu brauchen schien.

Seine Gesundheit war bemerkenswert gut geblieben, besonders wenn man berücksichtigt, dass er seinerzeit wegen häufiger Krankheit und allgemeiner Körperschwäche vom Militärdienst befreit worden war. Viele hatten ihm einen frühen Tod oder ein langes Siechtum prophezeit. Er war tropischer Hitze und nordischer Kälte sowie Seestürmen ausgesetzt und tagelang mit der Bahn unterwegs gewesen. Er hatte sich gelegentlich der Moskitos und der Ratten erwehren und den beständigen Wechsel von Klima und Lebensweise aushalten müssen. Dazu hatte er aufgrund der öffentlichen Ansprachen fast täglich seine körperlichen und seelischen Kräfte beanspruchen müssen. Doch all das hatte seiner Gesundheit nicht geschadet.

Dieser Mann, der körperlich nie stark war, hatte eine Arbeitsmenge bewältigt, der manche eiserne Kraft unterlegen wäre. Er, der mehrmals monatelang wegen Krankheit in die Stille gehen musste, und der im Jahr 1837 gefürchtet hatte, dass ein anhaltendes Kopfleiden eine geistige Umnachtung nach sich ziehen würde, konnte in seinem 92. Lebensjahr sagen: »Ich bin imstande, jeden Tag ein volles Tagewerk an Arbeit zu bewältigen – und das fällt mir keineswegs schwerer als vor 70 Jahren.«

Die wunderbare Jugendfrische dieses Mannes erinnert uns an Kaleb, der im Alter von 85 Jahren sich in Gott rühmen konnte, dass er noch so kräftig sei wie an dem Tag, da er ausgesandt wurde, das Land zu erkunden. Georg Müller führte diese Erhaltung der Lebenskraft auf drei Ursachen zurück: Erstens war er darauf bedacht, ein Gewissen ohne Anstoß vor Gott und den Menschen zu haben. Zweitens waren da die Liebe zum Wort Gottes und die beständig verjüngende Kraft, die es auf sein ganzes Wesen ausübte. Drittens gab es die Glückseligkeit, die er in Gott und Seinem Wort empfand und die ihn vor allem Grämen und all dem nutzlosen Sorgen bewahrte.

Gegen sein Lebensende hin verminderte er auf ärztlichen Rat hin den Umfang seiner Arbeit, er predigte gewöhnlich nur noch einmal am Sonntag.

Am Sonntagmorgen, dem 6. März 1898, sprach er in der Kapelle in der Alma Road, und am folgenden Montagabend war er in der Gebetsstunde in der Bethesda-Kapelle. Bei beiden Gelegenheiten ging es ihm so gut wie immer.

Am Mittwochabend nahm er seinen gewohnten Platz bei der Gebetsstunde im Waisenhaus ein und gab die Lieder an, die gesungen werden sollten.

Als er seinem Schwiegersohn »Gute Nacht« sagte, war kein Anzeichen von abnehmender Kraft wahrzunehmen. Bis zuletzt war er der rüstige alte Mann, den man seit Langem kannte. Man hatte gerade davon gesprochen, dass ein Greis in seinen Jahren nachts jemanden in der Nähe haben müsse, umso mehr, als doch in letzter Zeit einige Anzeichen von Herzschwäche aufgetreten waren. Dem Drängen der Liebe nachgebend, hatte er eingewilligt, dass man für die folgende Nacht die Vorkehrungen dazu treffen möge. Aber die Zustimmung kam zu spät. Es sollte nicht mehr dazu kommen, dass er auf menschliche Pflege angewiesen war.

Am Donnerstagmorgen, dem 10. März, wollte man ihm, wie er es gewünscht hatte, etwa um 7 Uhr eine Tasse Tee auf sein Zimmer bringen. Auf das Klopfen an der Tür folgte keine Antwort. Als die Pflegerin öffnete, um nachzusehen, fand sie den ehrwürdigen Greis neben seinem Bett tot auf dem Fußboden. Wahrscheinlich war er aufgestanden, um etwas zu sich zu nehmen – ein Glas Milch und ein Zwieback standen immer für ihn bereit. Wahrscheinlich überfiel ihn dabei eine Ohnmacht, sodass er zu Boden stürzte. Sein Arzt, der schnell herbeigerufen wurde, äußerte sich dahin gehend, dass Georg Müller etwa ein oder zwei Stunden, bevor die Pflegerin ihn gefunden hatte, an Herzschwäche gestorben sei.

Die Beisetzung, die am darauffolgenden Montag stattfand, war ein so umfassender Beweis der Liebe, wie er sonst selten zu erleben ist. Zehntausende standen ehrfurchtsvoll zu beiden Seiten der Straße, auf der der einfache Leichenzug unterwegs war. Die Männer verließen ihre Werkstätten und Büros, Damen ihre eleganten Häuser und einfache Frauen ihre Küchen – alle mit dem Wunsch, dem Gottesmann ein letztes Zeichen der Achtung entgegenzubringen. Bristol hatte nie zuvor einen solchen Leichenzug gesehen.

Eine kurze Feier wurde im Waisenhaus Nr. 3 abgehalten, wo über eintausend Kinder zusammenkamen, die nun zum zweiten Mal einen »Vater« verloren hatten. Vor dem Katheder im großen Ess-Saal stand der außerordentlich einfache Sarg – auf Wunsch ohne allen Blumenschmuck –, der die sterblichen Überreste Georg Müllers enthielt. Eine Kupferplatte auf dem Sargdeckel trug als Inschrift das Datum seines Todestages und sein Alter.

Bruder James Wright hielt die Ansprache. Er erinnerte daran, dass uns alle – auch diejenigen, die in der engsten Verbindung mit Gott gelebt haben – der Tod ereilt, solange der Herr selbst mit Seiner Wiederkunft verzieht. Er betonte, dass es glückselig ist, im Herrn zu sterben, und dass den Gläubigen in Christus eine herrliche Auferstehung bevorsteht. Die Tränen, die über die Kinderwangen liefen, bezeugten mehr als alle Worte, wie sehr die Waisen den Verstorbenen geliebt hatten.

Der Leichenzug bildete sich still. Unter denen, die dem Sarg folgten, waren vier Männer, die noch im ersten Waisenhaus in der Wilson Street erzogen worden waren. Die Trauer der Kinder ergriff auch die Herzen der Zuschauer. Augen, in denen man sonst gewöhnlich keine Tränen sah, wurden an diesem Tag feucht.

Verschiedene Wagen mit den Ärzten sowie den Bekannten und Freunden von Georg Müller, den Ältesten und Diakonen der Gemeinden, mit denen er in Verbindung gestanden hatte, und mit der großen Schar der Mitarbeiter des Werkes in Ashley Down setzten sich dann in Bewegung. Dann folgten 40 oder 50 andere Wagen mit Vertretern von verschiedenen Gemeinden usw.

In der Bethesda-Kapelle war jeder Platz besetzt. Hunderte suchten vergebens Einlass. Man sang das gleiche Lied, das Georg Müller bei der letzten Gebetsversammlung am Abend vor seinem Heimgang hatte singen lassen.

Bruder Wright sprach über Hebräer 13,7-8: »Gedenkt eurer Führer, die das Wort Gottes zu euch geredet haben, und, den Ausgang ihres Wandels anschauend, ahmt ihren Glauben nach. Jesus Christus ist derselbe gestern und heute und in Ewigkeit.«

Er redete von den geistlichen Lehrern und Führern, die Gott über Sein Volk gesetzt habe, und von dem Vorrecht, ihrem Glauben nachzufolgen. Er hob die beiden Kennzeichen des Glaubens seines Schwiegervaters hervor; erstens, dass er sich auf den unbeweglichen Fels, Gottes geschriebenes Wort, stützte, und zweitens, dass er die Anordnungen und Verheißungen dieses Wortes im täglichen Leben umsetzte.

Er hob besonders hervor, dass Georg Müller die ganze Schrift als von Gott eingegeben angenommen habe. Er pflegte zu jungen Gläubigen zu sagen: »Lege deinen Finger auf die Stelle, auf die dein Glaube sich stützt.« Er hatte die Bibel wohl fast zweihundertmal durchgelesen. Er nährte sich von dem Wort und war darum stark. In seinen eigenen Augen immer schwach, elend, schlecht und unwürdig des geringsten Segens, verließ er sich einzig auf das Verdienst und die Mittlerschaft seines großen Hohenpriesters.

Georg Müller legte immer wieder starken Nachdruck auf den Glauben. Er sagte oft zu denen, die ihm in Gebet und Arbeit zur Seite standen: »Lasst nie einen Schatten von Zweifel an der Liebe des Vaterherzens oder an der Macht des väterlichen Armes aufkommen.« Er beurteilte sein ganzes Leben in dem Licht, das einst der Tag des Gerichts darauf werfen würde.

Bruder Wright ging in seiner Ansprache noch auf zwei weitere Aspekte ein. Er betonte, dass der Geist uns auffordert, nicht die Werke der Menschenfreundlichkeit nachzuahmen, sondern den Glauben. Er ergriff dabei die Gelegenheit, seine Zuhörer daran zu erinnern, dass nicht menschenfreundliche Bestrebungen Georg Müllers Ziel waren, sondern dass es ihm in erster Linie darum ging, Gott zu ehren und zu verherrlichen, weil Er der lebendige Gott ist, der so wie vor Tausenden von Jahren die Gebete Seiner Kinder erhört und denen hilft, die Ihm vertrauen. Er erinnerte in bewegender Weise an die Demut, mit der Georg Müller die größten Dinge für Gott unternommen hatte, und zeigte, wie Gott diejenigen aussondern und gebrauchen kann, die willig sind, nur Werkzeuge zu sein.

Bruder Wright bemerkte ferner: »Ich bin immer wieder und erst neulich noch gefragt worden, ob die Waisenhausarbeit fortbestehen werde. Sie geht weiter, seit Jahresanfang haben wir zwischen 40 und 50 neue Waisen aufgenommen und erwarten diese Woche noch mehr. Wir glauben, dass die Wege, die uns Gott in der Zukunft führen wird, Seiner würdig sein werden. Mehr wissen wir nicht, und es ist auch nicht nötig. Er weiß, was Er tun will. Ich kann indessen nicht glauben, dass derjenige, der das Werk so lange gesegnet hat, unsere Gebete künftig unerhört lassen wird.«

Nach verschiedenen weiteren Ansprachen wurde der Sarg mit Georg Müllers Leib zu seiner Ruhestätte auf dem Friedhof von Arnos Vale gebracht und neben den Gräbern seiner ersten und seiner zweiten Gattin in die Erde gesenkt. Etwa 80 Wagen gaben das Geleit zum Friedhof. Alles vom Anfang bis zum Ende war so einfach, wie er selbst es gewünscht hätte.

Am Sonntag vor der Beisetzung wurde auf fast allen Kanzeln der Stadt mehr oder weniger eingehend der Todesfall erwähnt und auf das Leben, den Charakter und das Werk des Knechtes Gottes Bezug genommen, der so viele Jahre lang untadelig unter den Bewohnern von Bristol gelebt hatte. Auch die Tagespresse und die Wochenzeitungen brachten ausführliche Nachrufe, in denen seine Frömmigkeit, seine Bedeutung und sein Werk anerkannt wurden.

Bei seiner Beerdigung wurde daran erinnert, dass er erst am letzten Abend, den er auf Erden zubrachte, zugestanden habe, von seiner Arbeit müde zu sein. Wie freundlich ist der Herr mit Seinem Knecht umgegangen, dass kein Gefühl von Erschöpfung über ihn kommen durfte, bis Er den Wagen sandte, der ihn heimholen sollte. Georg Müllers letzte Predigt in der Bethesda-Kapelle, in der er 66 Jahre seinen Dienst wahrgenommen hatte, bezog sich auf 2. Korinther 5,1: »Wir wissen, dass, wenn unser irdisches Haus, die Hütte, zerstört wird, wir einen Bau von Gott haben, ein Haus, nicht mit Händen gemacht, ein ewiges, in den Himmeln.«

Es war, als ob er eine gewisse Vorahnung gehabt hätte, dass in Kurzem seine Hütte abgebrochen werden würde. Er sah voraus, dass seine Tage bald ihre Vollzahl erreicht haben würden. Sieben Monate vor seinem Heimgang schon hatte er angesichts gewisser Unregelmäßigkeiten des Pulses seinem Arzt gegenüber bemerkt: »Das bedeutet *Tod*.«

Viele der Waisenkinder baten – wie damals, als Georg Müllers erste Frau starb –, zu einem Grabstein ihres geliebten Wohltäters ihr Scherflein beisteuern zu dürfen. Schon hatte ein junges Dienstmädchen zu diesem Zweck über 20 Pfund gesammelt. Da aber Bruder Wright die Wünsche seines Schwiegervaters kannte und wusste, dass nur der einfachste Stein zur Bezeichnung des Ruheplatzes seiner irdischen Hülle ihm recht sein würde, hielt er es für nötig, dem Strom der Gaben Einhalt zu gebieten, da schon schnell die nötige Summe vorhanden war.

Die Inschrift des einfachen Grabsteins lautet in der Übersetzung:

Zur liebenden Erinnerung an Georg Müller, Gründer der Waisenhäuser auf Ashley Down, geboren am 27. September 1805, heimgegangen am 10. März 1898. Er vertraute seinem Gott, »dem kein Ding unmöglich ist«, und Seinem geliebten Sohn Jesus Christus, unserem Herrn, der gesagt hat: »Ich gehe zum Vater, und was ihr bitten werdet in Meinem Namen, das werde ich tun, damit der Vater verherrlicht werde in dem Sohn«, und Seinem vom Heiligen Geist eingegebenen Wort, das erklärt, dass »alle Dinge möglich sind dem, der da glaubt«. Und Gott erfüllte diese Verheißungen in der Erfahrung Seines Knechts, indem Er es ihm ermöglichte, für etwa 10 000 arme Waisenkinder zu sorgen. Dieser Gedenkstein wurde aus den freiwilligen Liebesgaben vieler dieser Waisen errichtet.

Aus Amerika und verschiedenen Regionen Großbritanniens trafen kurz darauf dringende, mit entsprechenden Finanzierungsangeboten verbundene Bitten ein, ein großes Denkmal oder irgendein sichtbares Andenken für Georg Müller zu errichten. Die örtlichen Zeitungen schlossen sich diesem Wunsch an. Zuletzt veranlassten verschiedene Briefe Bruder Wright, eine öffentliche Erklärung darüber abzugeben, warum er solche Vorschläge zurückwies. Er schrieb:

Sie fragen mich – als derjenige, der ich so lange und eng mit dem in die Ewigkeit abgerufenen Herrn Georg Müller verbunden gewesen bin –, was ich als das beste Denkmal ansehen würde, das mit seinen eigenen Wünschen übereinstimmte.

Ich glaube, es wird am besten sein, ihn selbst reden zu lassen:

1. Als er das Waisenhaus Nr. 1 baute und die Frage entstand, wie das Haus genannt werden solle, vermied er es absichtlich, seinen eigenen Namen damit in Verbindung zu bringen. Er nannte es nur »das neue Waisenhaus auf Ashley Down«. Bis an sein Lebensende hörte er es sehr ungern, wenn er die Bezeichnung »Müllers Waisenhäuser« las oder wenn jemand sie gebrauchte.

In Bezug darauf wiederholte er jahrelang in jedem Jahresbericht die Berichtigung: »Die neuen Waisenhäuser auf Ashley Down sind nicht meine Waisenhäuser – sie sind Gottes Waisenhäuser.«

2. Jahrelang, bis in sein 89. Lebensjahr, erlaubte er nicht, dass irgendein Bild von ihm veröffentlicht wurde. Nur sehr widerstrebend (aus Gründen, die er mit der ihm eigentümlichen Genauigkeit in der Vorrede zu den »Predigtreisen« anführt) gab er in diesem Punkt zuletzt nach.
3. Im letzten von ihm herausgegebenen Jahresbericht stellte er fest: »Der Hauptzweck, den ich mit diesem Werk im Auge hatte, ist zu zeigen, dass im 19. Jahrhundert Gott noch immer der lebendige Gott ist und dass Er jetzt noch so wie vor 2000 Jahren auf die Gebete Seiner Kinder hört und denen hilft, die Ihm vertrauen.« Es ist daher aus solchen Worten und einer solchen Handlungsweise ersichtlich, dass Georg Müller nur das eine Denkmal wünschte, dass sein Beispiel den Mitmenschen zum Segen sein möge. Jede Seele, die sich durch seine Worte oder sein Vorbild zu Gott bekehrt, ist ein bleibendes Denkmal für ihn, weil er ihr »Vater in Christus« ist. Jeder Gläubige, der im Glauben gestärkt wird durch seine Worte oder sein Vorbild, ist ein ähnliches Denkmal.

Er wusste, dass Gott nach dem Reichtum Seiner Gnade ihm schon viele solcher Denkmäler gegeben hatte. Er schied aus diesem Leben, wie ich weiß, in der fröhlichen Hoffnung, dass er droben noch Tausende antreffen würde, denen er nach Gottes Wohlgefallen ein Kanal reicher geistlicher Segnungen geworden war.

Georg Müller erhielt oft Briefe, in denen der betreffende Schreiber seine äußere Not klagte und um Beistand bat, zuweilen um einen Betrag, der zwei-, drei-, ja, zehnmal so groß war wie das ganze augenblickliche Barvermögen Georg Müllers. Er pflegte, dann zu mir zu sagen: »Ach, diese lieben Leute missverstehen die Lektion, die ich ihnen nahebringen möchte, ganz und gar; sie kommen, anstatt zu Gott zu gehen, zu mir.« Und wenn er auf eine Stunde zu uns zurückkommen und hören könnte, was seine wohlmeinenden, aber irrenden Freunde vorhätten, um sein Andenken in Ehren zu halten, so ist mir, als hörte ich ihn mit einem Seufzer ausrufen: »Ach, diese lieben Freunde missverstehen ganz die Lektion, die ich 70 Jahre lang versuchte, ihnen vor Augen zu stellen, dass ein Mensch sich nichts nehmen kann, es sei denn, dass es ihm von oben her gegeben ist. Daher muss der große Geber und nicht der arme Empfänger verherrlicht werden.«

Ihr getreuer James Wright

Übersicht über das Lebenswerk

Der Tod schließt die Tür für den irdischen Dienst. Es sind Andeutungen dafür vorhanden, dass der Dienst jenseits des Grabes unaufhörlich ist und keine Mühe mehr kennt. Die selig Heimgegangenen »ruhen« zwar »von ihren Arbeiten« – von ihren zum Teil mühevollen und schwierigen Aufgaben –, aber »ihre Werke« – ihre Tätigkeit für Gott – »folgen ihnen nach« dahin, wo Arbeit nicht mehr Mühe ist.

Es sollen hier nun die Ergebnisse des irdischen Lebenswerkes Georg Müllers nochmals zusammengefasst werden. Ein Satz aus seiner Feder drückt aus, was der Dreh- und Angelpunkt seines ganzen Wesens war: »*Ich* habe mit Freuden mein ganzes Leben dem Zweck gewidmet, durch mein Beispiel zu zeigen, wie viel durch Gebet und Glauben ausgerichtet werden kann.«

Georg Müllers ältester Freund, Robert C. Chapman von Barnstaple, hat es treffend formuliert: »Wenn es das Hauptanliegen und wichtigste Bestreben eines Menschen ist, dem Herrn zu dienen und ihm wohlzugefallen, müssen alle Umstände ihm dienen.« Dies bestätigt sich auch in Georg Müllers Leben.

Der 59. Jahresbericht, der am 26. Mai 1898 herauskam, war der erste nach Georg Müllers Tod. Bruder Wright gibt darin eine kurze, aber übersichtliche Zusammenfassung des ganzen Werkes nicht nur während des vergangenen Jahres, sondern auch von dessen Anbeginn an. Er verschafft uns auf diese Weise einen klaren Überblick.

Dieser Bericht ist doppelt wertvoll, weil er auch den letzten Beitrag von Georg Müllers eigener Hand zu den »Taten Gottes«[27] enthält. Es ist wahrscheinlich, dass er am Nachmittag des 9. März

27 A. d. H.: Offensichtlich spielt die hier im Original befindliche Formulierung (»the Lord's dealings«) auf den ursprünglichen Titel des Tagebuches von Georg Müller an.

darin etwas ergänzte und dann die Feder niederlegte, ohne daran zu denken, dass er sie nie wieder aufnehmen würde. Er hatte in doppeltem Sinn seine letzte Eintragung in das Tagebuch seines Lebens gemacht.

Der Nachmittag des Todestages – oder des Übergangs zum himmlischen Leben[28] – fand alle Mitarbeiter wieder versammelt, um das Werk dem zu übergeben, »der allein Unsterblichkeit hat« und der inmitten allen Wechsels menschlicher Leitung immer der göttliche Meister bleibt und der in der Wahl Seiner Werkzeuge nie verlegen ist.

Bruder Wright zeigt sich in diesem Bericht als der von Gott erwählte Nachfolger. Gleich aus dem ersten Abschnitt – nach einem kurzen, aber ergreifenden Rückblick auf die Wirksamkeit seines Schwiegervaters – können alle Freunde des Werkes mit Sicherheit erkennen, dass der Mann, dem Georg Müller die Leitung des Werkes übertrug, auch das Geheimnis des erfolgreichen Arbeitens mit Gott gelernt hat.

Bruder Wright führt dann aus:

»Es steht geschrieben (Hi 26,7): ›Er … hängt die Erde auf über dem Nichts‹, das heißt, sie hat keine *sichtbare* Stütze. So freuen wir uns der Tatsache, dass das Werk zur Ausbreitung der Schriftkenntnis im In- und Ausland wie immer und nun seit 64 Jahren an nichts hängt, d. h. an keiner sichtbaren Stütze. Es stützt sich nicht auf einen menschlichen Schutzherrn, nicht auf finanzielle Mittel, nicht auf eine Schenkung, sondern ganz allein auf das Wohlgefallen des großen Gottes.«

Wie lehrreich und kostbar ist das auch für uns! Auf den unsichtbaren Gott angewiesen zu sein, bedeutet nicht, keine Stütze zu haben; die Stütze ist nur nicht sichtbar. Dass die unsichtbaren Kräfte, die die Erde 6000 Jahre menschlicher Geschichte hindurch gehalten haben, allumfassend wirken und noch immer am

28 A. d. H.: Im Original wird hier ein Ausdruck gebraucht, der unter den Gläubigen der frühchristlichen Zeit üblich war, die ihre abgeschiedenen Glaubensgeschwister in Katakomben bestatteten und sich teilweise auch dort versammelten.

Werk sind, ist zur Genüge bewiesen. Die große Erdkugel ruht noch immer in vollkommener Sicherheit in dem unendlichen Raum und dreht und bewegt sich im weiten Himmelsgewölbe mit göttlicher Genauigkeit, ohne eine Minute Verzögerung, auf ihrem vorgesehenen Pfad. Wir können es daher demselben Gott zutrauen, dass Er mit Seiner unsichtbaren Kraft jedes Werk, das der Glaube auf Seine untrügliche Verheißung und Seine Wahrheit und Liebe gründet, hindurchbringen wird, obwohl das alles dem natürlichen Auge als unmöglich erscheinen mag.

Bruder Wright erwähnt in diesem Bericht noch eine Gebetserhörung, für ihn ein sichtbares Zeichen der göttlichen Fürsorge: Ihm wurde nämlich ein Mitarbeiter zur Seite gestellt. Dieser Mitarbeiter war in jeder Beziehung eines Sinnes mit ihm und daher wohl geeignet, die verantwortungsvolle Aufgabe mit ihm zu teilen.

Er und Georg Müller hatten schon seit drei Jahren den Herrn um einen Mitarbeiter gebeten. Bruder Wright und seine Frau hatten bereits seit der Zeit, da Georg Müller seine Missionsreisen begann, dieses Bedürfnis zu einem Gebetsanliegen gemacht. Aber keinem von ihnen war ein Name in den Sinn gekommen, wenigstens hatten sie keinen genannt.

Nach dem Heimgang Georg Müllers wurde es Bruder Wright indessen gewiss, dass sein gütiger Vater ihn nicht lange die große Last werde allein tragen lassen, und etwa 14 Tage später wusste er mit Sicherheit, dass er bei Bruder George Frederic Bergin anfragen solle und dass dieser der »treue Mitknecht« (Phil 4,3) für ihn werden sollte, auf dessen Mithilfe er angewiesen war.

Er hatte diesen Bruder schon ein Vierteljahrhundert lang gekannt; er hatte Seite an Seite mit ihm in der Gemeinde gearbeitet, und obwohl sie von ihren natürlichen Anlagen her verschieden waren, hatte doch stets das umfassendste Einverständnis unter ihnen geherrscht. Bruder Bergin war 17 Jahre jünger als Bruder Wright, und so war es wahrscheinlich, dass er ihn überleben und sein Nachfolger werden könnte; er hatte eine große Liebe zu Kindern und hatte seine eigenen in der »Zucht und Ermahnung des

Herrn« aufgezogen. Er war daher geeignet, auch dieser größeren Familie von Waisen vorzustehen.

Bruder Wright legte die Angelegenheit Bruder Bergin vor und war erfreut, aber nicht überrascht, als er sah, dass Gott auch dessen Herz schon gelenkt hatte. Bruder Bergin hatte den Eindruck gehabt, dass er sich als Mitarbeiter zur Verfügung stellen sollte. Der Geist Gottes hatte Philippus zu dem Kämmerer geführt und ließ gleichzeitig diesen nach Unterweisung verlangen. Der Geist hatte Kornelius beauftragt, Männer auszusenden, und während diese bei Simon anklopften, hatte Er Petrus die Weisung erteilt, mit ihnen zu gehen. Und derselbe Geist wirkt noch heute in geheimnisvoller Weise an Menschen, die Er zur gemeinsamen Arbeit im Dienst der Liebe zusammenbringen will.

So fand Bruder Wright, nachdem sein geliebter »Vater« heimgegangen war, in dem lebendigen Gott denselben Helfer und Versorger in jeder Notlage. Er erkannte, dass der Gott Elias beim Überschreiten des Jordans noch da war und die gleichen Wunder tun konnte wie zuvor.

Georg Müllers eigene Liebesgaben für das Reich Gottes finden in diesem ersten Bericht nach seinem Tod ihre erste volle Erwähnung. Leser der Jahresberichte hatten wohl eine Eintragung bemerkt, die mit auffallender Regelmäßigkeit durch all die 30 oder 40 Jahre hindurch wiederkehrte und daher erkennen ließ, dass der Geber ein sehr hohes Alter erreichen musste. Sie lautete: »Von einem Diener des Herrn Jesus, den die Liebe Christi drängt, Schätze im Himmel zu sammeln«.

Wenn diese Eintragungen zusammengezählt werden und noch hinzugerechnet wird, was Georg Müller sonst für verschiedene Reichsgotteswerke beisteuerte, ergibt sich, dass die ganze Summe, die dieser »Diener« seinem Gott wiedergab, bis zum 1. März 1898 81 490 Pfund Sterling 18 Shilling und acht Pence betrug.

Jetzt, da dieser »Diener des Herrn Jesus« daheim bei seinem Herrn war, glaubte Bruder Wright, berechtigt zu sein, den Schleier lüften zu dürfen.

Georg Müllers Ausgaben stehen ohne Parallele da. Man denkt an John Wesley, dessen Einfachheit und Bescheidenheit es ihm ermöglichte, alles herzugeben, was er ersparen konnte. Als dieser eine Einnahme von 30 Pfund Sterling im Jahr hatte, brauchte er für sich nur 28 Pfund und gab zwei Pfund weg. Das nächste Jahr hatte er eine doppelt so große Einnahme, brauchte aber persönlich dennoch nur 28 Pfund und hatte so 32 Pfund, um den Bedürftigen zu geben. Das dritte Jahr wuchs sein Einkommen auf 90 Pfund Sterling an, und er gab 62 Pfund weg. Das vierte Jahre brachte ihm 120 Pfund Sterling ein, und er spendete 92 Pfund. Man hat berechnet, dass Wesley im Laufe der Jahre so wenigstens 30 000 Pfund Sterling weggab. Vier Silberlöffel waren sein ganzer Besitz, als die Steuerbeamten bei ihm vorsprachen. Eine solche Sparsamkeit einerseits und eine solche Freigebigkeit andererseits sind selten in der Geschichte der Menschheit zu finden gewesen.

Aber Georg Müller darf ihm wohl an die Seite gestellt werden. Auch er hat sich mit dem ungerechten Mammon Freunde gemacht, die ihn nun aufnahmen in die ewigen Hütten. Er hat Jahr für Jahr für sich, seine geliebte Frau und seine Tochter auf die Seite gelegt, indem er Schätze im Himmel sammelte.

Solch ein Mann hatte zweifellos ein Recht, andere zum regelmäßigen und gewohnheitsmäßigen Geben zu ermahnen. Er gab, was nicht einer unter Tausenden gibt, nicht den Zehnten noch irgendeinen bestimmten Teil des jährlichen Einkommens, sondern alles, was bei der sparsamsten Lebensweise *übrig blieb*.

Die meisten Christen glauben, ihre Pflicht getan zu haben, wenn sie dem Herrn einen Teil geben und alles Übrige für sich verwenden. Wollten wir Wege einschlagen, die denen von Georg Müller ähnlich wären, so müssten sich unsere Lebensgewohnheiten vollständig ändern.

Georg Müller konnte von sich sagen: »Es handelte sich bei mir nie darum, wie viel ich bekommen, sondern vielmehr darum, wie viel ich geben könnte.«

Er hielt sich beständig vor Augen, dass er nur der Verwalter von Gottes Eigentum war. Er war darauf bedacht, das eine kurze Leben auf Erden bestmöglich zu nutzen. Er wollte von den ihm anvertrauten Gut den besten und reichlichsten Gebrauch machen. Für ihn waren die göttlichen Dinge Wirklichkeiten. Und da er jede Handlung sowie jeden Entschluss und Beweggrund im Licht des Richterstuhls Christi betrachtete und sich immer fragte, wie ihm alles einst von da aus erscheinen würde, verlor das Zeitliche für ihn allen trügerischen Schein. So versuchte er, unter viel Gebet und gewissenhafter Selbstprüfung in Arbeit und Selbstverleugnung so zu wandeln, dass er Gott und den Mitmenschen dienen konnte, damit er nicht vor seinem Herrn bei Seiner Ankunft beschämt werden würde.

Dies alles geschah aber nicht im Geist der Furcht; denn wenn irgendein Mann seiner Zeit die vollkommene Liebe kannte, die die Furcht austreibt, so war es Georg Müller. Er wusste, dass Gott die Liebe ist und dass die Liebe von Gott ist. Er sah, dass die Liebe sich in der allergrößten Gabe offenbarte – in dem einen geliebten Sohn auf Golgatha. Er kannte die Liebe, die Gott zu uns hat, und glaubte an sie; er nahm sie in sein Herz auf, und sie gewann immer mehr die Herrschaft über ihn, bis sie all seine Lebensbereiche umfasste, alle quälende Angst austrieb und ihn mit heiligem Vertrauen und heiliger Freude erfüllte.

Unter den Bibelstellen, die Georg Müllers Geben sehr beeinflussten, war Lukas 6,38: »Gebt, und es wird euch gegeben werden: Ein gutes, gedrücktes, gerütteltes und überlaufendes Maß wird man in euren Schoß geben.« Er glaubte an diese Verheißung und erfuhr deren Wahrheit.

Und wiederum las er: »Geben ist seliger als Nehmen.« An alles, was er im Wort Gottes fand, glaubte er, wobei er durch Gottes Gnade versuchte, demgemäß zu handeln. Er selbst bezeugt, dass er dadurch überschwänglich gesegnet wurde und Friede und Freude im Heiligen Geist bei ihm immer mehr zunahmen.

Es wird daher niemanden überraschen, dass Georg Müllers Nachlass äußerst klein war. Der Gesamtwert betrug 169 Pfund Sterling, neun Shilling und vier Pence; davon wurden Bücher, Haushaltsgegenstände und dergleichen auf über 100 Pfund geschätzt; in bar waren nur 60 Pfund Sterling vorhanden, und auch diese warteten nur auf die Verwendung für das Reich Gottes.

Die letztwillige Verfügung Georg Müllers enthält eine Bemerkung, die hier wegen des Schlusssatzes nicht vergessen werden soll. Es ist gewissermaßen sein letztes Zeugnis, sein Testament von jenseits des Grabes.

Dort heißt es: »Ich kann nicht anders als staunen über die wunderbare Gnade Gottes, die mich den Herrn Jesus hat finden lassen zu einer Zeit, da ich noch ein leichtsinniger und gedankenloser junger Mensch war, und darüber, dass Er mich in Seiner Furcht und Wahrheit erhalten hat und mir die große Ehre hat zuteilwerden lassen, Ihm so lange zu dienen.«

Aus dem 59. Jahresbericht ist ein bemerkenswertes Wachstum des Gesamtwerkes während der 64 Jahre des Bestehens seit 1834 ersichtlich. Während des letzten Jahres hatte die Zahl der Tagesschulen 7 und der Schüler 354 betragen; die Zahl der Kinder, die seit Beginn durch die Schule gegangen waren, betrug 81 501. In Bristol hatte man 12 Sonntagsschulen mit 1341 Kindern; die Zahl aller Sonntagsschüler von Anfang an betrug 32 944. In den übrigen Teilen Englands und in Wales wurden 25 Sonntagsschulen unterstützt; für Zwecke der Sonntagsschulen wurden im Jahr ca. 736 Pfund Sterling[29] ausgegeben; die Gesamtsumme seit Beginn betrug ca. 109 992 Pfund Sterling. An Bibeln und Bibelteilen waren 15 411 verteilt worden, im Ganzen 1 989 266. Das dafür ausgelegte Geld betrug im laufenden Jahr 439 Pfund Sterling, seit Beginn ca. 41 090 Pfund Sterling. Es wurden 115 Missionare mit ca. 2082 Pfund Sterling unterstützt; die Gesamtsumme der für die Mission ausgegebenen Gelder betrug 261 859 Pfund Sterling. An Büchern und Traktaten waren 3 101 338 verteilt worden; die dafür

29 A.d.H.: Hier und im Folgenden sind bei den jeweiligen Geldbeträgen die unter einem Pfund liegenden Angaben in Shilling und Pennys gelegentlich weggelassen worden.

ausgelegte Summe betrug ca. 1001 Pfund Sterling; im Ganzen seit Beginn des Werkes waren es 47188 Pfund Sterling. Die Zahl der Waisen in Ashley Down belief sich auf 1620; im Ganzen waren 10024 Kinder in den Waisenhäusern betreut worden. Die Auslage des abgelaufenen Jahres betrug ca. 22523 Pfund Sterling; im Ganzen seit Beginn des Werkes waren es 988829 Pfund Sterling.

Was auch Georg Müllers Überzeugungstreue auf der einen Seite kostete, er hatte auf der anderen Seite wunderbare Erfolge zu verzeichnen. Schon zu seinen Lebzeiten erreichte die Gesamtsumme, die während 60 Jahren für die von ihm gegründeten Reichsgotteswerke ausgegeben wurde, die überraschende Höhe von 1500000 Pfund Sterling.

Solch ein Leben und solch ein Werk sind das Ergebnis vor allem einer Gewohnheit – der täglichen und beständigen Gemeinschaft mit Gott. Wir wissen, wie unermüdlich Georg Müller im Anhalten und Fürbitten war, wie bei jeder neuen Not und Entscheidung das Glaubensgebet seine einzige Zuflucht gewesen ist. In jeder Notlage überzeugte er sich zuerst, ob er sich auf dem Weg der Pflicht befand. Dann konzentrierte er sich in seinem Denken ganz auf das unwandelbare Wort der Verheißung. Und hierauf brachte er mit der Kühnheit eines Bittstellers, der im Namen Jesu vor Gottes Gnadenthron kommt, jedes Anliegen vor. Nichts, was nach außen hin wie eine Verzögerung aussah, konnte ihn entmutigen.

Man sieht dies besonders in den Fällen, in denen er um die Bekehrung von Menschenseelen betete. Auf seiner Gebetsliste standen die Namen von solchen, für die er schon ein, zwei, drei, vier, sechs, zehn Jahre täglich gebetet hatte, ehe er Erhörung fand.

Gerade ein Jahr vor seinem Heimgang erzählte er dem Verfasser dieses Buches von zwei Fällen, in denen er um die Rettung einer Seele über 60 Jahre Tag für Tag gebetet hatte, ohne dass die Betreffenden sich seines Wissens nach bis jetzt Gott zugewandt hätten. Er fügte aber bedeutungsvoll hinzu: »Ich hege keinen Zweifel daran, dass ich ihnen beiden im Himmel begegnen werde, denn mein himmlischer Vater würde sie mir nicht als Gebetslast mehr als 60 Jahre aufs Herz gelegt haben, wenn Er im Blick auf sie nicht Gnadenabsichten hätte.«

Dies beweist zur Genüge seine fast beispiellose Beharrlichkeit in der Fürbitte. Wie lange auch die Erhörung auf sich warten ließ, er hielt an, indem er mit beiden Händen die Hörner des Altars fasste; und sein kindlicher Geist zog den einfachen, aber richtigen Schluss: Die Tatsache, dass der Her ihn befähigte, so lange für eine Angelegenheit einzutreten und geduldig auf den Segen zu warten, war ein Unterpfand der Erhörung. Und so wartete er weiter und hatte völlige Gewissheit hinsichtlich des letztendlichen Sieges, sodass er Gott im Voraus dafür pries. Er war überzeugt, dass er die Bitte empfangen habe, die er von Ihm erbeten hatte.

Es kann hier mitgeteilt werden, dass einer der beiden Betreffenden, für die er so lange betete, im Glauben gestorben ist, nachdem er die Verheißungen noch für sich in Anspruch nehmen und Jesus als seinen Erlöser erfassen konnte.

Wenn Georg Müller noch mit uns sprechen könnte, würde er die Warnung wiederholen, die man so oft in seinem Tagebuch und in den Jahresberichten findet, man möge ihn doch nicht etwa als einen Wundertäter ansehen, so außergewöhnlich seine Erfahrungen auch seien. Geduldig wiederholte er immer wieder, dass solche Erfahrungen das Vorrecht aller Gläubigen seien. Gott beruft Seine Jünger zu verschiedenen Arten des Dienstes, aber alle zu demselben *Glauben*. Es stimmt also nicht und ist Ausdruck des Unglaubens, wenn man sagt: »Da ich nicht berufen bin, Waisenhäuser zu bauen usw., so habe ich kein Recht, Gebetserhörungen zu erwarten, wie Georg Müller sie erfuhr.« Jedes Kind Gottes – das hielt er fest – muss in die richtige Stellung zu Gott kommen und darin volles Vertrauen üben, ja, vom Glauben an Gottes sicheres Verheißungswort leben.

In seinem gesamten Tagebuch – auf all den Tausenden von Seiten, die seine Feder schrieben – finden wir immer wieder den Grundsatz, dass jede Erfahrung von Gottes Treue eine Belohnung für bewiesenen Glauben und wiederum eine Vorbereitung für ein größeres Werk und einen umfassenderen Dienst ist.

Das Werk Georg Müllers kann nur derjenige begreifen, der die übernatürliche Macht Gottes darin erkennt. Georg Müller selbst hielt vom Anfang bis zum Ende fest, dass dieser Faktor der Schlüssel zu dem ganzen Werk war. Ohne diesen wäre es ihm selbst ein Rätsel gewesen. Oft verglich er sich und sein Werk mit dem »brennenden Dornbusch in der Wüste«, der – immer brennend und anscheinend von Zerstörung bedroht – doch nicht verzehrt wird.

Das Gleichnis vom brennenden Dornbusch ist umso zutreffender, wenn wir das schnelle Wachstum des Werkes berücksichtigen. Aus dem kleinen Anfang in dem gemieteten Haus, in dem man 30 Waisen aufnehmen konnte, wurden fünf ungeheuer große Gebäude, bis darin 300, 700, 1150 und zuletzt 2050 Waisen Obdach finden konnten.

Wie selten hat die Welt eine solch schnelle Ausdehnung eines Werkes gesehen! Unter dem gleichen Blickwinkel muss man die Ausgaben sehen. Zuerst ging es um Ausgaben von vielleicht 500 Pfund für die Anstalt zur Ausbreitung der Schriftkenntnis und von 500 Pfund für das erste Jahr der Waisenhausarbeit und im letzten Lebensjahr Georg Müllers um Ausgaben von über 27 500 Pfund für die verschiedenen Zweige des Werkes.

Die Kosten der Häuser, die auf Ashley Down gebaut wurden, hätten selbst einen kapitalkräftigen Bauherrn erschrecken können; aber dieser arme Mann schrie nur zu Gott, und dieser half ihm. Das erste Haus kostete 15 000 Pfund, das zweite über 21 000 und das dritte über 23 000, wobei das vierte und fünfte zusammen zwischen 50 000 und 60 000 Pfund kosteten. Die Gesamtkosten beliefen sich auf 115 000 Pfund. Daneben betrugen die jährlichen Ausgaben allein für die Waisen etwa 25 000 Pfund, abgesehen davon, was gesundheitliche Verbesserungen kosteten, wobei eine einzige davon sich auf über 2000 Pfund belief.

Da ist wirklich ein brennender Dornbusch, der beständig in Gefahr zu sein scheint, verzehrt zu werden, und der doch immer noch auf Ashley Down steht und bewahrt bleibt, weil die Gegenwart Gottes in ihm brennt. Nicht ein Zweig dieses vielseitigen Werkes ist zugrunde gegangen. Der Dornbusch ist eine Aufforderung an die Ungläubigen, stillzustehen und angesichts des großartigen Anblicks die Schuhe von ihren Füßen auszuziehen, weil auf diesem heiligen Boden Gott sich offenbart.

Georg Müllers Predigttätigkeit umfasste die ganze Zeit von 1826 bis zu seinem Heimgang im Jahr 1898, also über 70 Jahre. Von 1830 an, als er nach Teignmouth zog, gab es keine Unterbrechungen mehr, wenn man etwa von Krankheitszeiten absieht. Durchschnittlich waren es drei Predigten pro Woche, das macht für seine ganze Lebenszeit über 10 000 aus.

Das gemeindliche Leben, das seiner Leitung unterstellt war, war ebenfalls sehr gesegnet. Er durfte auch diesbezüglich sichtbare und greifbare Ergebnisse sehen. Während der ersten zweieinhalb Jahre der Arbeit in Bristol wurden 227 Glieder hinzugetan, wovon etwa die Hälfte Neubekehrte waren. Wahrscheinlich würde, wenn alle gezählt werden könnten, die durch seine Predigt zur Erkenntnis Christi geführt wurden, die Zahl in die Tausende reichen, auch wenn man die bekehrten Waisen von Ashley Down nicht dazurechnen würde. Ziehen wir aber noch die große Anzahl derer in Betracht, vor denen er in allen Teilen der Welt auf seinen Missionsreisen Zeugnis ablegte, und die noch viel größere Zahl, die sein Tagebuch, seine Schriften und Traktate lasen oder auf andere Weise die Macht seines Beispiels und Lebens zu spüren bekamen, so können wir in etwa ahnen, wie außerordentlich groß der Einfluss war, den er durch sein Wort, seine Feder, seine Arbeiten und seinen Wandel ausübte.

Das Beste seines Einflusses kann größtenteils natürlich nicht in zahlenmäßigen Aufstellungen zusammengefasst werden; es ist wie der Geruch des Fläschchens mit dem Salböl von kostbarer Narde, der das ganze Haus erfüllte. Das liegt auf einem Gebiet, in das man mit Zahlen und Berechnungen nicht eindringen kann. Aber Gott sieht, kennt und belohnt es.

Das gemeindliche Leben und sein Wachstum

Der Gründer der Waisenhäuser begann und beendete seine öffentliche Laufbahn als Prediger. Über 60 Jahre lang war er mit einer Gemeinschaft von Gläubigen aufs Engste verbunden. Eine Darstellung seines Lebens würde darum unvollständig sein, wenn wir nicht auch von der Gemeinde in Bristol erzählen wollten, die Georg Müller als einen ihrer ersten Leiter gehabt hat, der ihr dazu auch von allen ihren Predigern am längsten gedient hat.

Als Georg Müller und Bruder Craik ihr gemeinsames Werk in Bristol begannen, musste das ganze gemeindliche Leben erneuert werden. Sie rechneten mit Gott, dass Er ihnen die Weisheit geben würde, es Seinem Wort und Seinem Willen gemäß umzugestalten. Zu Anfang ihres Dienstes schrieben diese Brüder sorgfältig die Grundsätze nieder, auf denen ihr Dienst am Wort beruhen sollte.

Es wurde ihnen klar, dass man folgende Züge in der Gemeinde Christi finden müsse: Einfachheit der Anbetung (wie sie in der apostolischen Zeit zu finden war), evangelische Lehre, Vorstellung des Evangeliums gegenüber Fernstehenden, Trennung von der Welt, wohlgeordnetes Geben und Abhängigkeit von Gott allein. Der Heilige Geist sollte die eine leitende und regierende Macht in allen gemeindlichen Zusammenkünften sein. Allen Gläubigen sollte die Ausübung des geistlichen Priestertums nach Maßgabe der geistlichen Gaben ermöglicht werden.

Wie bereits zuvor erwähnt, hatten sich im Jahr 1832 sieben Personen (darunter diese beiden Prediger) vereint, um eine Gemeinde zu gründen. Von da an war die Bethesda-Kapelle eine Versammlung von Gläubigen, die das Neue Testament als einzige Grundlage des gemeindlichen Lebens festzuhalten suchten.

Im Jahr 1834 wurden alle nicht bekehrten Sonntagsschullehrer entlassen. Zu dem Dorkas-Verein, in dem man Kleider für die Armen anfertigte, wurden nur gläubige Schwestern zugelassen. Man hielt es für unweise und unangemessen, sowohl Gläubige als auch Ungläubige in einem Werk gemeinsam arbeiten zu lassen. Eine solche Vermischung erschien den Verantwortlichen der Gemeinde für beide Seiten als nachteilig. Es lag nahe, dass sich auf diese Weise die Ungläubigen in falscher Sicherheit wiegten. Sie konnten so auf den Gedanken kommen, als wäre ein Mithelfen in einem christlichen Werk ein Ersatz dafür, dass sie sich bekehrten und den Herrn Jesus annähmen; als könnten sie aufgrund dieser Mitarbeit Gott wohlgefälliger werden und sich eine offene Tür in den Himmel sichern. Nichtwiedergeborene Personen sind geneigt zu glauben, dass in ihrer Vermischung mit Gläubigen und christlichen Mitarbeitern ein Verdienst liege. Besonders suchen sie ein Verdienst in den Gaben, die sie für das Evangelium und Gottes Sache opfern. Georg Müller und Bruder Craik waren tief davon überzeugt, dass diese Gefahr vorlag und dass auch in untergeordneten Dingen um aller Beteiligten willen eine Trennung erfolgen müsse.

In jeder gemeindlichen Angelegenheit waren Gebet und Forschen in der Schrift die einzigen Mittel, um Klarheit zu gewinnen. Als im Frühling 1838 in Bezug auf schwierige Themen allerlei Fragen entstanden, zogen sich Georg Müller und Bruder Craik einfach für zwei Wochen in die Stille zurück, um im Gebet und Nachsinnen die Weisung ihres Gottes zu erwarten. Sie empfingen denn auch für sich selbst völlige Klarheit von oben, und die Brüder kamen zu einem einmütigen Urteil über die vorliegenden Fragen. Schließlich gab Gott ihnen Weisheit, so zu handeln, dass der Mut, für die eigenen Überzeugungen zu handeln, mit dem stillen und sanften Geist Christi gepaart war. Alle Wolken zogen vorüber, und der Friede war wiederhergestellt.

Etwa acht Jahre lang waren in der Gideon- und in der Bethesda-Kapelle Gottesdienste gehalten worden. Von 1840 an wirkten Georg Müller und Bruder Craik nur noch in der letzteren. Sie verließen die Gideon-Kapelle, weil sich in der dortigen Gemeinde Gläubige in größerer Anzahl befanden, die der Durchführung der von Georg Müller und Bruder Craik als schriftgemäß erkannten Grundsätze hindernd im Weg standen.

Mit der Bethesda-Kapelle blieb Georg Müller viele Jahre hindurch aufs Engste verbunden. Er war ihr Ältester im Dienst am Wort – *primus inter pares*, d.h. der Leiter unter Gleichberechtigten.

Es lag Georg Müller immer am Herzen, seinen Brüdern im Verkündigungsdienst und in der Seelsorge mit den Wahrheiten zu dienen, die der Herr ihm selbst klargemacht hatte.

Auf seinen Missionsreisen in der ganzen Welt ergriff er freudig jede Gelegenheit, mit vielen oder wenigen zusammenzukommen, denen er seine eigene tiefe Überzeugung von dem Geheimnis eines erfolgreichen Dienstes auf der Kanzel und in der Seelsorge mitteilen konnte. Solche Versammlungen mit Brüdern im Dienst hielt er wohl Hunderte, vielleicht Tausende im Laufe seines langen Lebens ab. Ein Beispiel wird genügen, um die Art seines Wirkens nach dieser Seite hin zu kennzeichnen. Auf einer seiner Reisen in Amerika hielt er eine solche danach veröffentlichte Ansprache, die im Auszug hier folgen soll.

Vor allem legte Georg Müller großen Nachdruck auf die *Notwendigkeit der Bekehrung*. Ein Mensch, der nicht wahrhaft zu Gott bekehrt und seiner Umgestaltung nicht sicher ist, ist außerstande, andere zur Bekehrung zu führen. Der Dienst am Wort ist kein menschlicher Erwerbszweig, sondern entspricht einer Stellung, in die man von Gott berufen worden ist. Der wahre Prediger ist sowohl ein Bote als auch ein Zeuge und muss daher die von ihm weitergegebene Heilsbotschaft durch das persönliche Zeugnis unterstützen, das sich aus seinem praktischen Leben ergibt.

Aber auch die Bekehrung allein ist nicht genug: *Ein rechter Prediger muss auch in der Erkenntnis des Herrn Jesus wachsen.* Er muss erfahren haben, wie der Herr sich der Seele naht, und muss durch stündlichen Umgang mit Ihm Freude und Stärke empfangen haben. Der Diener Christi muss unbedingt in diese enge Verbindung mit dem Herrn kommen, koste es, was es wolle; sie ist unbedingt erforderlich, wenn er inneren Frieden und Vollmacht haben soll.

Sodann betonte er die Notwendigkeit *des Wachstums in der Freude und in der Liebe.* In dieser Hinsicht sind der Erfahrung keine Grenzen gesetzt, wenn ein Gläubiger sich Gott völlig übergibt, Liebe zum Wort Gottes hegt und innige Gemeinschaft mit Gott pflegt. An jedem Morgen sollte es deshalb zuallererst darum gehen, sich in Gott zu freuen.

Wer anderen Nahrung weitergeben will, muss sorgfältig *seine eigene Seele nähren.* Tägliches Lesen und Studieren der Heiligen Schrift mit viel Gebet, besonders in den frühen Morgenstunden, ist unbedingt erforderlich. Man soll vor Gott stille werden. Innerlich muss man zur Ruhe kommen, indem man nicht mit anderen Dingen beschäftigt sein darf. Wer fortwährend das Wort im Zusammenhang liest, wird Licht hinsichtlich seiner Lehren gewinnen, Gottes Gedanken in ihrer Mannigfaltigkeit und in ihrer Übereinstimmung miteinander kennenlernen und irrtümliche Ansichten berichtigen können.

Heiligkeit des Lebens muss der oberste Grundsatz sein: Man muss gegenüber jeder erkannten Wahrheit gehorsam sein, sobald man sie erkannt hat, indem man unentwegt darauf hin ausgerichtet ist, Gott zu dienen und um Seine Ehre zu eifern. So manches Leben ist mehr oder weniger seiner Bestimmung nicht gerecht geworden, weil Gott wohlgefällige Lebensgewohnheiten vernachlässigt wurden. Die Krone aller Tugenden ist unbewusste Demut. Alles Menschenlob beraubt Gott Seiner Ehre. Lasst uns also demütig sein und unseren Blick ganz auf Gott richten!

Wenn unsere Botschaft Vollmacht haben soll, müssen wir sie von Gott empfangen. »Bitte Gott darum«, sagte Georg Müller, »und gibt dich nicht zufrieden, bis dein Herz seiner Sache gewiss ist. Wenn du den Text hast, bitte um weitere Leitung im Nachsinnen darüber. Bleibe in beständiger Gemeinschaft mit Gott, um Seine Gedanken zu vernehmen und dann auch Seinen Beistand zu erfahren, wenn du diese Gedanken den Zuhörern weitergibst. Ist die Arbeit getan, so bitte viel um Segen, wie am Anfang so auch am Ende.« Georg Müller erzählte dann noch einige Beispiele davon, wie der Samen, den er schon vor Jahren ausgestreut hatte, erst jetzt als Antwort auf das Gebet aufgegangen war.

Mit besonderem Nachdruck hob er das *Auslegen* hervor. Wer Gottes Wort treu predigt, wird feststellen, dass es nicht leer zu Ihm zurückkehren wird. Predige einfach! Luthers Regel war, so zu sprechen, dass ein unwissendes Dienstmädchen ihm folgen konnte. Versteht ein solches die Predigt, so wird der gelehrte Professor gewiss auch etwas davon haben, während dies umgekehrt nicht der Fall ist.

Fast immer gab Georg Müller bei derartigen Gelegenheiten auch Ratschläge über die Gestaltung des gemeindlichen Lebens: Er nannte manche Hindernisse mit Namen, wie z. B. unbekehrte Sänger und Musiker, die weltliche Art und Weise, Geld aufzubringen, Vermietung von Kirchenbänken, das Akzeptieren von Standesunterschieden im gemeindlichen Leben usw. Anderseits empfahl er Ausspracheversammlungen, Hausbesuche sowie vor allem bestimmtes und anhaltendes Bitten im Glauben. Er merkte an, dass es Satan nichts ausmachen würde, wenn wir einige Tage, Wochen oder selbst Monate im Gebet blieben, falls er uns zuletzt dann doch entmutigen kann, sodass wir aufhören zu beten, weil wir meinen, es nütze ja nichts.

Georg Müller sagte einmal dem Schreiber dieses Buches, er schaue beim Bitten nicht nur *vorwärts*, sondern auch *rückwärts*. Er hatte es sich angewöhnt, Gott zu bitten, dass es Ihm gefallen möge, den Samen zu segnen, der schon lange ausgesät worden war und anscheinend keine Frucht gebracht hatte. Er erzählte mir, dass er als Antwort auf sein Gebet bis auf den heutigen Tag sichtbare Beweise dafür habe, wie Gott seiner Glaubensarbeit aus früheren Jahren liebend gedenke. Er durfte erfahren, dass seine im Auftrag Gottes weitergegebene Botschaft, verteilte Traktate und andere Mittel des Dienstes nach fünf, zehn, zwanzig und sogar nach sechzig Jahren noch eine Ernte mit sich gebracht hatten. Daher konnte er seine

Mitarbeiter nicht genug ermahnen, unaufhörlich dafür zu beten, dass Gott mächtig in den Herzen derer wirken möge, die ihnen früher einmal anvertraut gewesen waren oder zu ihren Zuhörern gehört hatten. Gott wolle den Betreffenden die Wahrheit erneut nahebringen, die ihnen ehedem gesagt worden sei.

Die Demut, die Georg Müller anderen empfahl, übte er selbst. Er war wirklich immer nur der *Knecht* des Herrn.

Spurgeon beschreibt in einer seiner Predigten den Eindruck, den es auf ihn gemacht habe, als er auf der London Bridge eines Abends beobachtete, wie eine Laterne um die andere angezündet wurde, ohne dass er in der Dunkelheit den Mann, der dieser Tätigkeit nachging, sehen konnte. Georg Müller setzte manches Licht in Brand, während er selbst gern ungesehen, unbemerkt und unbekannt blieb. Er suchte aufrichtig nicht seine eigene Ehre. Er hatte den stillen und sanften Geist, der für einen Diener Jesu Christi so angemessen ist.

Nach dem Tod von Bruder Craik lag eine doppelte Last der Verantwortung auf Georg Müller. Aber als er von einem Bruder gefragt wurde: »Was wollen Sie nun tun, damit die Gemeinde zusammenbleibt?«, antwortete er ruhig: »Mein geliebter Bruder, wir werden tun, was wir immer getan haben, *allein auf den Herrn schauen.*«

Dieser Gott blieb der beständige Helfer. Während der 17 Jahre seiner Missionsreisen von 1875 bis 1892 verweilte er immer nur kurze Zeit in Bristol. Infolgedessen zog er sich fast ganz von der Arbeit in der Gemeinde zurück. Umso mehr war die Gemeinde der Gläubigen abhängig von dem großen Hirten und Aufseher der Seelen. Seit der Zeit, da sich jene sieben Kinder Gottes im Jahr 1832 zusammengeschlossen hatten, war die Gleichwertigkeit der Gläubigen sowohl als Vorrecht wie auch als Pflicht gemäß den Grundsätzen des Neuen Testaments dort aufrechterhalten worden. Gleichsam an der Spitze stand der Heilige Geist, dessen Führen und Leiten in allem maßgeblich war und dem sich diejenigen unterordneten, die Er berief und ausrüstete. Es verhält sich mit dem Leib Christi wie mit dem menschlichen Körper: Das Auge ist zum

Sehen und das Ohr zum Hören geschaffen, die Hand zum Greifen und der Fuß zum Gehen, und diese Ausrüstung lässt sowohl ihren Zweck als auch den Platz erkennen, den sie im Körper einnehmen müssen. So hat während mehr als sechs Jahrzehnten der Heilige Geist in dieser Gemeinde dafür gesorgt, dass alle nötigen Lehrer, Mitarbeiter und Leiter in der Versammlung ausgerüstet wurden. Es waren für die verschiedenen Arten des Dienstes immer Brüder und Schwestern in beträchtlicher Zahl vorhanden, die durch den Geist dazu berufen und ausgerüstet waren.

Um eine richtige Vorstellung davon zu gewinnen, was diese Wortverkündigung und diese Art gemeindlichen Lebens an Früchten hervorgebracht haben, muss man einmal am Montagabend an einer Gebetsversammlung in der Bethesda-Kapelle teilnehmen. Es herrscht da ursprüngliche Einfachheit wie in der Zeit der Apostel. Niemand leitet diese Versammlung als nur der Geist Gottes. Ein Lied wird von einem Bruder vorgeschlagen. Dann werden Gebetsanliegen vorgelesen, gewöhnlich mit der Nennung der konkreten Namen derer, für die man in der Fürbitte einstehen sollte. Dann folgen Gebet, Lesen des Wortes Gottes und Ansprache, ohne dass vorher irgendwie besprochen wurde, welche Person etwa die Ansprache oder die Schriftverlesung übernehmen sollte. Die volle Freiheit herrscht unter der Leitung des Geistes. Dass es eine solche Leitung gibt, ist oft deutlich erkennbar. Es tritt häufig eine merkwürdige Übereinstimmung des Gebets und Gesangs, der verlesenen Schriftstelle und der sich daran anschließenden Bemerkungen zutage. Eine geistliche Übereinstimmung ist spürbar. Nach mehr als einem halben Jahrhundert sind diese Gebetsstunden am Montagabend noch immer ein geheiligter Mittelpunkt der Anbetung und Fürbitte, wobei sie bis jetzt unverändert geblieben sind.

Die ursprüngliche Versammlung hat sich als ein Baum erwiesen, der seinen Samen in sich selbst nach seiner Art hat. Zur Zeit von Georg Müllers Heimgang waren nahezu 66 Jahre seit dem denkwürdigen Abend verflossen, an dem jene sieben Gläubigen zusammenkamen, um eine Gemeinde zu bilden. Aus dieser einen Gemeinde wurden zehn; davon haben sechs inzwischen die Eigenständigkeit erlangt. Die übrigen vier sind in einem Verband geblieben, obwohl in vier Kapellen Versammlungen abgehalten werden. Zu diesen vier miteinander verbundenen Gemeinden gehörten zum Zeitpunkt von Georg Müllers Abscheiden mehr als 1200 Seelen.

Diese Gemeinde war immer missionarisch gesinnt. Als im März 1836 Anthony Norris Groves mit seiner zweiten Frau und weiteren zehn Mitarbeitern Bristol verließ, um ein Missionswerk in Britisch-Indien ins Leben zu rufen, war dies ein Anstoß für Georg Müller zu beten, dass seine Gemeinde aus ihren Reihen Arbeiter auf den großen Acker der Welt aussenden möge. Gott hat dieses Gebet über alles Bitten und Verstehen hinaus in reichem Maße erhört. Seit jener Zeit sind etwa 60 Missionare hinausgegangen. Zu Georg Müllers Lebzeiten standen wenigstens 20 in verschiedenen Teilen der Welt in der Arbeit. Sie wurden durch die freiwilligen Gaben ihrer Glaubensgeschwister in Bristol unterstützt.

Als Georg Müller im Jahr 1874 den dritten Band seiner *Erzählungen der Taten Gottes* abschloss, erinnerte er an eine interessante Tatsache: Von den vielen freikirchlichen Pastoren, die in Bristol arbeiteten, als er selbst vor 42 Jahren seinen Dienst angetreten hatte, war nicht einer mehr da. Die einen waren gestorben, die anderen waren weggezogen. Von allen Geistlichen der anglikanischen Kirche aus jener Zeit, die im Raum Bristol ihren Dienst getan hatten, lebte nur noch einer. Georg Müller dagegen war bei Kräften und in guter geistlicher Verfassung, konnte predigen und arbeiten und war nur selten durch Krankheit eingeschränkt. Über 1000 Gläubige, die sich in drei verschiedenen Kapellen versammelten, suchten seinen seelsorgerlichen Rat.

Der Schreiber des vorliegenden Buches genoss den Vorzug, Georg Müller noch am 22. März 1896 in der Bethesda-Kapelle sprechen zu hören. Er stand damals in seinem 91. Lebensjahr. Aber seine Predigt atmete eine Frische, Kraft und Klarheit, die wirklich noch keine Altersschwäche verriet. Es schien, als habe er nie besser die Gedanken Gottes zum Ausdruck bringen und eindrücklich machen können.

Sein Text war der 77. Psalm. Dieser lieferte ihm reichlichen Stoff für sein Lieblingsthema, das Gebet. Er legte den Psalm Vers für Vers klar und deutlich aus. Die Hauptgedanken gruben sich tief in das Gedächtnis des Schreibers ein, sodass er sie hier wiedergeben kann.

»Meine Stimme ruft zu Gott.« Das Gebet braucht eine Stimme, um sich in Worten auszudrücken. Wenn wir unsere Wünsche in Worte fassen, erhalten sie Bestimmtheit. Dadurch wird die Aufmerksamkeit auf den Gebetsgegenstand gerichtet.

»Am Tag meiner Drangsal«. Der Psalmist befand sich in der Not; er litt vielleicht an Leib und Seele, und es lag Tag und Nacht ein Druck auf ihm.

»Meine Seele weigerte sich, getröstet zu werden.« Zuvor heißt es in diesem Vers: »Meine Hand war bei Nacht ausgestreckt«, das will sagen: im Gebet. Aber der Unglaube triumphiert. Seine Seele verweigert alle Annahme von Trost – auch den Trost der göttlichen Verheißungen. Seine Trübsal bedeckt seinen Glauben wie ein Schatten und verbirgt ihm auch den Anblick Gottes.

»Ich erinnerte mich an Gott, und ich stöhnte.« Sogar der Gedanke an Gott brachte ihm Traurigkeit statt Frieden. Er wurde nicht durch den Gedanken an Gott getröstet, seine Klagen wurden nur noch lauter; sein Geist wurde von Traurigkeit überwältigt. All das waren sichere Zeichen von Unglauben. Wenn im Leiden die Verheißungen Gottes keine Erleichterung bringen, wird die Last dadurch nur noch erschwert.

»Du hieltest meine Augenlider offen.« Er fand keinen Schlaf, weil sein Herz keine Ruhe und keinen Frieden hatte. Die Sorgen rauben den Schlaf. Sein Herz glaubte nicht und lehnte sich daher auf. Er wollte Gott nicht beim Wort nehmen.

»Ich durchdachte die Tage der Vorzeit, die Jahre der Urzeit.« Nun fängt die Erinnerung an zu arbeiten. Er ruft sich frühere Erfahrungen von Verlegenheiten ins Gedächtnis zurück und denkt daran, wie ihm da geholfen wurde. Er hatte Gott oft gesucht und hatte Erhörung und Hilfe gefunden, warum denn nicht jetzt? Und als er nun fleißig forschte und Gottes deutliches und mannigfaches Eingreifen aus früheren Zeiten ihm vor die Seele trat, begann er zu fragen, ob Gott denn unbeständig sein könne, ob denn Seine Barmherzigkeit erschöpft sei, ob Er Seine Verheißung zurückgezogen, Seinen Gnadenbund vergessen und Seine Liebesquelle verschlossen habe.

So folgen wir dem Psalmisten, indem wir sechs Stufen des Unglaubens bemerken:

1. Der Gedanke an Gott ist ihm eine Last statt ein Segen.
2. Das Klagen gegen Gott nimmt zu statt ab.
3. Sein Geist wird unruhiger anstatt stiller.
4. Er verliert den Schlaf, und seine Angst macht die Ruhe des Herzens unmöglich.
5. Die Trübsal wird nur größer, und Gott scheint fern zu sein.
6. Das Gedächtnis erinnert an Gottes Barmherzigkeiten, aber das dient nur dazu, um das Misstrauen zu erwecken.

Endlich kommt der Wendepunkt in dem Psalm: Der Psalmist fragt sich, als er die früheren Erfahrungen an seinen Augen vorüberziehen lässt:

Wo ist der Unterschied? Liegt die Veränderung in Gott oder in mir? »Sela«, die Pause, zeigt den Wendepunkt an.

»Da sprach ich: Das ist mein Kranksein.« Mit anderen Worten: »Ich bin ein Tor gewesen.« Gott ist treu. Er wirft nicht weg. Seine Kinder sind Ihm immer teuer. Seine Gnade ist unerschöpflich und Seine Verheißung unfehlbar. Statt nun weiter seine Not anzusehen, ist der Psalmist ganz darauf bedacht, sich mit Gott zu beschäftigen. Er erinnert sich an Sein Werk und sinnt darüber nach; anstatt immer wieder seine eigenen Prüfungen zu betrachten, spricht er von den Taten Gottes. Nun wird er überwältigt, nicht von der Größe seiner Not, sondern von der Größe seines Helfers. Er erinnert sich der Wunder Seiner Macht und Liebe. Er denkt an das Geheimnis Seiner wunderbaren Taten – Seines Weges durch das Meer, Seiner seltsamen Handlungen[30] und Führungen sowie ihres gnadenreichen Endes – und so triumphiert der Glaube wieder.

Was ist das Endergebnis, die praktische Lehre all dessen?

Der Unglaube ist Torheit. Er klagt Gott törichterweise an. Die Schwäche und das Zu-kurz-Kommen sind aufseiten des Menschen, *nie* auf Gottes Seite. Es kann an meinem Glauben mangeln, aber nie an Seiner Macht. Die Erinnerung und das Nachsinnen, wenn sie rechter Art sind, weisen den Unglauben zurecht. Gott hat sich selbst als groß erwiesen. Er hat immer Wunder getan. Er befreite sogar ein Volk aus Ägypten, und selbst als es ungläubig war und murrte, führte Er es 40 Jahre durch die Wüste, und die Wunder Seiner Macht und Liebe waren zahllos.

Der Psalm enthält eine ernste Lehre. Trübsal ist unvermeidlich. Aber für uns geht es darum, den Vater nicht aus den Augen zu verlieren, der Seine Kinder nie verlassen wird. Wir sollen unsere Last auf Ihn abwälzen und geduldig warten, dann ist die Errettung sicher. Hinter dem Schleier, der Ihn für uns verhüllt, führt Er Seinen Liebesplan mit uns aus; Er vergisst uns nie, Er sorgt stets für die Seinen. Wir können oft Seinen Plan nicht verstehen und Seinen Weg nicht verfolgen, denn Seine Schritte gehen durch tiefe Wasser, die wir nicht kennen. Aber Er führt sicher, und Seine Liebe ist unwandelbar. Lasst uns darum keine Toren sein, sondern im *Glauben* zu einem so *treuen* Gott beten.

30 A. d. H.: Vgl. Jesaja 28,21.

Ein Blick auf die Gaben und die Geber

Auch heute noch sitzt einer beim Schatzkasten und wacht über die Gaben, die hineingeworfen werden. Er beurteilt ihren Wert ohne Ansehen der Person. Er schätzt die Millionen des reichen Mannes und das Scherflein der Witwe nicht nach der Höhe des Betrags, sondern nach den Gründen, die zum Geben veranlassen, und nach der Größe des Opfers, das um des Herrn willen gebracht wird.

Die reichen Gaben, die Georg Müllers Händen anvertraut wurden, kamen zum Teil von solchen, die Überfluss an irdischem Reichtum hatten, und zum Teil von anderen, die nur etwas anderes im Überfluss kannten – große Armut. Aber sowohl die Bächlein als auch die Ströme kamen von Gott. Es lohnt sich auf jeden Fall, in dieser Lebensgeschichte zu beobachten, wie die Liebesgaben für das Werk des Herrn von den verschiedensten Personen an den verschiedensten Orten unter den verschiedensten Umständen beigesteuert wurden. Ebenso interessant ist es zu beobachten, wie die Gaben in der jeweils vorhandenen Notlage angemessen waren, sodass zur rechten Zeit die richtige Summe kam. Einige Beispiele davon sind schon früher mitgeteilt worden. Aber um ein vollständiges Bild zu haben und den vollen Segen daraus für uns zu gewinnen, ist es von Wert, die beeindruckendsten zusammenzustellen. Die geheime Geschichte dieser Gaben enthält kostbare Hinweise auf die Kunst des Gebens.

In vielen Fällen sind die näheren Umstände erst viel später bekannt geworden. Aber auch dann, wenn man sie kannte, konnte man sie nicht veröffentlichen, weil die Beteiligten noch lebten. Kam dann der Augenblick, wo diese verborgenen Dinge ans Licht gebracht werden konnten, so tat man dies zur Ehre Gottes und zum Nutzen des Nächsten. Nun leuchten sie auf diesen Blättern der Erinnerung wie Sterne am Himmel.

Paulus freute sich über die freiwilligen Gaben der Philipper, nicht weil er die Gabe suchte, sondern die Frucht, die sich zugunsten ihrer Rechnung mehrte. Eine solche Freude erfüllte fortwährend Georg Müllers Herz. Tag für Tag erhielt er viele Beweise dafür, dass die eingesandten Gaben zuerst durch Gebet und Selbstverleugnung geheiligt worden waren. Das machte ihn fröhlich. Mehr als sechs Jahrzehnte hindurch war es ihm vergönnt, an der Freude Anteil zu haben, die der Herr an den freiwilligen, oft kostbaren Gaben der Liebe Seines Volkes hatte. Er lebte diese lange Zeit und konnte in ihr den lieblichen Geruch der Opfer verspüren, der als Weihrauch zum Himmel emporstieg. Seine eigene Selbstverleugnung fand ihre Belohnung, indem er für seinen Herrn diese Gelder einnehmen und verwalten durfte. Er sagte: »Der Herr hat es mir von Anfang an eindrücklich gemacht, dass die Waisenhäuser Sein Werk seien, nicht das meine.«

Manches Fläschchen mit dem Salböl von kostbarer Narde, das über den Füßen Jesu zerbrochen wurde, erfüllte das Haus mit seinem Geruch. So lebten die Bewohner immer in einer geheiligten Atmosphäre.

Eine der ersten Gaben war, wie früher schon erwähnt wurde, die einer armen Näherin, die zu Georg Müllers Erstaunen 100 Pfund brachte. Sie verdiente durchschnittlich drei Shilling und sechs Pennys pro Woche und war außerdem von schwächlichem Körperbau. Es war ihr ein kleines Erbe von weniger als 500 Pfund aus der Hinterlassenschaft ihrer Großmutter zugefallen. Ihr Vater war als Trunkenbold und bankrott gestorben. Ihre Brüder und Schwestern hatten mit den Gläubigern des Vaters vereinbart, dass sie den vierten Teil der Schulden ihres Vaters bezahlen wollten. Mit dieser Vereinbarung war die Näherin, was ihr Gewissen betraf, nicht einverstanden. Obwohl die Gläubiger keine gesetzliche Forderung an sie hatten, zahlte sie doch von sich aus die anderen drei Viertel der Schuld. Ihr unbekehrter Bruder und ihre zwei Schwestern gaben ihrer verwitweten Mutter je 50 Pfund, sie selbst hielt sich als Christin für verpflichtet, der Mutter das Doppelte zukommen zu lassen.

So war ihr Erbschaftsanteil sehr zusammengeschmolzen. Trotzdem gab sie noch die Summe von 100 Pfund für die Waisenhausarbeit.

Da es Georg Müllers entschiedener Grundsatz war, nie gierig nach einer Gabe zu greifen – wie dringend die Not oder wie groß der Betrag auch sein mochte –, so hatte er ebenso in diesem Fall erst ein langes Gespräch mit dieser Frau, ehe er das Geld annahm. Er fürchtete, der Entschluss könnte aus einem unheiligen Beweggrund oder in ungeistlicher Hast gefasst worden sein. In einem solchen Fall hätte er, wie er empfand, durch Annahme der Gabe seinen Meister verunehrt. Es hätte der Eindruck entstehen können, als wenn Gott auf diese Gaben unbedingt angewiesen gewesen wäre. Aber auch eine sorgfältige Untersuchung brachte keine unlauteren Beweggründe zutage. Ruhig und mit Überlegung hatte die Näherin ihren Entschluss gefasst. »Der Herr Jesus«, sagte sie, »hat Seinen letzten Blutstropfen für mich gegeben, und ich sollte Ihm diese 100 Pfund nicht opfern?«

Die Geschichte dieser ersten Gabe verlieh den Anfängen der Waisenhausarbeit eine besondere Weihe, zumal wenn wir das weitere Ergehen dieser Näherin verfolgen. Sie war immer eine Geberin gewesen, aber so sehr im Verborgenen, dass zu ihren Lebzeiten wenige Leute weder von der Erbschaft noch von deren Verwendung wussten. Danach aber kam es ans Licht, dass sie ganz im Stillen vielen Armen Lebensmittel, Kleider und ähnliche Unterstützungen hatte zukommen lassen. Ihre Gaben standen in keinem Verhältnis zu ihren Mitteln, sodass ihr kleines Kapital rasch zusammenschmolz. Es ist darum wohl begreiflich, dass Georg Müller mit der Annahme der 100 Pfund zögerte, bis er sich davon überzeugt hatte, dass die Liebe Christi ihr Beweggrund war. Dann aber konnte er nicht anders, als ihre Gabe im Namen seines Meisters in Empfang zu nehmen, während er wie dieser ausrief: »O Frau, dein Glaube ist groß!«

Der Verdienst dieser Magd Christi wurde in kleiner Münze ausgezahlt, ihre Gaben aber bestanden in Banknoten im Wert von fünf Pfund und hier sogar von 100 Pfund. Sie hinterließ kein Geld mehr, als sie heimgerufen wurde. Aber der treue Gott hat ihr gegenüber Sein Versprechen (»Ich will dich nicht versäumen und dich nicht verlassen«) gehalten. Nie litt sie Mangel, selbst als körperliche Schwäche ihr nicht mehr erlaubte, mit der Nadel zu arbeiten; nie bat sie Menschen um Hilfe. In jeder Angelegenheit wandte sie sich allein an Gott und musste nichts entbehren. Inmitten ihrer körperlichen Leiden war ihr Mund fortwährend mit Lobgesang erfüllt.

Das Tagebuch Georg Müllers erzählt auch vom ersten Vermächtnis, das er erhielt. Es stammte von einem Jungen, der im Glauben starb. Während seiner letzten Krankheit hatte er einige Silbermünzen geschenkt bekommen. Er wollte, dass diese, als sein einziger Schatz an Geld, den Waisen gesandt würden. Georg Müller fügt hinzu, dass dieses kostbare kleine Vermächtnis von 6 Shilling und 6,5 Pennys, das er am 15. September 1837 erhielt, sein Herz mit inniger Freude erfüllt habe.

Wer die Gaben nach dem Geldwert bemisst, kann freilich nicht verstehen, dass ein solches Vermächtnis, das von einem der Kleinen Christi herrührte, für Georg Müller einen so unschätzbaren Wert hatte.

Im Mai 1842 erhielt er eine goldene Uhr samt Kette, der ein kurzer Brief beigelegt war. Sein Inhalt zeigt uns, wie viel mehr wir für Gott tun könnten, wenn wir die Bedürfnisse, die wir meinen oder vorgeben zu haben, etwas einschränken würden. Der Geber schrieb: »Ein Pilger braucht nicht eine Uhr wie diese, um glücklich zu sein; eine geringere wird genügen, ihm zu zeigen, wie schnell die Zeit dahinfliegt und wie schnell er dem Kanaan entgegeneilt, wo es keine Zeit mehr gibt; so können Sie damit tun, was aus Ihrer Sicht angemessen ist. Es ist das letzte Stück irdischer Eitelkeit; möge ich, solange ich im Leib wandle, vor allem Götzendienst bewahrt bleiben!«

Im März 1884 kam ein ähnliches Geschenk in Georg Müllers Hände. Die betreffende Person hatte gemäß 1. Petrus 3,3 einige Juwelen verkauft. Das ermöglichte es ihr nun, eine größere Gabe als je zuvor dem Werk zur Verfügung zu stellen. Wie viel überflüssiger

Schmuck, den die Jünger Jesu noch tragen, könnte mit Segen für den Herrn geopfert werden! Der einzige Schmuck, der in Seinen Augen von großem Wert ist, würde umso heller leuchten, wenn wir ihn allein tragen würden.

Ein anderes Beispiel davon, wie alles für den Herrn nutzbar gemacht werden sollte, lieferte eine Gabe, die eine seltsame Geschichte hatte. Die Gabe bestand aus einem Kästchen, das vier alte Kronen[31] im Wert von einem Pfund enthielt. Es war dies das Hochzeitsgeschenk eines Bräutigams an seine Braut gewesen. Diese hatte es dann in der Folge nie übers Herz bringen können, das erste Geschenk ihres Mannes anzutasten. So bewahrte sie es auf, bis sie es vier Enkelkindern als Familienandenken vermachte. Nun wurden die Geldmünzen endlich wieder in Umlauf gesetzt und kamen den Waisen zugute, nachdem sie so lange, dem »Rost« ausgesetzt, unnütz dagelegen hatten.

Ein andermal ließen zwei gläubige Brautleute, statt sich Eheringe zu kaufen, den Betrag dafür dem Werk des Herrn zugutekommen. Sie wünschten, in ihrem Leben durch das heiligste Band, das es gibt, vereint zu sein, nämlich durch die Liebe zum Herrn Jesus, der Sein eigenes Blut für sie vergossen habe.

Einmal bestand eine Gabe aus einer neuen seidenen Jacke. Diese Sendung bedeutete für die Geberin einen Wendepunkt in ihrem Leben, da sie sich entschlossen hatte, fortan für Kleider nur das Nötige auszugeben und das Geld des Herrn nicht mehr für Luxus und prächtige Kleider zu verschwenden.

Kinder Gottes, die Licht von oben haben, betrachten all diese Dinge als Gottes Eigentum. Wenn sie ihr Geld nicht in selbstsüchtiger Weise nur für sich ausgeben, sondern es Ihm zur Verfügung stellen, wissen sie doch, dass sie ihrem Gott nur das Seine zurückgeben.

31 A. d. H.: Hier und im Folgenden historische britische Münze im Wert von fünf Shilling.

Eine Gabe von 2000 Pfund, die am 29. Januar 1872 einging, war von dem Geständnis begleitet, dass dem Eigentümer sein Vermögen viel innere Unruhe verursacht habe. Er habe die Überzeugung, dass er nach Gottes Willen nicht so viel für sich behalten solle. Sein Besitz sei ihm mehr zum Fluch als zum Segen geworden.

Liebe zum Besitz birgt immer einen Fluch in sich. Äußerer Reichtum wird auf diese Weise eine Quelle innerer Armut. Es ist zweifelhaft, ob es irgendein Kind Gottes gibt, das irdische Reichtümer aufhäufen kann, ohne geistlichen Gewinn und innere Freude zu verlieren. Die Habsucht ist eines der niedrigsten und verderblichsten Laster und sorgt dafür, dass der Betreffende zuletzt Züge des Mammons annimmt, den er anbetet: hart, kalt, gefühllos.

Gott bewertet, was wir geben, nach dem, was wir behalten; denn es ist möglich, große Summen zu geben und doch noch umso viel größere zurückzubehalten, sodass keine Selbstverleugnung damit verbunden ist. Ein solches Geben *kostet uns nichts.*

Im Jahr 1853 nahm ein Bruder im Herrn aus seiner Tasche ein Paket Banknoten im Wert von 110 Pfund Sterling – mehr als die Hälfte seines irdischen Vermögens – und legte sie in Georg Müllers Hand. Ein solches Geben ist ein Beispiel großer Selbstverleugnung und zieht auch Segen nach sich, der dazu im Verhältnis steht.

Die Gründe, die manche Gaben veranlassten, geben uns reichlich Stoff zum Nachdenken. Im Oktober 1857 kam eine Gabe von einem christlichen Kaufmann, der einen schweren Vermögensverlust erlitten hatte und der *nun durch diese Gabe für das Werk des Herrn zeigen wollte, wie eine gottgemäße Reaktion angesichts eines solchen Verlusts aussieht.*

Kurz danach ging eine andere Gabe von einem jungen Mann ein. Dieser erinnerte sich dankbar daran, dass vor 25 Jahren, da er noch ein Kind war, Georg Müller für seine Bekehrung gebetet habe.

Eine andere Gabe von 3500 Pfund wurde Georg Müller zugesandt mit der Mitteilung, dass der Geber den Plan gehabt habe, die Verantwortlichen der Waisenhausarbeit zu seinem Haupterben einzusetzen; er habe aber nun eingesehen, dass es viel besser sei, wenn er zu seinen Lebzeiten als sein eigener Testamentsvollstrecker handle.

Welch ein Vorteil wäre es sowohl für die Geber als auch für die Reichsgotteswerke, denen sie dienen wollen, wenn man sich allgemein an diesen Grundsatz halten würde! Schon oft hat die falsche Formulierung in einem Testament die gute Absicht des Erblassers zunichtegemacht. Georg Müller musste öfters Freunde des Werkes, die Testamente abfassen wollten, daran erinnern, dass weder Grundstücke noch Immobiliengeld nach den damals bestehenden englischen Gesetzen wohltätigen Anstalten übereignet werden durften. Diese Gesetze existieren jetzt nicht mehr; aber sie beweisen, wie leicht oft ein Testament angegriffen werden und eine Erbschaft ihre Zweckbestimmung verfehlen kann.

Viele Gaben waren Dankopfer für *Bewahrung in Not oder deren Abwendung.* So ging z.B. eine Gabe ein, weil ein krankes Pferd, das der Tierarzt bereits aufgegeben hatte, auf das Gebet des Betreffenden hin wieder genas. Ein anderer Geber, der seinen linken Arm brach, sandte ein Dankopfer dafür, dass es nicht der rechte gewesen war oder dass er sich nicht den Hals gebrochen hatte.

Die Gaben für die verschiedenen Zweige des Werkes waren doppelt kostbar, weil sie ein Beweis der unendlichen Treue Gottes waren, der immer wieder die Herzen von Tausenden zum Geben willig machte. Im Jahr 1859 waren die Ausgaben für das Werk so groß, dass jeden Tag 50 Pfund erforderlich waren. Aber auf überraschende Weise und auf zahllosen Wegen von nicht weniger zahlreichen und verschiedenen Personen und Orten kamen die Gaben zusammen. Nicht einer von 20 Gebern war Georg Müller persönlich bekannt. An keinen von allen war man je herangetreten, um eine Gabe zu erhalten. Und doch waren bis zum November 1858 schon über 600 000 Pfund[32] eingegangen in Beträgen, die sich zwi-

32 A.d.H.: Dieser Betrag bezieht sich auf die gesamten eingegangenen Spenden seit Beginn des Werkes.

schen 8100 Pfund und einem einzigen Penny bewegten. Oft waren die merkwürdigsten Umstände mit den Gaben verknüpft.

Im August 1884 kam ein christlicher Bruder aus den Vereinigten Staaten zu Georg Müller. Er war durch das Lesen der von ihm veröffentlichten Zeugnisse von Gottes Treue gesegnet worden. Da er durch den Tod einer Schwester in den Besitz eines kleinen Vermögens kam, war er über den Ozean gereist, um die Waisenhäuser zu sehen und ihren Gründer kennenzulernen und ihm für das Werk des Herrn das ganze Erbe von etwa 700 Pfund zu übermitteln.

Nur 17 Tage später kam dann als Begleitschreiben zu einer Gabe ein Brief, der Georg Müllers Herz mit neuer Freude erfüllte. Er war vom Mann eines früheren Waisenmädchens, das in seinem 17. Lebensjahr die Anstalt verlassen und dem Georg Müller selbst beim Austritt die zwei ersten Bände der Jahresberichte geschenkt hatte. Ihr Mann hatte diese gelesen und dabei, wie er schrieb, mit Ausnahme der Bibel mehr Segen als je zuvor von einem Buch gehabt. Sein Glaube war dadurch sehr gestärkt worden. Er war nebenberuflich als Prediger in der Freikirche der Methodisten tätig, sodass die gesegneten Impulse, die er selbst empfangen hatte und nun weitergab, unter dem Segen Gottes eine ähnliche Gesinnung der Selbstübergabe in der Sonntagsschulklasse erweckten, in der er unterrichtete.

Das sind einige Beispiele von unzähligen ermutigenden Erfahrungen, die Georg Müller immer wieder veranlassten, Gott zu preisen.

Ein gläubiger Arzt legte einem Brief 10 Pfund bei. Als großer Liebhaber von Blumen hatte er mehrere Gewächshäuser eingerichtet. Die Blumenkultur war sein Hobby, und eine schöne Sammlung von seltenen Pflanzen war sein Stolz. Jetzt aber verkaufte er eines seiner Gewächshäuser und schickte den Erlös Georg Müller *»als den Preis für den Götzen, den Gottes Macht niedergeworfen habe«*.

Ein anderer Geber spendete einen ähnlich großen Betrag, er hatte unnötige Bücher und Bilder verkauft. Ein armer Mann brachte eine halbe Krone, »den Erlös für die Früchte eines kleinen Baumes in seinem Garten«.

Eine arme Frau hatte den Wurf eines Lieblingskaninchens dem Herrn geweiht. Als jedoch die Jungen verkauft werden konnten, änderte sie ihren Entschluss und behielt zwei der Kaninchen für sich zurück. Aber als der Tag kam, an dem sie die Tierchen verkaufen wollte, stellte sie fest, dass diese tot waren.

Im Juli 1877 erhielt Georg Müller von ungenannter Seite 10 Pfund sowie einen beigelegten Brief, der wieder für uns eine Lehre enthält. Jahre vorher hatte der Schreiber vor Gott den Entschluss gefasst, eine zweifelhafte Gewohnheit aufzugeben, und das Geld, das sie gekostet hätte, der Anstalt zu schicken. Der Betreffende hatte das Gelübde in einer Zeit der Heimsuchung abgelegt, aber nicht gehalten. Da rief ihm eine neue Trübsal seine Sünde ins Gedächtnis, und der Heilige Geist mahnte ihn ernstlich durch das Wort: »Betrübt nicht den Heiligen Geist Gottes!« Er bekam den Sieg über diese Gewohnheit; und da sie ihn jährlich etwa 26 Shilling kostete, schickte er den vollen Betrag für die ganze Zeitdauer, in der er sein Gelübde nicht gehalten hatte, und versprach weitere Gaben als Erfüllung seines Gelübdes.

Zahlreiche Laster sind kostspieliger, als wir denken. Es ist ausgerechnet worden, dass allein in Großbritannien 1,25 Millionen Pfund für das Zigaretten-Rauchen ausgegeben werden – gerade die Summe, die jährlich von diesem Land für die Heidenmission aufgewendet wird. Viele verderbliche oder zumindest unnütze Dinge, die weder bezüglich der Gesundheit noch sonst in irgendeiner Hinsicht von Vorteil sind, würden, wenn man sie dem Herrn opferte, Seine Schatzkammer überfließen lassen.

Der Vorfall erinnert uns auch an die vielen Gelübde, die man zur Zeit der Not ablegt, aber die, wenn es wieder besser geht, nicht gehalten werden. Viele Trübsale kommen zurück, wie »Wolken nach dem Regen wiederkehren«, um an die gebrochenen Gelübde und unerfüllten Versprechen zu erinnern, durch die der Heilige Geist Gottes betrübt worden ist. »Bezahle dem Höchsten deine

Gelübde.« »Wenn du Gott ein Gelübde tust, so zögere nicht, es zu bezahlen; denn er hat kein Gefallen an den Toren.«

Ein empfindsames und erleuchtetes Gewissen wird Gott geben, was es Ihm schuldet, so wie es ebenso den Menschen zugewandt ist. Vergangene Untreue kann nur durch Treue in der Zukunft gutgemacht werden. Kein ehrlicher Mann leugnet eine alte Schuld oder will die Sache einfach dadurch gutmachen, dass er von nun an bar bezahlt. Es ist eines der schlimmsten Übel unserer Tage, dass sogar Kinder Gottes so schnell bereit sind, die finanziellen und moralischen Schulden ihres vergangenen Lebens ins Grab einer zu leichten Vergessenheit zu legen.

Ein Geber befolgte einen Grundsatz, der gerade das Gegenstück zu dem bildet, was die Welt sonst tut. Da seine eigene Familie anwuchs, gab er, statt die bisher gespendete Summe zu vermindern, für jedes Kind, das ihm von Gott geschenkt wurde, den durchschnittlichen Aufwand für ein Waisenkind, bis er, weil er sieben Kinder hatte, für den Unterhalt von sieben Waisenkindern aufkam.

Ein anonymer Geber schrieb: »Ich meinte, dass ein Mann erst dann an die Bedürfnisse der anderen denken müsse, wenn er genug für sich selbst habe. Folglich hatte ich nie genug. Jetzt sehe ich klar, dass Gott von uns erwartet, dass wir geben von dem, was wir haben, und dass wir das Weitere Ihm überlassen. Ich will daher im Glauben geben, da ich weiß, dass mir, wenn ich zuerst nach dem Reich Gottes und nach Seiner Gerechtigkeit trachte, alle anderen Dinge hinzugefügt werden.«

Ein anderer schickte fünf Pfund Sterling, weil er damit ein geheimes Versprechen erfüllen wollte, das er abgelegt hatte, als er ein Examen bestehen musste. Er fügte hinzu, dass Satan wiederholt versucht habe, ihn von seinem Vorhaben abzubringen. Dieser flüsterte ihm ein, dass er jetzt das Geld noch nicht entbehren könne, vielleicht ginge es später besser.

Ein Aufschieben des Gebens ist meistens gleichbedeutend mit einer Abkehr von der Absicht zu geben.

Regelmäßige Geber bezeugten gewöhnlich, welch ein Segen in dieser planmäßigen Praxis des Gebens liege. Viele, die vielleicht anfangs in einem gesetzlichen Geist den Zehnten gaben, sahen sich aufgrund der wachsenden Freude, den eigenen Besitz mit anderen zu teilen, veranlasst, den Betrag zu vergrößern. Fortan gaben sie ein Fünftel, ein Viertel, ein Drittel und sogar die Hälfte ihres Gewinns. Einige kehrten sogar das anfängliche Verhältnis ganz um; zuerst hatten sie den Zehnten für das Werk des Herrn gegeben und neun Zehntel für sich selbst zurückbehalten, nun waren sie schließlich dahin gekommen, dass sie neun Zehntel für den Herrn gaben und ein Zehntel für sich behielten. Wer den tiefen Sinn von Jesu Worten erfasst (»Geben ist seliger als Nehmen«), findet eine solche Freude daran, alles Ihm zur Verfügung zu stellen, dass auch die Ausgaben für persönliche Bedürfnisse einer gewissenhaften Prüfung unterworfen werden. Frances Ridley Havergal gab in ihren späteren Jahren sich selbst und ihren ganzen Besitz so umfassend und freudig Gott hin, dass sie nie in einen Laden ging, um irgendetwas – und kostete es auch nur einen Penny – zu kaufen, ohne sich zu fragen, ob es auch zur Ehre Gottes diene.

Die Liebesgaben wurden von Georg Müller nur insoweit geschätzt, als sie ehrlich erworben und in gottgefälliger Weise gegeben wurden. Bis zuletzt ging er bei der Annahme der angebotenen Gaben sehr vorsichtig und gewissenhaft vor, selbst in der größten Notlage.

Im Oktober 1842 fühlte er sich getrieben, einer Schwester beizustehen, die in großer Bedrängnis und Armut zu sein schien. Er bot ihr an, wenn nötig, sowohl sein Haus als auch seine Kasse mit ihr zu teilen.

Dieses Angebot bewog sie zu dem Geständnis, dass sie noch etwa 500 Pfund besitze. Es zeigte sich im Verlauf des Gesprächs, dass sie dieses Geld als einen Notgroschen aufbewahren wollte und dass sie sich darauf statt auf Gott verließ. Georg Müller sagte nicht viel zu ihr. Als sie aber gegangen war, bat er den Herrn, Er möge ihr den unerschöpflichen Reichtum, den sie in Christus besitze, und ihre himmlische Berufung so deutlich vor Augen stellen, dass sie sich bewegen lasse, die ganze Summe, die auf diese Weise nur ein Hindernis ihres Glaubens und ein Götze für ihr Herz sei, zu Seinen Füßen niederzulegen. *Nicht ein Wort, weder schriftlich noch mündlich, wurde weiter zwischen ihnen gewechselt; er sah die Schwester in der Zwischenzeit nicht einmal.* Es war Georg Müllers ausdrücklicher Wunsch, dass ein solcher Schritt nicht das Resultat menschlicher Beeinflussung oder Überredung sein möchte, da sonst ein nachfolgendes Bereuen des Schritts ihr selbst zum Schaden und zur Unehre ihres Meisters gereichen würde.

Fast vier Wochen lang schüttete er sein Herz vor Gott aus und bat für die Schwester um Befreiung von der Habsucht. Dann kam sie wieder und bat um ein Gespräch. Sie erzählte Georg Müller, wie sie Tag für Tag versucht habe, den Willen Gottes in Bezug auf ihr erspartes Geld zu erforschen, und dass sie zu der klaren und bestimmten Überzeugung gelangt sei, sie müsse es ganz auf Seinen Altar legen.

Es war gerade eine Zeit großer Not. Georg Müller hätte nur die Hand nach den 500 Pfund auszustrecken brauchen. Aber statt das dazu nötige Wort zu sagen, ermahnte er sie ernstlich, jetzt nicht über das Geld zu verfügen, sondern die Kosten zu überschlagen. Es könne ihr danach leidtun, wenn sie zu rasch handle. Sie solle daher mindestens noch 14 Tage warten, ehe sie sich endgültig entschließe. Zuletzt traten dann noch unerwartete Hindernisse ein, die es unmöglich machten, die Summe zu erheben. So gingen mehr als vier Monate vorbei, ehe sie ausgezahlt wurde. Aber weder Ungeduld noch Misstrauen regten sich in Georg Müller. Zur Ehre Gottes soll noch angefügt werden, dass sie später immer freudig bekannte, sie habe es nie einen Augenblick bereut, die ganze Summe für Seinen Dienst hergegeben und so ihr Vertrauen nicht mehr auf das Geld, sondern auf ihren Meister gesetzt zu haben.

Im August 1853 legte eine arme Witwe von 60 Jahren den Erlös ihres kleinen Hauses, das ihr ganzes Vermögen (90 Pfund Sterling) ausmachte, in eine Büchse, die nicht in Bristol selbst, sondern anderswo für die Waisenhäuser aufgestellt war. Die Personen, welche die Gaben Georg Müller zu übermitteln hatten und die Umstände kannten, redeten ihr zu, doch wenigstens einen Teil des Geldes für sich zu behalten, und sie gab so weit nach, dass sie fünf Pfund zurücknahm. Als Georg Müller von der Sache hörte, fürchtete er, dass es bei der Frau ein übereilter Entschluss wäre, dem nachher die Reue folgen würde. Er bot ihr an, die Reise zu bezahlen, damit er ein Gespräch mit ihr haben könne. Er hörte aber von ihr, dass sie schon zehn Jahre den Entschluss mit sich herumgetragen hatte, den Verkaufspreis ihres Häuschens der Waisenhausarbeit zuzuwenden. Immer noch zögerte er, ihre Gabe anzunehmen. Ihrem Drängen gab er zuletzt nach, weigerte sich aber entschieden, für seine persönlichen Bedürfnisse etwas von dem Geld zu gebrauchen, um nicht etwa zu übler Nachrede Veranlassung zu geben.

Im Oktober 1867 schickte jemand eine kleine Summe, die er vor Jahren entwendet hatte. Er meinte, damit sein Unrecht wiedergutmachen zu können, umso mehr, da er glaubte, dass der Herr, dem er das Geld genommen hatte, mit einem solchen Vorgehen einverstanden sein werde. Obwohl es nur ein kleiner Betrag war, schickte ihn Georg Müller sofort mit der Bemerkung zurück, dass das Geld dem zurückerstattet werden müsse, dem es seinerzeit entwendet wurde, und dass es ihm überlassen bleiben müsse, darüber zu verfügen. Da es dem Geber nicht rechtmäßig gehöre, sei er auch nicht ermächtigt, es für einen anderen wegzugeben.

Während einer Zeit großer Verlegenheit erhielt Georg Müller ein versiegeltes Paket, das Geld enthielt. Er wusste, von wem es kam, dass nämlich die Absenderin eine Frau war, die sich in Schulden befand und ihre Gläubiger nicht bezahlte. Es war also klar, dass dieses Geld ihr nicht gehörte und sie es folglich nicht verschenken konnte. Ohne das Paket zu öffnen, schickte er es zurück – und das zu einer Zeit, wo nicht so viel in der Kasse war, um auch nur die Ausgaben des laufenden Tages zu decken.

Im Juni 1838 wünschte ein Fremder, der einen Betrag veruntreut hatte und sein Fehlverhalten in Ordnung bringen wollte, diesen mit Zinsen zurückzuerstatten. Er bat Georg Müller um seine Vermittlung. Statt das Geld mit der Post zu senden, war Georg Müller sehr darauf bedacht, dies durch zwei Banküberweisungen zu tun. Das war für ihn im Notfall ein Beweismittel seiner ehrlichen Vermittlung. Wir haben hier ein Beispiel dafür, wie Georg Müller allezeit auf das bedacht war, »was ehrbar ist, nicht allein vor dem Herrn, sondern auch vor den Menschen« (2Kor 8,21).

Geld, das als Ertrag eines musikalischen Abends zugunsten der Waisen eingesandt wurde, schlug er höflich aus. Er zweifelte nicht an der freundlichen Absicht derer, die die Sache ins Werk gesetzt hatten, aber er hatte den Eindruck, dass das Geld für das Werk Gottes nicht auf diese Weise gewonnen werden sollte.

Freunde, die gern gewusst hätten, ob ihre Gaben gerade zur gelegenen Zeit gekommen seien, wurden auf den nächsten Jahresbericht verwiesen. Das Geständnis, dass die Hilfe sehr erwünscht gekommen sei, wäre eine indirekte Enthüllung der Notlage gewesen. Das hätte als eine Aufforderung zu weiterer Hilfe aufgefasst werden können – da ja doch ein Beitrag, der so dringend nötig war, auch nicht lange vorhalten konnte. Obwohl die Notlage eigentlich fortwährend bestand und ein Bedürfnis nur das andere ablöste, fand Georg Müller doch nicht, dass er ein Leben voller Prüfungen habe, sodass dass ihn angesichts eines solchen Lebens nie Verdruss überkam.

Im Mai 1846 erhielt er einen Brief von einem Bruder, der die folgende Stelle enthielt: »Was den Besitz anbelangt, sehe ich meinen Weg noch nicht klar vor mir. Ich hoffe, es stehe wirklich alles dem Herrn zur Verfügung, und wenn Sie mich wissen lassen wollen, dass Sie irgendein Bedürfnis haben, so könnte jede beliebige Summe unter 200 Pfund in Wochenfrist zu Ihrer Verfügung stehen.«

Die Not war zu der Zeit gerade sehr drückend. Wie leicht und natürlich wäre es gewesen zurückzuschreiben, dass die Waisenhausarbeit die Hilfe augenblicklich brauche. Da Georg Müller gerade zu seiner Erholung Bristol verlassen musste, wäre es für ihn eine besondere Beruhigung gewesen, wenn der Schreiber ihm etwa 190 Pfund geschickt hätte. Es ging ihm aber darum, es allein mit dem Herrn zu tun zu haben, sowohl zur Stärkung des eigenen Glaubens wie auch als Zeugnis für die Gemeinde und die Welt. Er erkannte darum sofort die Versuchung als eine Schlinge des Feindes und antwortete, dass nur dem Herrn das Bedürfnis irgendeines Teiles des Werkes anvertraut werden könne.

Immer schlug er es aus, Geld als Notgroschen für das Alter oder Krankheitszeiten bzw. familiäre Notfälle, die Geld erforderten, anzulegen. Solch eine Schenkung von 100 Pfund erhielt er am 12. Oktober 1856, begleitet von so freundlichen und christlichen Worten, dass die feine Versuchung, sich selbst irdische Schätze zu sammeln, über jeden den Sieg davongetragen hätte, dessen Herz nicht so unwandelbar wie das seine in dem heiligen Entschluss befestigt gewesen wäre, in keiner Weise auf solche menschlichen Mittel angewiesen zu sein. Er hatte die Sache ein für alle Mal dahin erledigt, dass er von einem Tag zum anderen von der Güte des Herrn leben wollte. Seine einzige Methode, Geld anzulegen, bestand darin, alles, was er erübrigen konnte, für die Armen hinzugeben und dann von Gott zu erwarten, dass Er zur Stunde der Not auch für ihn sorgen werde, und zwar nach der Verheißung: »Wer sich des Geringen erbarmt, leiht dem HERRN; und er wird ihm seine Wohltat vergelten« (Spr 19,17).

Gott bekannte sich auch sofort zu dem Entschluss Georg Müllers und lenkte das Herz des Gebers dahin, dass er nicht nur die 100 Pfund für das Waisenhaus gab, sondern noch weitere 200 Pfund hinzufügte.

Gottes Zeugnis für das Werk

Das elfte Kapitel im Hebräerbrief – in dem an den beispielhaften Glauben der alttestamentlichen Heiligen erinnert wird – deutet auf eine besondere Belohnung hin, die der Glaube schon in diesem Leben als einen Vorgeschmack der letztendlichen Vergeltung bekommt.

»In diesem [d. h. in der Kraft des Glaubens] haben die Alten Zeugnis erlangt«, das heißt, sie hatten ein Zeugnis, das Gott ihnen dafür gab, dass sie *für* Ihn Zeugnis abgelegt hatten. Alle hier angeführten Beispiele weisen dieses doppelte Zeugnis auf. Abel bezeugte seinen Glauben an Gottes Lamm, das die Sünde der Welt wegnimmt, und Gott bekannte sich zu seinem Opfer. Henoch legte Zeugnis für den unsichtbaren Gott durch seinen heiligen Wandel mit Ihm ab, und Gott zeugte für Henoch durch seine Hinwegnahme, ja, schon zuvor hatte er das Zeugnis, dass er Gott wohlgefallen habe. Noahs Glaube bestand darin, dass er für Gottes Wort zeugte, als er die Arche baute und Gerechtigkeit predigte, und Gott bezeugte sich in seinem Leben, indem Er eine Flut über die gottlose Erde brachte und ihn und seine Familie in der Arche rettete.

Georg Müllers langes Leben war ein Zeugnis für den Gebete erhörenden Gott, und Gott wiederum bezeugte sich in seinem Leben dahin gehend, dass Er seine Gebete erhörte und sein Werk vor Ihm wohlgefällig war. Die Blätter seines Tagebuches sind voll auffallender Beispiele dieses Zeugnisses. Sie waren für Georg Müller Unterpfand und zugleich Vorgeschmack der vollkommenen Belohnung bei der Wiederkunft des Herrn.

Nicht erst an jenem Tag, an dem wir vor dem Richterstuhl Christi erscheinen müssen, vergilt der Meister Seinen Dienern, was sie in Seinem Namen getan haben. Schon hier lässt Er sie etwas davon schmecken. In 1. Timotheus 5,24 heißt es: »Von einigen Menschen sind die Sünden vorher offenbar und gehen voraus zum Gericht.« In ähnlicher Weise hat auch der Same, der für Gott ausgestreut wird, eine Ernte zur Folge, die »vorher« offenbar wird und die wir freudig erwarten dürfen. Gottes Vaterliebe bekannte sich denn auch im Leben von Georg Müller durch unerwartete Zeichen des Segens gnädig und reichlich zu diesen vielen Jahren selbstvergessender Hingabe für Ihn und Seine Notleidenden. Seine Mühsale und Prüfungen, Tränen und Gebete waren auch schon für das Diesseits nicht vergeblich gewesen.

Um dies durch Beispiele zu zeigen, wenden wir uns natürlich zuerst der Waisenhausarbeit zu. Zehntausend elternlose Kinder haben in der von Georg Müller gegründeten Anstalt ein Heim und liebevolle Pflege gefunden, die ihnen von elterlicher Seite fehlte und die ihnen dort zuteilwurde. Seine Anstrengungen, ihren körperlichen, sittlichen und geistlichen Zustand zu heben, waren offenkundig von Gott gesegnet. Darin fand er eine beständige und reichliche Belohnung. In seinem Tagebuch kommt seine glühende Dankbarkeit für diese Gnadenerweise von Zeit zu Zeit zum Ausdruck.

Wenn man nur die zeitlichen Erfolge berücksichtigen wollte, so dürfte man sagen, dass Georg Müller in reichem Maße den Segen des Herrn erlebt hat. Obwohl die Kinder teilweise von kranken Eltern abstammten, gab es doch wenig Krankheitsfälle, und diese wenigen verliefen mild. Die Sterblichkeitsrate war sehr niedrig.

Das war aber nicht das einzige Gebiet, auf dem die »Belohnung überreich« gewesen ist. Unwissenheit ist die Begleiterin der Armut. Man hat darum große Sorgfalt auf die geistige Ausbildung der Kinder verwendet. Mit welchem Erfolg das geschah und wie gut der Unterricht der Kinder gewesen ist, geht zur Genüge aus den Berichten des Schulinspektors hervor. Jahr für Jahr sind die Kinder in Religion, Lesen, Schreiben, Rechnen und Diktat, Geografie, Geschichte, Grammatik, im Aufsatz-Schreiben und im Singen geprüft worden und haben die höchsten Noten erhalten.

Die reichste Belohnung aber war dennoch das Ergebnis, das im sittlichen und geistlichen Zustand der Waisen zutage trat. Das höchste Streben Georg Müllers und seiner ganzen Schar von Mitarbeitern – vom ersten bis zum letzten – war, diese Kinder zur Rettung zu führen und sie in der Zucht und Ermahnung des Herrn aufzuziehen. Es gab viele und zum Teil erschreckend große Hindernisse. Wenn schon das, was die Kinder in körperlicher Hinsicht mitbringen, etwas Furchtbares ist, was will man erst angesichts des schrecklichen Erbes von Sünde und Verbrechen sagen! Viele dieser Kleinen hatten bis zu dem Tag, an dem sie in die Anstalt eintraten, keinerlei Erziehung genossen. Nicht wenige waren in der Schule des Satans einem verhängnisvollen Einfluss ausgesetzt gewesen, wo sie bereits Trunksucht und andere Laster kennengelernt hatten.

Ungeachtet all dieser Hemmnisse konnte Georg Müller mit Beugung und Dankbarkeit feststellen, dass das Verhalten der Waisen aufs Ganze gesehen außerordentlich gut war. Das fiel sogar den Beobachtern auf. Georg Müller sagt darüber: »Der Herr hielt die Kinder in Zucht.«

Aber damit nicht genug: Solange die Anstalt bestanden hat, haben Kinder in großer Zahl Merkmale eines wirklich wiedergeborenen Herzens an den Tag gelegt. Sie haben sich danach als ernste Christen erwiesen. In manchen Fällen sind sie ein lebendiges Zeugnis der Gnade Gottes gewesen, sowohl durch ihre eigene vollständige Umgestaltung als auch durch den guten Einfluss, den sie ausübten.

Im August 1858 starb ein Waisenmädchen namens Martha Pinnell, das schon mehr als zwölf Jahre unter Georg Müllers Obhut gestanden hatte. Lange Zeit war sie schwindsüchtig gewesen. Zweieinhalb Jahre vor ihrem Heimgang hatte sie den Herrn gefunden, und die Veränderung, die von da an in ihrem Charakter eintrat, war bemerkenswert. Aus einem außerordentlich ungehorsamen und störrigen Kind war ein gehorsames und bescheidenes Mädchen geworden, das für guten Einfluss sehr offen war. In der Zeit vor ihrer Hinwendung zum Herrn hatte sie erklärt, wenn sie sich einmal bekehren würde, wolle sie eine ganze Christin werden; und so war es denn auch wirklich. Ihr Glück war in Gott, wobei sie regelmäßig in Seinem Wort forschte. Sie wollte den Herrn Jesus immer besser kennenlernen, und ihr größtes Verlangen war, Seelen zur Rettung zu führen. Das alles schien bei einer so jungen Neubekehrten fast unglaublich. Georg Müller hat in sein Tagebuch vier kostbare Briefe aufgenommen, die sie an andere Insassen der Waisenhäuser geschrieben hatte.

Zuzeiten und bei verschiedenen Gelegenheiten kam es unter den Kindern zu ausgedehnten Erweckungen, bei denen Hunderte den Herrn gefunden haben. Das Jahr 1857/1858 war in dieser Hinsicht besonders bemerkenswert. Veranlasst durch den sehr friedlichen Heimgang eines Waisenmädchens, Caroline Bailey, wurden im Laufe weniger Tage mehr als 50 von den 140 Mädchen des Waisenhauses Nr. 1 von ihren Sünden überführt. Die Erweckung dehnte sich auch auf die anderen Abteilungen aus, bis über 60 in kurzer Zeit zum Glauben kamen.

Auch im Juli 1859 wurden in einer Schule[33] von 120 Mädchen mehr als die Hälfte erweckt. Nach Jahresfrist bemerkte Georg Müller in seinem Tagebuch, dass sich das neue Leben in den Erweckten als echt erwiesen habe. Im Januar und Februar 1860 ging wieder ein mächtiger Zug des Heiligen Geistes durch die Anstalt. Er begann bei den kleinen Mädchen zwischen sechs und neun Jahren, erstreckte sich dann auf die älteren und später auf die Jungen, bis innerhalb von zehn Tagen über 200 nach Frieden verlangten. Viele von diesen fanden auch bald darauf Frieden. Die jungen Neubekehrten baten um die Erlaubnis, Gebetsstunden unter sich abhalten zu dürfen. Das wurde ihnen gewährt. Viele begannen auch, für andere zu beten und sich zu bemühen, sie zum Heil zu führen. Von den 700 Waisen, die sich damals in der Einrichtung

33 A. d. H.: Höchstwahrscheinlich in einer Schule, in der im Rahmen der Tagesschularbeit Kinder unterrichtet wurden.

befanden, konnten 260 als solche angesehen werden, die bekehrt waren oder zu großen Hoffnungen berechtigten.

Im Jahr 1872 wirkte der Heilige Geist am ersten Tag der Gebetswoche, und zwar ohne jede ungewöhnliche Veranlassung, in einer Weise an den Kinderherzen, dass Hunderte sich bekehrten. Beständiges Beten für die Seelen der Kinder ließ die Waisenhäuser zu einem geheiligten Aufenthaltsort werden.

Am 1. August glaubte man nach sorgfältiger Prüfung, dass von den Kindern 729 als Jünger Christi betrachtet werden könnten. Es waren jetzt mehr gläubige Waisen beisammen als je zuvor. Solche Segnungen sind bis auf den heutigen Tag immer wieder zu verzeichnen. So krönt Gottes Gnade die aufrichtigen Bemühungen all derer, die unter diesen Kindern arbeiten.

Weitaus mehr als die Hälfte der Waisen hatten beim Verlassen der Einrichtung den Herrn kennengelernt. Selbst bei vielen von denen, die die Anstalt unbekehrt verließen, bewies das spätere Leben, dass die dort erhaltene Erziehung sie davon abhielt, ein Leben voller Sünde zu führen.

Reiche Ernten oft erst in späteren Jahren haben gezeigt, dass »Gott nicht ungerecht ist und den Glauben und das Werk der Liebe nicht vergisst«, ebenso auch nicht das Ausharren der Hoffnung.

Im April 1874 kam ein Brief von einem früheren Waisenmädchen, das sich für den ausgezeichneten Religionsunterricht bedankte, der seine Früchte erst Jahre danach gebracht hatte. Sie war so sorgfältig in Bezug auf den Heilsweg unterwiesen worden, dass sie – selbst noch unbekehrt – Gottes Werkzeug hatte werden können: Sie war imstande gewesen, ein anderes Mädchen, das lange Frieden gesucht hatte, auf den Herrn hinzuweisen.

Eine andere Waise schrieb im Jahr 1876, dass ihr oft der Gedanke an den sechsjährigen Aufenthalt in Ashley Down wie ein Sonnenstrahl ins Herz dringe, der alle Versuchung zum Unglauben verjage. Sie erinnerte sich daran, wie alles dort den sichtbaren Antworten auf das gläubige Gebet entsprach: die Kleider, die man trug, die Speise, die man aß, das Bett, in dem man schlief, ja, die Wände selbst, die einen umgaben. Die Erinnerung daran erwies sich als eine mächtige Hilfe und ein Heilmittel gegen die Zweifel, als ein Schild gegen die feurigen Pfeile Satans.

Man weiß, dass während der 30 Jahre zwischen 1865 und 1895 2566 Waisen die Anstalt als Gläubige verlassen haben; das macht durchschnittlich für das Jahr 85 aus. Gegen Ende 1895 waren noch fast 600 in Ashley Down, die glaubwürdige Zeichen eines wiedergeborenen Zustandes aufwiesen.

Georg Müller erfuhr ferner, dass viele seiner Waisen nicht nur leiblich gesegnet, zu Gott bekehrt und nützliche christliche Bürger wurden – sehr viele wurden auch Väter und Mütter christlicher Haushaltungen.

Nur ein Beispiel von vielen mag hier angeführt werden. Ein Mann und eine Frau, die früher beide im Waisenhaus gewesen waren, hatten einander geheiratet. Gott hatte ihnen acht Kinder geschenkt, die alle ernste Christen wurden; ein Sohn der Familie ging als Missionar nach Afrika.

Von Anfang an setzte Gott Sein Siegel auf das, was in geistlicher Beziehung an den Kindern im Waisenhaus getan wurde. Die beiden ersten Kinder, die im Haus Nr. 1 aufgenommen worden waren, wurden treue Christen und eifrige Reichsgottesarbeiter; einer war nebenberuflich im Predigtdienst tätig, der andere war Pfarrer der anglikanischen Kirche. Beide wurden von Gott in vielfältiger Weise gebraucht, um Seelen zu gewinnen.

Dies alles sind aber nur ganz vereinzelte Beispiele. Könnte die ganze Geschichte von alledem, was durch die Waisenhäuser an Segen gewirkt worden ist, geschrieben werden, was für ein dickes Buch würde das ergeben!

Auf seinen großen Missionsreisen durfte Georg Müller noch viele weitverbreitete Früchte des Werkes von Ashley Down finden. Als er im September 1877 in Brooklyn predigte, erfuhr er, dass in Philadelphia eine Erbschaft von 1000 Pfund auf ihn warte. Das war der Betrag einer Lebensversicherung, die ein ehemaliger Bewohner der Waisenhausarbeit zugedacht hatte. Fast in jeder Stadt in Großbritannien und den USA erlebte er die Freude, Männer und Frauen zu finden, die einst in der Anstalt erzogen worden waren.

Ausführlich berichtet er selbst von einem früheren Waisenjungen namens Wilkinson, dem er in San Francisco begegnete. Dieser Mann hatte schon in großem Segen gewirkt. Im amerikanischen Bürgerkrieg war durch ihn unter den Marinesoldaten eine Erweckung entstanden. Zwanzig Monate lang wurden jeden Abend an Bord Gebetsstunden abgehalten. Tagsüber nahmen er und seine bekehrten Kameraden sich der Farbigen auf dem Schiff an, lehrten sie lesen, schreiben usw. Man behauptete, Bruder Wilkinson sei geradezu ein Abbild Georg Müllers in seinem Glauben, seinem gelassenen Vertrauen auf Gott, seiner ganzen Lebensführung, seiner Festigkeit und seiner geistlichen Vollmacht. Als Wilkinson einmal mit zwei Matrosen wegen der Reparatur des Schiffes auf der Werft sein musste, ertrug er 14 Tage lang stillschweigend ihre leichtfertigen und gottlosen Reden. Sein ganzes Verhalten aber und eine einzige Bemerkung aus seinem Mund brachten diese rohen und gottlosen Seeleute zur Bekehrung. Einer von ihnen las die ganze Bibel vom Anfang bis zum Ende in drei Monaten durch.

In vielen Orten, wo Georg Müller hinkam, traf er bekehrte ehemalige Waisen oder hörte von ihrem Wandel und ihrem Werk, oft in den entlegensten Winkeln der Erde. Häufig warteten in großen Städten zehn oder fünfzehn am Schluss der Versammlung, um ihrem »Vater« die Hand zu schütteln und ihm ihre Dankbarkeit und Liebe auszudrücken. Er fand sie in jeder nur denkbaren Dienst- und Lebensstellung. Viele von ihnen hatten Familien, in denen die Grundsätze, denen gemäß sie selbst erzogen worden waren, nun auch eingehalten wurden. Er fand seine Waisen in akademischen Berufen ebenso wie in bescheidenen Verhältnissen.

Gott gab Seinem Knecht auch die Belohnung, dass er etwas von dem großen Segen sehen durfte, der aus den Tageschulen erwuchs, die er unterstützt hatte.

Ein Lehrer schrieb ihm von einem Jungen, der schwer erkrankt war und unter rheumatischem Fieber litt. Sein Heim befand sich in erbärmlichem Zustand, und die Angehörigen seiner Ursprungsfamilie waren Feinde der Wahrheit. Zum Skelett abgemagert, lag er in seinem Bett, als der Lehrer ihn besuchte. Die Angst seiner Seele war groß. Als aber der Lehrer ihn auf den Herrn Jesus hinwies, der gesagt hat: »Kommt her zu mir alle … ich werde euch Ruhe geben«, war es, als ob sich plötzlich eine neue Welt vor ihm auftäte. Der kranke Junge fing an, Bibelverse aufzusagen, wie z. B.: »Lasst die Kinder zu mir kommen«, und begann folgendes Lied zu singen:

»Jesus liebt mich ganz gewiss,
Denn die Bibel sagt mir dies.«

Er schien wie verklärt und sagte Vers um Vers auf und sang von den Liedern, die er in der Schule gelernt hatte, eines nach dem anderen. Kein Wunder, wenn der Lehrer eine Freude empfand ähnlich wie die Engel im Himmel. War ihm dies doch ein Beweis dafür, dass seine Arbeit in dem Herrn nicht vergeblich war.

Die Berichte der Missionare, die unterstützt wurden, würden allein einen dicken Band füllen. Zwei oder drei Beispiele ihrer Arbeit mögen hier folgen.

Aus Madrid wurde von einem bekehrten Polizeibediensteten berichtet, der infolge seines kühnen Zeugnisses für Christus von Ort zu Ort gejagt, grausam misshandelt und mit Verbannung bedroht wurde. Ein anderer bekehrter Katholik hatte eine kleine Versammlung gründen wollen und wurde deswegen aufgefordert, vor dem obersten Beamten der Provinzverwaltung zu erscheinen. Dieser verhörte ihn auf eine Weise, die daran erinnert, wie römische Statthalter die ersten Christen ausfragten.

»Wer bezahlt Euch dafür?«

»Niemand.«

»Was verdient Ihr damit?«

»Nichts.«

»Wovon lebt Ihr?«

»Ich arbeite mit meinen Händen in einem Bergwerk.«

»Warum haltet Ihr Versammlungen ab?«

»Weil Gott meine Seele gesegnet hat, und weil ich wünsche, dass auch andere gesegnet werden.«

»Ihr? Ihr seid ja nur ein elender Tagelöhner; ich verbiete die Versammlungen.«

»Ich weiche der Gewalt«, war die ruhige Antwort, »aber solange ich einen Mund habe, werde ich für Christus zeugen.«

Wie sehr erinnert dies an die ersten Jünger mit ihren Worten: »Man muss Gott mehr gehorchen als Menschen. [...] Ob es vor Gott recht ist, auf euch mehr zu hören als auf Gott, urteilt ihr; denn uns ist es unmöglich, von dem, was wir gesehen und gehört haben, nicht zu reden« (Apg 5,29; 4,19-20).

Ein Missionar berichtete aus Indien von drei brahmanischen Priestern und vielen Hindus, die zusammen mit vier europäischen Christen zum Tisch des Herrn gingen. Sie alle waren Früchte seiner Wirksamkeit. In Jahresfrist waren 62 Männer und Frauen, darunter Dorfälteste und vier Brahmanenfrauen, Frauen von Priestern und Vorstehern, getauft worden. So war das Evangelium in etwa 23 Dörfer gekommen.

In Spanien waren mehr als 100 Personen auf einmal aus dem Tod ins Leben übergegangen. Solche Ernten waren auf den verschiedenen Missionsgebieten, für deren Bedürfnisse Georg Müller Hilfe leisten durfte, gar nicht selten.

Von den vielen Seiten seines Tagebuches sind etwa ein Fünftel Auszüge aus den Briefen von Missionaren, Lehrern und Mitarbeitern, die ihn über den Fortschritt des Werkes daheim und in anderen Ländern auf dem Laufenden hielten. Bibelwagen, Straßenpredigten, christliche Schulen, Traktat-Verteilung und verschiedene andere Formen der Arbeit für das Reich Gottes waren Zweige des Segensbaumes, der auf Ashley Down gepflanzt worden war.

Eine andere Ermutigung und Belohnung, die Georg Müller schon in diesem Leben zuteilwurde, bestand darin, dass er erfahren durfte, wie sein Beispiel andere Gläubige ermutigt hat, ein ähnliches Werk für Gott auf gleicher Grundlage anzufangen. Er selbst sah es als den größten, aus seinem Lebenswerk entsprungenen Segen an, dass Hunderte und Tausende von Kindern Gottes in allen Teilen der Welt zu einfältigerem Glauben geführt worden waren. Und wenn solcher Glaube nun dadurch seinen Ausdruck fand, dass ähnliche Waisenhäuser entstanden, so schien ihm das die Erfüllung all seiner Hoffnungen zu sein. Denn damit war der Beweis geliefert, dass das Werk seinen Samen in sich selbst trug, dass es ein Baum war, den der Herr selbst zu Seiner Ehre gepflanzt hatte.

Im Dezember 1876 erfuhr Georg Müller zum Beispiel, dass ein christlicher Evangelist in Nijmegen (Nimwegen) in den Niederlanden nur durch das Lesen seiner Berichte dazu gekommen war, für Waisenkinder zu sorgen. Er hatte in Abhängigkeit vom Herrn allein mit drei Waisen angefangen. 14 Jahre später hatte er 450 Waisen. Georg Müller durfte mit seiner Frau selbst diese Anstalten besuchen. Er bezeugte, dass »in fast unzählbaren Fällen« der Herr es ihm schenkte, ähnliche Früchte seines Werkes zu sehen.

Bei seinem ersten Besuch in Tokio berichtete Georg Müller von seinen Waisenhäusern. Dadurch wurde ein bekehrter Japaner veranlasst, nach denselben Grundsätzen ein Waisenhaus anzufangen. Als Georg Müller zum zweiten Mal in das japanische Inselreich kam,[34] stellte er fest, dass dieses Waisenhaus größer geworden war und dass es dort gut voranging.

Der ganze volle Segen, der für die Gemeinde und für die Welt von dem Werk auf Ashley Down ausging, wird freilich hier auf Erden nie bekannt werden. Er ist unberechenbar.

Ein Mann, der in der Nähe von Ashley Down – gerade gegenüber den Anstaltsgebäuden – wohnte, hat gesagt, wenn ihm je Zwei-

34 A. d. H.: Es lässt sich nicht ermitteln, wann dieser zweite Japanbesuch stattgefunden hat, da die einschlägigen Übersichten über G. Müllers Missionsreisen nur einen Aufenthalt in Japan erwähnen.

fel an dem lebendigen Gott gekommen seien, so sei er aufgestanden und habe nach den vielen erleuchteten Fenstern hinübergeschaut. Die wären ihm vorgekommen wie Sterne, die in die Nacht hinausstrahlten. Dadurch sei sein Glaube wunderbar gestärkt worden.

Es war das Zeugnis Georg Müllers von einem Gebete erhörenden Gott, das Hudson Taylor in den 1860er-Jahren ermutigte, die China-Inland-Mission zu gründen. Man hat gesagt – und gewiss nicht zu Unrecht– , dass mehr oder weniger jedes »Glaubenswerk«, das seither in Angriff genommen wurde, entweder auf das Beispiel August Hermann Franckes in Halle oder dasjenige von Georg Müller in Bristol zurückgeführt werden könne.

Georg Müller hat diese lange Geschichte von Segnungen in zwei Hauptpunkten zusammengefasst.

Erstens: Es habe dem Herrn gefallen, ihm viel mehr zu geben und ihn mehr wirken zu lassen, als er je erwartet hatte. Zweitens: Er wisse mit Sicherheit, dass das, was er auf Erden gesehen und erfahren hatte, nicht der tausendste Teil dessen war, was er bei der Wiederkunft des Herrn sehen und erfahren werde, »wenn Er kommt und Sein Lohn mit Ihm, um einem jeden zu vergelten, wie sein Werk ist«.

Noch einmal sei erwähnt, welch ein Mittel des Segens Georg Müllers Tagebuch wurde.

Im November 1856 hatte sich James McQuilkin, ein junger Ire, bekehrt. Im folgenden Jahr las er die beiden ersten Bände des Tagebuches. Er sagte zu sich selbst: »Georg Müller erhält dies alles einfach auf sein Gebet hin; warum sollte ich nicht in gleicher Weise gesegnet werden können?« So begann er zu beten. Zuerst erhielt er von dem Herrn einen geistlichen Gefährten, später kamen noch zwei hinzu. Diese vier Männer begannen zusammen mit regelmäßigen Gebetszusammenkünften in einem kleinen Schulhaus. Am Neujahrstag des Jahres 1858 wurde auf ihr Gebet hin ein Bauernknecht auf sehr merkwürdige Weise bekehrt. Nun schlossen sich die fünf zum Gebet zusammen. Bald nachher wurde ein sechster junger Mann ihrer Gemeinschaft hinzugetan. So wuchs die kleine Schar betender Seelen langsam an. Nur Gläubige wurden zu den einfachen Versammlungen zugelassen.

Um die Weihnachtszeit des Jahres 1858 herum hielt McQuilkin mit den zwei ersten Brüdern auf eine entsprechende Bitte hin eine Versammlung in Ahoghill ab. Zuerst spotteten die Leute. Dann begann der Geist Gottes, mächtig zu wirken, und es gab nun zahlreiche Bekehrungen. Einige der Bekehrten trugen die brennenden Kohlen vom Altar nach draußen. An vielen Orten begannen nun die Feuer der Erweckung aufzulodern.

Es war dies in der Tat der Ausgangspunkt einer der weitverbreitetsten und denkwürdigsten Erweckungen, die es im 19. Jahrhundert gegeben hat. Sie griff im folgenden Jahr (1859) auf England, Wales und Schottland über. Tausende fanden den Heiland, um fortan ein neues Leben zu führen. Noch nach 40 Jahren waren die Folgen dieser geistlichen Bewegung zu sehen.

Schon im Jahr 1868 war das Tagebuch Georg Müllers von einem dankbaren Leser ins Schwedische übersetzt worden. Wie viel es in Deutschland gelesen wurde, haben wir früher gesehen. In vielen anderen Sprachen ist es zumindest auszugsweise erschienen.

Georg Müller erfuhr von einem zehnjährigen Jungen aus einer ungläubigen Familie, der einen Jahresbericht in die Hände bekam und nun anfing zu beten: »Gott, lehre mich beten wie Georg Müller und erhöre mich, wie Du Georg Müller erhörst.« Er sprach dann seinen Wunsch aus, Prediger zu werden. Aber seine Mutter, eine Witwe, war strikt dagegen. Sie behauptete, der Junge sei nicht begabt genug, eine höhere Schule zu besuchen. Er blieb aber dabei: »Ich will lernen und beten, und Gott wird mir durchhelfen, wie Er es bei Georg Müller getan hat.« Bald konnte der Junge zur Verwunderung aller sein Examen bestehen und wurde in die Schule aufgenommen.

Ein Geber schrieb am 20. September 1879, dass das Lesen des Buches sein inneres Leben vollständig in ein Leben vollkommenen Vertrauens zu Gott umgestaltet habe. Er fing an, wenigstens den

Zehnten von seinem Verdienst für die Sache des Herrn zu geben, und spürte bald, wie viel seliger es ist zu geben, als zu nehmen. Ferner fühlte er sich veranlasst, ein Exemplar des Buches in eine Leihbibliothek der Stadt zu geben, wo es 3000 Lesern zur Verfügung stand.

Eine Frau, die vorher ungläubig war, schrieb an Georg Müller, »er sei der erste Mensch, durch dessen Beispiel sie gelernt habe, dass es Leute gebe, die aus dem Glauben leben. Aus diesem Grund habe sie ihm in ihrem Testament alles vermacht, was sie besitze.«

Ein anderer Leser fand, diese Berichte seien glaubensstärkender und seelenerfrischender als viele Predigten zusammengenommen. Dieser Eindruck sei umso stärker gewesen, als er sich vor dem Lesen des Buches von Müller gerade durch den Vortrag eines französischen Ungläubigen mühsam, wie durch einen Sumpf, hindurchgearbeitet hatte. Dieser habe kühn die Behauptung aufgestellt, dass von den Millionen von Gebeten, die täglich zum Himmel aufgestiegen seien, nicht eines erhört werden würde.

Wir möchten hören, was ein vorurteilsfreier Ungläubiger angesichts der einfachen Darstellung der Glaubenserfahrungen Georg Müllers für seinen Unglauben noch vorbringen kann. Wir möchten sehen, wie er mit seinen »Zufälligkeiten« und »Vermutungen« die nach Tausenden und Zehntausenden zählenden Gebetserhörungen erklären will. Tatsache ist, dass der Unglaube seine Wurzel einerseits in der Unehrlichkeit und andererseits in der Unkenntnis der täglichen Beweise dafür hat, »dass Gott denen, die ihn suchen, ein Belohner ist«.

Vom ersten Erscheinen des Buches an hatte Georg Müller die Überzeugung gewonnen, dass es von Gott in besonderer Weise als ein Zeugnis Seiner Treue benutzt werden würde. Schon im Jahr 1842 wurde es ihm aufs Herz gelegt, jedem Pastor in England ein Exemplar seines Jahresberichts unentgeltlich zuzusenden. Der Herr half ihm, diesen Vorsatz auszuführen. Es war nicht seine Absicht, Spendenaufrufe damit zu verbinden oder auch nur das Interesse für das

Werk wachzurufen, sondern es ging vielmehr darum, den Glauben und die Gesinnung des Gebets zu wecken.[35]

26 Jahre später, im Jahr 1868, war es schon deutlich zu sehen, dass die *Erzählungen der Taten Gottes* dazu dienen durften, die Kinder Gottes weiterzuführen und zu erbauen, Sünder zur Bekehrung zu bringen und Ungläubige zu überzeugen. Georg Müller sah darin den *größten geistlichen Segen*, der aus seiner Arbeit für Gott hervorgegangen war.

Seitdem sind wieder Jahrzehnte vorübergegangen. Während dieser ganzen Zeit haben Briefe von Tausenden den Beweis geliefert, dass, obwohl Elia von Gott zu Sich gerufen worden ist, der Gott Elias noch immer Seine Wunder tut.

So hat denn in allen Teilen seiner Arbeit im Reich Gottes der Gott, für den Georg Müller zeugte, Seinerseits ihm wieder Zeugnis gegeben und ihm schon jetzt durch eine überfließende Freude ein Unterpfand für seinen letztendlichen Lohn gegeben.

---

35 Der Verfasser dieses Lebensbildes hat sich vorgenommen, jedem Missionar im Ausland sowie den Reichsgottesarbeitern in der Heimat je ein Exemplar davon zuzusenden, soweit er als Antwort auf sein Gebet die Mittel dazu bekommt. Etwa 100 Pfund Sterling hat er zu dem Zweck schon erhalten. Ein Teil davon, der als Betrag klein ist, aber groß durch die damit verbundene Selbstverleugnung, kam von den Mitarbeitern und Waisen von Ashley Down.

Letzte Ausblicke vorwärts und rückwärts

Für den Bergsteiger, der bei Sonnenuntergang beginnt, wieder ins Tal hinabzusteigen, ist es naheliegend, noch einen letzten zögernden Blick auf die Landschaft zu werfen, die er von seiner luftigen Höhe aus überblicken kann.

Auch wir sehen, ehe wir dieses Buch schließen, noch einmal auf dieses heilige und fruchtbare Leben zurück, um aus dessen Schönheit neuen Antrieb zu gewinnen, selbst heilig zu leben und uneigennützig zu dienen.

Georg Müller war für sein Werk göttlich ausgerüstet. Er hatte sowohl von Natur aus als auch durch die Gnade besondere Fähigkeiten für den Dienst, zu dem er berufen war. Drei Eigenschaften fallen bei ihm besonders auf: *Wahrhaftigkeit, Glaube und Liebe.* Diese drei Züge waren bei Georg Müller in besonders hohem Maße vorhanden. Das ist der Grund seiner Fruchtbarkeit im Dienst Gottes und der Menschen.

Wahrhaftigkeit ist der Pfeiler aller Tugend. Von der Stunde seiner Bekehrung an kam sie bei Georg Müller immer mehr zur Herrschaft. Seine Gewissenhaftigkeit hinsichtlich des Mitgeteilten kommt uns oft geradezu übertrieben groß vor. Man lächelt über die fast peinliche Genauigkeit, mit der er die Tatsachen wiedergibt. Er nennt das Jahr, den Tag und die Stunde, da er anfing, für ein Anliegen zu beten. Er zeichnet jedes Pfund und jeden Penny der Summe auf, die für einen gewissen Zweck gebraucht wurde. Wir finden in seinem Tagebuch überall die gleiche peinliche Genauigkeit. Oft ist nicht einmal der Wortlaut verändert.

Und doch ist auch das von großer Bedeutung, denn so gewinnt man volles Vertrauen, wenn es um die Taten Gottes geht, die hier in einem Buch niedergeschrieben worden sind. Man sieht, dass der Schreiber sich selbst in strenger Zucht hält.

So manche falsche Darstellung umfasst nicht immer eine absichtliche Lüge, sondern oft eine unbeabsichtigte Ungenauigkeit. Drei Dinge beeinflussen in entscheidendem Maße unsere Wahrhaftigkeit: unser *Gedächtnis*, unsere *Einbildungskraft* und unser *Gewissen*.

Wo das Gewissen nicht empfindsam ist, werden das Gedächtnis und die Einbildungskraft so verworren, dass mitunter Tatsachen und Einbildungen nicht mehr auseinandergehalten werden können. Die Einbildungskraft überkleidet dann die Ereignisse und Erfahrungen entweder mit einem rosigen Schein oder mit einer Wolke, die aus Vorurteilen besteht. Der Erzähler teilt nicht mehr das mit, was er klar in dem Buch der Erinnerung geschrieben sieht, sondern das, was auf die Leinwand seiner Einbildung gemalt ist. Halb unbewusst wird die genaue Wahrheit der eigenen Erfindung geopfert. Man übertreibt oder redet klein, je nachdem, wie einem gerade innerlich zumute ist. So kann ein Mensch, der unbeabsichtigt und nicht bewusst lügt, dennoch Unwahrheit verbreiten und kein Vertrauen verdienen. Man kann dann nicht sagen, wie sich die Sache eigentlich verhält. Oft weiß ein solcher Mensch es selbst nicht mehr. Bei solchen Darstellungen kann man schwer sagen, wie die Sache aussieht, wenn die purpurnen und goldenen oder die düsteren Wolken verschwunden sind und nur der nackte Felsen dasteht.

Georg Müller erkannte die ungeheuer große Bedeutung genauer Darstellung. Er nahm sich selbst in Zucht. Das Gewissen hielt Wache bei der Abfassung seiner *Erzählungen der Taten Gottes* und verlangte, dass alle anderen Erwägungen schonungslos der Wahrheit geopfert würden. Aber noch mehr als das; Gott machte ihn gewissermaßen zu einem *Mann ohne Einbildungskraft* – einem Menschen, der verhältnismäßig frei war von den Versuchungen der Begeisterung. Er war eher ein Rechner als ein Dichter, eher ein Handwerker als ein Künstler. Er sah die Dinge durchaus, wie sie waren. Er war bedächtig, nicht hastig, ruhig und nicht erregbar. Er wog jedes Wort ab, ehe er sprach, und prüfte genau alles, was er in Wort oder Schrift mitteilen wollte.

Deshalb machen die gleichen Eigenschaften, die seine Aufzeichnungen langweilig, reizlos und trocken erscheinen lassen, sie auf der anderen Seite zu dem gewissenhaften, ungeschminkten, vertrauenswürdigen Zeugnis, das sie in Wahrheit sind. Hätte ein mehr dichterisch veranlagter Mann dieses Tagebuch geschrieben, so würde der Leser den Überschwang der Ausdrucksweise des Verfassers berücksichtigen müssen. Er würde unter dem Eindruck stehen, die Dinge seien zu rosig gemalt worden. Die Erzählung wäre vielleicht kurzweiliger gewesen, aber sie hätte nicht gleichermaßen Vertrauen eingeflößt. In der Geschichte von den Taten des Herrn war aber gerade die *genaue Wahrheit* unentbehrlich.

Der Herr rüstete darum den Mann, der diese Lebensgeschichte schrieb und dieses Leben des Glaubens und Gebets führte, in besonderer Weise dazu aus, andere zum Vertrauen zu ermutigen. Auch der Zweifler und Ungläubige sollte spüren, dass das, was er liest, nicht ein Roman oder eine Dichtung, sondern *Geschichte - Wahrheit* - ist.

Der *Glaube*, der zweite Charakterzug Georg Müllers, war ausschließlich durch die Gnade Gottes gewirkt.

In der ersten großen Unterweisung über den Glauben, die uns die Schrift weitergibt, wird von Abraham erzählt (1Mo 15,6), dass er *Gott glaubte* - wörtlich, dass er »Amen sagte zu Gott«. Das Wort »Amen« bedeutet nicht: »Es mag wohl sein«, sondern vielmehr: »Es wird geschehen.«

Paulus scheint Abrahams Glauben nachzuahmen, als er vor dem Schiffbruch an der Küste der Insel Malta sagte: »Ich vertraue Gott, dass es so sein wird, wie zu mir geredet worden ist« (Apg 27,25). Das ist Glaube in seiner einfachsten Gestalt, und das war Georg Müllers Glaube. Er fand in seiner Bibel für jede neue Schwierigkeit, für jede Not ein Wort des Herrn; dann legte er seinen Finger auf dieses Wort, schaute auf zu Gott und sagte: »Du hast es gesagt. Ich glaube.«

Im Verlauf des Lebenswerkes dieses Gottesmannes, das sich über 65 Jahre erstreckte, ist nichts so bemerkenswert wie die

Beständigkeit seines Glaubens und die Festigkeit, die diese seinem ganzen Charakter verlieh. Ein Wort Gottes zu haben, war ihm genug. Er baute darauf; und wenn dann »der Platzregen fiel … und die Ströme kamen, und die Winde wehten und stürmten gegen jenes Haus an«, wie hätte es fallen können? Er war nie verwirrt; nie war er genötigt, den Rückzug anzutreten. Wenn auch ein Erdbeben Himmel und Erde erschüttern sollte, so bleibt doch der wahre Gläubige der Erbe eines Reiches, das nicht erschüttert werden kann.

Wenn Georg Müller eine große und bedeutungsvolle Aufgabe hatte, so war es nicht so sehr die Gründung großer Reichsgotteswerke, so segensreich seine Bibel- und Traktat-Verteilung, seine Waisenhäuser, seine christlichen Schulen und die Missionstätigkeit auch waren. Vielmehr bestand seine Hauptaufgabe darin, die Menschen zu lehren, dass man sicher auf Gottes Wort trauen darf. Er wollte zeigen, dass das Gebet des Glaubens, das sich auf Gottes Verheißung und den Mittlerdienst Seines geliebten Sohnes stützt, nie vergeblich sein kann. Schließlich ging es ihm darum, dass das Leben im Glauben ein Wandeln mit Gott ist, ein Leben unmittelbar an der Pforte des Himmels.

Die *Liebe*, die dritte dieser Gnadengaben, war das weitere große Geheimnis seines Lebens. Was ist Liebe? Nicht nur eine Neigung, die sich darin gefällt zu lieben, was liebenswürdig ist. Das ist oft nur ein halb selbstsüchtiges Wohlgefallen an der Gemeinschaft und Freundschaft mit denen, die uns lieben. Die Liebe ist vielmehr das Ergebnis der Selbstentäußerung; die Liebe sucht nicht das Ihre; sie zieht den Nutzen des Nächsten dem eigenen Vorteil vor; sie kommt dem undankbaren und nicht liebenswürdigen Bruder entgegen, um ihn dadurch auf eine höhere Stufe des geschwisterlichen Miteinanders zu stellen.

Solche *Liebe* verdient eigentlich eher den Namen *Barmherzigkeit*, und daher ist sie von Gott, denn Er liebt den Undankbaren und Bösen. »Jeder, der liebt, ist aus Gott geboren und erkennt Gott.« Solche Liebe ist Gehorsam und lässt die Selbstentäußerung zu etwas Selbstverständlichem, Natürlichem werden. Während Satans Grundsatz ist: »Schone dich selbst«, ist es Jesu Art: »Verleugne dich selbst!« Der schärfste Vorwurf, den unser Herr je aussprach, galt Petrus, als dieser dadurch, dass er seinen Meister bewegen wollte, den Grundsatz Satans zu Seinem eigenen zu machen, wie Satan handelte.

Paulus ermahnt uns: »Halte im Gedächtnis Jesus Christus« (2Tim 2,8), und Petrus tut es ihm gleich: »... damit ihr seinen Fußstapfen nachfolgt« (1Petr 2,21).

Wenn wir in den tiefsten Sinn dieser beiden Verse eindringen, so ergibt sich das, was dies für uns mit sich bringt: Wir sollen Seinen Fußstapfen nachfolgen, indem wir uns im Glaubensgehorsam und darin üben, uns selbst Gott zu übergeben. Gleichzeitig sollen wir durch die Liebe uns selbst den Mitmenschen hingeben. Der Spott: »Anderen hat er geholfen, sich selber kann er nicht helfen« (Mt 27,42; Menge), war – auf einer höheren Ebene betrachtet – wahr: Weil Er anderen half, konnte Er sich selbst nicht helfen. Der Same muss sein eigenes Leben zugunsten der Frucht aufgeben. Wer ein Lebensvermittler für andere sein will, muss einwilligen, sich selbst in den Tod zu geben.

Das ist der wahre Sinn des Gebots: ... der »verleugne ... sich selbst und nehme sein Kreuz auf«. Selbstentäußerung besteht nicht darin, dass man hier und da eine Neigung, eine Schwachheit aufgibt, sondern darin, dass man die Axt an die Wurzel des Baumes des eigenen Ichs legt, an dem alle Schwächen nur größere oder kleinere Zweige sind. Selbstgerechtigkeit und Selbstvertrauen, das Suchen der eigenen Ehre und des eigenen Genusses, Selbstgefälligkeit, Eigenwille, Selbstverteidigung, Eigenruhm – das sind ein paar aus der großen Menge von Zweigen dieses tief gewurzelten Baumes. Was hilft es, wenn einer oder mehrere dieser Äste abgeschnitten werden, aber dafür der Saft des Eigenwillens nur umso kräftiger in die übrigen fließt?

Was ist Kreuztragen? Wir sprechen von unseren »Kreuzen«. Aber die Schrift kennt dieses Wort nicht in der Mehrzahl. Es gibt nur ein Kreuz – das Kreuz, an dem unser Eigenleben gekreuzigt ist, das Kreuz freiwilliger Selbstentäußerung. Welcher Weg führte Jesus an das Kreuz? Der Philipperbrief gibt uns Aufschluss über die sieben Stufen Seines Niedersteigens vom Himmel bis hinab nach Golgatha. Er hatte ja alles, was Ihm, dem Sohn Gottes, kostbar war, da Er Gott gleich war. Und doch, was tat Er um der Menschen willen? »… sondern sich selbst zu nichts machte und Knechtsgestalt annahm, indem er in Gleichheit der Menschen geworden ist, und, in seiner Gestalt wie ein Mensch erfunden, sich selbst erniedrigte, indem er gehorsam wurde bis zum Tod, ja, zum Tod am Kreuz« (Phil 2,7-8). Jeder Schritt ging tiefer hinunter, bis Er, dem vorher die Engel gedient hatten, von Verbrechern geschmäht wurde und die Dornenkrone an die Stelle der Ehrenkrone trat. Das war Sein Kreuz! Und Er sagt: »Wenn jemand mir nachkommen will, so verleugne er sich selbst und nehme sein Kreuz auf und folge mir nach« (Mt 16,24). Dieses Kreuz wird uns nicht aufgezwungen, wie es bei vielen kleinen und großen Anfechtungen und Prüfungen der Fall ist, die wir »unsere Kreuze« nennen. Wir nehmen es vielmehr um Seinetwillen freiwillig auf uns. Wir verlieren unser Leben, damit wir es im Dienst für andere wiederfinden.

Das ist die glückselige Selbstverleugnung der Liebe. Georg Müller hat diese in seinem Leben zur Darstellung gebracht. Von der Stunde an, in der er begann, dem Gekreuzigten zu dienen, trat er immer mehr in die Gemeinschaft Seiner Leiden ein, dass er »seinem Tod gleichgestaltet werde«. Er verzichtete darauf, nach Vermögen und Ehre zu streben; er verzichtete auf die Welt mit ihren Freuden; er gab alle zweifelhaften Dinge auf und richtete sich in allen Dingen nach dem Vorbild des Wortes Gottes. Jeder neue Schritt war eine neue Selbstverleugnung; er folgte Ihm. Er wählte die Armut, was für andere großen Reichtum (vorwiegend auf geistlichem Gebiet) mit sich brachte, und freiwilligen Verlust, damit andere daraus Gewinn ziehen konnten. Sein ganzes Glaubensleben war ein einziges langes Bemühen, anderen Segen zuzueignen und der Kanal für Gottes Wahrheit, Liebe und Gnade zu sein. Wie Paulus freute er sich in seinen Leiden für andere, weil er so »[ergänzte in seinem Fleisch] das, was noch fehlt an den Drangsalen des Christus für seinen Leib, das ist die Versammlung« (Kol 1,24).

Die Treue zur Wahrheit, der Gehorsam des Glaubens, das Opfer der Liebe – das ist der dreifache Schlüssel, ohne den Georg Müllers Leben ein Rätsel bleiben würde. Dieser Schlüssel kann ein Leben mit all seinen Kammern für Gott öffnen. Georg Müller hatte kein Alleinrecht für Heiligkeit des Lebens und Dienstes. Er folgte seinem Herrn in der Übergabe an Seinen Willen und in der Dahingabe des eigenen »Ichs« zum Segen der Menschen; darin liegt das ganze Geheimnis.

Als ihn jemand nach diesem Geheimnis fragte, antwortete er: »Es gab einen Tag, an dem ich starb, völlig starb.« Er bückte sich dabei immer tiefer und fuhr fort: »Ich starb Georg Müller, seinen Meinungen, seinen Vorlieben, seinem Geschmack und Willen; ich starb der Welt, ihrem Beifall oder ihrem Urteil; ich starb sogar dem Beifall oder Tadel der Brüder und Freunde; und seit der Zeit habe ich nach nichts mehr gestrebt, als dass Gott mein Tun wohlgefällig sein möge.«

Der gottgemäße Wandel dieses großen und treuen Mannes stellte aber keineswegs infrage, dass er dennoch ganz und gar Mensch war. Seine Absonderung zu Gott hin zog keine unnatürliche Vereinsamung unter den Mitmenschen nach sich. Er konnte wie Terenz in Wahrheit sagen: »Ich bin ein Mensch. Nichts Menschliches ist mir fremd.«[36]

Um ihn recht kennenzulernen, musste man Georg Müller in seinem einfachen häuslichen Alltagsleben beobachten. Es war das Vorrecht des Verfassers, ihn oft in seinem eigenen Zimmer im Waisenhaus Nr. 3 zu besuchen und zu sehen.

36 https://1000-zitate.de/25000/Ich-bin-ein-Mensch-Nichts-Menschliches.html (abgerufen am 28.11.2022). Publius Terentius Afer (zwischen 195 und 184 bis 159 oder 158 v.Chr.), zumeist einfach Terenz genannt, war einer der berühmtesten römischen Komödiendichter.

Dieses Zimmer war von mittlerer Größe, hübsch, aber einfach möbliert, mit einem Tisch und Stühlen, Sofa, Schreibtisch usw. Seine Bibel lag fast immer offen; sie war das Buch, zu dem er fortwährend seine Zuflucht nahm.

Er war groß und schlank von Wuchs und hielt sich sehr aufrecht. Sein Anzug war immer ordentlich und sein Schritt fest und sicher. Sein Gesicht hätte in der Ruhe einen Ausdruck der Strenge gehabt, wenn nicht das Lächeln gewesen wäre, das so oft in seinen Augen aufleuchtete und über seine Züge flog und seine Spuren darauf zurückließ.

Seine Art, sich zu geben, war höflich, ungekünstelt und würdevoll. Es wäre unmöglich gewesen, in seiner Gegenwart sich mit Nichtigkeiten zu beschäftigen. Er hatte in seinem Wesen etwas an sich, was an Autorität und Erhabenheit erinnerte, als ob er von seiner Herkunft her ein Fürst gewesen wäre. Und doch vereinte er damit eine so große Kindlichkeit und Einfachheit, dass auch Kinder sich in seiner Nähe wohlfühlten. Er verlor seine deutsche Aussprache nie völlig und sprach immer langsam und abgemessen, als wenn eine doppelte Wache an der Tür seiner Lippen gestanden hätte. Bei ihm war »das unruhige Glied, die Zunge« durch den Heiligen Geist gezähmt. Er hatte das Merkmal, das nach Jakobus den »vollkommenen Mann« ausmacht, der »auch den ganzen Leib … zügeln« kann.

Er war weder ein Einsiedler noch so ernst und streng, dass er nicht auch für das Heitere, ja, für das Komische Sinn gehabt hätte.

Er konnte sich im Gegenteil über eine heitere Geschichte freuen – vorausgesetzt, dass nichts Unreines, Ungöttliches oder Boshaftes darin vorkam. Seinen Nächsten und Liebsten gegenüber gab er sich in heiteren Stimmungen ganz, wie er war.

Seine enge Verbindung mit seinem göttlichen Meister beeinträchtigte die menschliche Natürlichkeit nicht. Das wäre in der Tat eine unzureichende Frömmigkeit, die zwischen einer heiligen Seele und all dem, was menschlich ist, eine Trennwand errichten würde. Der, der uns aus der Welt erwählte, sandte uns in diese zurück, damit wir in ihr unseren Arbeitsplatz fänden. Um dieses Dienstes willen müssen wir in einem lebendigen und engen Zusammenhang mit den Menschen bleiben, wie es unser göttlicher Herr selbst tat.

Die Arbeit für Gott war Georg Müllers Lebenselement. Als er im Mai 1897 sich in Huntly etwas ausruhen sollte, war seine erste Frage bei der Ankunft, was es hier für den Herrn zu tun gäbe.

Auf den Einwand, dass er ja angestrengte Arbeit hinter sich habe und sich hier erholen solle, antwortete er, es sei genug Erholung, von der gewöhnlichen Arbeit für eine Weile befreit zu sein. Er habe das Bedürfnis, in irgendeiner Art dem zu dienen, der das Ziel seines Lebens und auf den hin er ausgerichtet sei. So wurden Versammlungen in der betreffenden Ortschaft und in dem benachbarten Teignmouth eingerichtet.[37]

Über seinem ganzen Leben sehen wir in großen Buchstaben die Worte geschrieben: *»Sieg des Gebets«*. Dieser Mann war von Gott erwählt, um uns die *Macht des Gebets* zu verkörpern.

Es gibt einen Bibelvers, der die von Georg Müller während seines Lebens weitergegebene Lektion besonders zur Geltung bringt und ins Licht stellt. Er findet sich im Brief des Jakobus, Kapitel 5,16: »Das inbrünstige Gebet eines Gerechten vermag viel.« Keine Übersetzung hat im Grunde dieser Stelle Genüge getan. Sie will sagen, dass ein solches Gebet übernatürliche Kraft hat. Die Stelle wird am besten deutlich, wenn wir sie im Zusammenhang lesen:

»Elia war ein Mensch von gleichen Empfindungen wie wir; und er betete ernstlich, dass es nicht regnen möge, und es regnete nicht auf der Erde drei Jahre und sechs Monate. Und wieder betete er, und der Himmel gab Regen, und die Erde brachte ihre Frucht hervor.«

Zwei Dinge werden uns da vor Augen gehalten. Erstens, dass Elia von Natur aus war wie alle anderen Menschen, den gleichen

37 A. d. H.: Möglicherweise gab es seit diesem Zeitpunkt zwei Gemeinden in Teignmouth, denn hier hatte er ja Anfang der 1830er-Jahre gewirkt.

menschlichen Schwachheiten und Fehlern unterworfen, und dass zweitens dieser Mann eine solche Macht hatte, weil er ein Mann des *Gebets* war; er betete anhaltend und ernsthaft.

Diesen Eindruck bekommt man beim Lesen seiner kurzen Lebensgeschichte. Aber nicht deswegen, weil er über den menschlichen Torheiten und Schwachheiten gestanden hätte, sondern weil er ihnen im Gegenteil unterworfen war, wird er uns als ermutigendes Beispiel für die Macht des Gebets vor Augen gestellt. Er hielt den Arm des Allmächtigen fest, weil er selbst schwach war, und ließ ihn nicht los, weil er sonst in seiner menschlichen Unfähigkeit verloren gewesen wäre. Dieser Mann schloss allein durch sein Gebet die »Schleusen des Himmels« dreieinhalb Jahre und öffnete sie dann wieder mit derselben Macht. Gott gebrauchte das Gebet eines hinfälligen, schwachen, törichten Sterblichen und gebot auf dessen Bitten hin dem Regen und dem Tau Einhalt. Und nachdem dieser Sterbliche nochmals gebetet hatte, ging ein starker Regen nieder und beendete die Not.

Georg Müller war ein zweiter Elia. Wie dieser war er menschlichen Schwachheiten unterworfen, hatte seine Augenblicke der Entmutigung, der Glaubensschwäche und des Niedergedrücktseins; aber er betete und hielt an im Gebet. Er lehnte es, wie schon mehrfach betont, ab, als ein Wundertäter oder ein besonders begünstigter Heiliger zu gelten. Aber in einem gewissen Sinn war er doch ein Wundertäter. Er verrichtete Wunder, die dem natürlich und fleischlich Gesinnten unmöglich sind. Bei Gott sind alle Dinge möglich, und das gilt auch für den, der glaubt. Gemäß der Absicht Gottes sollte Georg Müller das gewöhnliche kraftlose Durchschnittschristentum fortwährend widerlegen.

Wenn die Menschen fragen, ob das Gebet noch die gleichen Wunder wirken könne wie in alter Zeit, so ist hier ein Mann, der die Frage durch den unwiderstehlichen, auf Tatsachen gegründeten Beweis beantwortet. Machtlosigkeit ist immer die Folge von Gebetslosigkeit. Es ist für uns nicht nötig, vollkommen sündlos oder zu einer besonderen Stufe der Würdigung erhoben zu sein, um diese mächtige Waffe gebrauchen zu können. Wir müssen nur Leute des Gebets sein, wir müssen uns im regelmäßigen, gläubigen, ernstlichen Gebet üben.

Für Georg Müller war nichts zu klein und geringfügig, als dass er nicht ein Gebetsanliegen daraus hätte machen können. Für Gott ist ja auch nichts zu unbedeutend, wenn es um Seine Fürsorge geht. Wenn Er unsere Haare zählt und es beachtet, wenn ein Sperling zur Erde fällt, wenn Er das Gras auf dem Feld kleidet, dann ist Ihm auch sicherlich nichts, was Seine Kinder angeht, zu unbedeutend. In jeder Verlegenheit war Georg Müllers einzige Zuflucht, sein Bedürfnis vor seinen Vater zu bringen.

Im Jahr 1858 war eine Erbschaft von 500 Pfund, die schon 14 Monate bei den Behörden lag, noch immer nicht ausgezahlt worden. Georg Müller bat den Herrn, dass doch das Geld in seine Hände gelangen möchte. Er betete es buchstäblich aus dem Kanzleigericht heraus; es wurde sogar mit vier Prozent Zinsen ausgezahlt.

Wenn große Gaben ankamen oder angeboten wurden, betete er zusammen mit den Mitarbeitern um Weisheit, weil man erkennen wollte, ob man sie annehmen oder ablehnen sollte. Georg Müller betete um Gnade, dass die Ablehnung in der richtigen Weise erfolgte, falls dies um der Ehre Gottes willen nötig war. Die Ablehnung sollte nicht verletzen. Die freundliche, demütige und doch feste Art seiner Zurückweisung sollte erkennen lassen, dass er nicht um seinetwillen, sondern als ein Diener eines höheren Meisters so handelte.

Das waren große Anliegen, hinsichtlich derer es selbstverständlich war, dass man Hilfe und Leitung von oben suchte. Aber Georg Müller blieb dabei nicht stehen. Auch in kleinen Dingen, ja, in den allerkleinsten suchte er und fand er Hilfe. Sein ältester Freund, Robert C. Chapman von Barnstaple, erzählte den folgenden Vorfall:

In der Zeit der ersten Liebe zum Herrn besuchte Georg Müller einen Freund, der eben im Begriff war, eine Schreibfeder zu schneiden. »Bruder H., betest du, wenn du deine Feder schneidest?«, fragte er ihn. »Es wäre vielleicht gut«, erwiderte dieser, »aber ich kann nicht behaupten, dass ich es tue.« »Ich tue dies immer«, sagte Georg Müller, »und dabei schneide ich meine Feder viel besser.«

Sieben Eigenschaften machten diesen Gottesmann zu dem, was er war: makellose Aufrichtigkeit, kindliche Einfalt, kaufmännische Genauigkeit, Zähigkeit des Vorsatzes, Glaubenskühnheit, Gebetsgewohnheit und freudige Selbstübergabe. Sein heiliger Wandel war die notwendige Vorbedingung für seinen reich gesegneten Dienst.

Wir wollen nicht schließen, ohne vorwärtszuschauen. Es gibt zwei Aussprüche unseres Heilands, die sich gegenseitig ergänzen und die hier nebeneinander stehen. Sie lauten:

»Wenn jemand mir nachkommen will, so verleugne er sich selbst und nehme sein Kreuz auf und folge mir nach« (Mt 16,24).

»Wenn mir jemand dient, so folge er mir nach; und wo ich bin, da wird auch mein Diener sein. Wenn jemand mir dient, so wird der Vater ihn ehren« (Joh 12,26).

Der eine von diesen Aussprüchen stellt uns das Kreuz vor Augen, der andere die Krone, der eine die Entsagung, der andere die Belohnung. In beiden Fällen heißt es: »er … folge mir nach«; aber im zweiten geht die Nachfolge weiter als bis an das Kreuz auf Golgatha; sie geht bis zur Gemeinschaft mit Ihm in Seinem letztendlichen Reich der Herrlichkeit.

Zwei Arten der Belohnung werden besonders hervorgehoben: erstens *das ewige Bleiben bei dem Herrn* und zweitens *die überströmende Ehre, die man bei dem Vater finden wird.*

Wir sehen oft zu sehr allein auf das Kreuz und das Sterben und denken nur an unser Einssein mit dem Herrn in Seinem Leiden und Dienen. Wir sollten aber auch darüber hinausblicken auf unser Einssein mit Ihm in der Herrlichkeit.

Durch die Selbstverleugnung verlieren wir nichts; wir opfern zwar etwas Zeitliches, aber wir gewinnen damit ein zukünftiges und größeres Gut. Auch unser Heiland wurde durch die Freude, die Ihn erwartete, und die Herrlichkeit Seines letztendlichen Sieges gestärkt, das Kreuz zu erdulden und die Schande nicht zu achten. Er, der hinabgestiegen ist, ist derselbe, der auch hinaufgestiegen ist über alle Himmel, damit Er alles erfüllte.

Georg Müller hielt alles für Verlust, was sonst die Menschen für Gewinn halten, ja, für Kot, weil er Christus gewinnen und in Ihm erfunden werden wollte. Sein Ziel war, »ihn zu erkennen und die Kraft seiner Auferstehung und die Gemeinschaft seiner Leiden, indem ich seinem Tod gleichgestaltet werde, ob ich auf irgendeine Weise hingelangen möge zur Auferstehung aus den Toten. … So viele nun vollkommen sind, lasst uns so gesinnt sein« (Phil 3,10-11.15).

Als der Herr Jesus auf Erden war, gab es einen Jünger, den Er liebte, der an Seiner Brust lag und den bevorzugten Platz einnahm, den nur einer haben konnte. Aber jetzt, da Er wieder aufgefahren und im Himmel ist, kann jeder Jünger der Geliebte sein und den bevorzugten Platz haben und an Seiner Brust ruhen. Es gibt keinen Alleinbesitz der Vorrechtsstellung und des Segens. Wer Ihm folgt und in Ihm bleibt, wer dem Lamm nachfolgt, wo immer es hingeht, der darf den vertrauten Umgang mit Ihm pflegen. Gottes Knechte üben sich in der Selbstverleugnung und wissen dabei, dass sie auf dem Weg zur Vollendung sind. Dann sind sie daheim bei Ihm und mit Ehre gekrönt.

»Und keinerlei Fluch wird mehr sein; und der Thron Gottes und des Lammes wird in ihr [d. h. in der himmlischen Stadt, dem neuen Jerusalem] sein; und seine Knechte werden ihm dienen, und sie werden sein Angesicht sehen; und sein Name wird an ihren Stirnen sein. Und Nacht wird nicht mehr sein … und sie werden herrschen von Ewigkeit zu Ewigkeit« (Offb 22,3-5).

60 Jahre danach[38]

Seit dem Heimgang von Georg Müller sind 60 Jahre ins Land gegangen. Zwei Weltkriege haben die Welt erschüttert. Die Waisenhäuser von Ashley Down sind davon nicht unberührt geblieben. Nöte und Schwierigkeiten, ganz anderer Art als die bisherigen, haben sich eingestellt; aber das Werk wurde durch all diese Jahre fortgeführt, indem man einfach auf Gott vertraute. Georg Müller hat einst am Ende eines Jahres folgende Worte niedergeschrieben: »Der Glaube steht über den Umständen. Kein Krieg, kein Feuer, kein Wasser, keine geschäftliche Krise, kein Verlust von Freunden, kein Tod kann hieran rühren. Der Glaube geht seinen eigenen stetigen Weg. Er triumphiert über alle Schwierigkeiten. Die Menschen, die wirklich ihr Vertrauen auf Gott setzen, weil sie um die Macht Seines Armes und um Seine herzliche Liebe wissen, wie diese sich am deutlichsten durch den Tod und die Auferstehung Seines einzigen Sohnes gezeigt hat, die erfahren Hilfe, was auch immer ihre Anfechtungen und Nöte sein mögen.« Diese Worte des Gründers haben sich auch im späteren Verlauf der Geschichte des Werkes stets als Wahrheit erwiesen.

Während des Zweiten Weltkrieges waren es große Erbschaften, die es der Leitung des Werkes ermöglichten, die Probleme zu bewältigen, die durch die Bombardierungen und Rationierungen entstanden. Obgleich in der Nähe der Heime Bomben fielen, traf während der vielen Luftangriffe auf die Stadt Bristol keine der »großen Familien« ein Leid. Im Mai 1958 wurde eine Brandbombe als Blindgänger auf dem Grundstück eines der Häuser ausgegraben, in dem

38 A. d. H.: Diese abschließenden Ausführungen können als Nachwort angesehen werden. Sie wurden um 1960 hinzugefügt.

sich zu jener Zeit 80 Kinder aufhielten. So behütete und beschützte die bewahrende Hand Gottes.

Der Krieg fegte viele Dinge hinweg, gute und schlechte. Die Zeit nach seiner Beendigung brachte in sozialer und wirtschaftlicher Hinsicht tief gehende Änderungen mit sich. Wenn es auch einerseits stimmt, dass ein gewisser Notstand fast völlig verschwunden war, so bleibt eben doch die nüchterne Tatsache, dass Kinder immer noch auf die Pflege und Sorge angewiesen sind, oft aufgrund des elterlichen Versagens. Doch Georg Müllers Methoden, die vor einem Jahrhundert so gut gewesen waren, erwiesen sich angesichts der modernen Entwicklungen als nicht mehr ausreichend. Die alten Wege der Kindererziehung gehören der Vergangenheit an. Das erkannten auch die Leiter der Heime und erstellten dementsprechende neue Pläne. Sie verfügten über große Waisenhäuser, die während eines Jahrhunderts einer Welt des Unglaubens gegenüber gleichsam als Zeugnisse der Fürsorge des lebendigen Gottes dastanden. Nach den neuen Erkenntnissen waren aber kleinere Häuser erforderlich, um die heimat- und elternlosen Kinder mehr familiengemäß unterzubringen. Die alten Waisenhäuser sehen heute grau und für den flüchtigen Beobachter wenig einladend aus. Als Georg Müller das Gebiet auf Ashley Down wählte, befand sich dieser Platz außerhalb der Stadt und war vom Grün der Felder umgeben. Während der vergangenen 100 Jahre hat sich aber die Stadt so vergrößert, dass sich die Gebäude der Anstalt nun innerhalb des Stadtgebiets befinden, und die weiten grünen Felder, auf die damals Georg Müller und die Waisen blickten, sind jetzt mit Häuserreihen, mit Geschäften und Betrieben überbaut.

Das Konzept großer Waisenhäuser wird derzeit als überholt angesehen, sodass die Häuser auf Ashley Down heute zum Teil unbewohnt dastehen. Sie hätten für ihre Verwalter zu einer schweren Hypothek werden können. Auch dieses Anliegen wurde Gott unterbreitet, und es zeigte sich, dass die Schulbehörden gerade nach solchen Gebäuden suchten, die sie in diesem Gebiet für schulische und universitäre Zwecke verwenden konnten. Das bei diesem Verkauf eingenommene Geld entsprach gerade der Summe, die notwendig war, um die Kinder in verstreut liegenden Heimen in Minehead, Weston-super-Mare, Uphill, Clevedon und Bristol unterzubringen.

So war die Zeit nach dem Zweiten Weltkrieg eine Zeit des Umzugs. Es ist nicht daran zu zweifeln, dass auch Georg Müller, der selbst ein Pionier war, sich im Fortgang der Waisenhausarbeit diesen äußeren Verhältnissen angepasst hätte. Die Grundsätze, die für die Führung und Leitung der Waisenhäuser von Georg Müller aufgrund der Heiligen Schrift aufgestellt wurden, gelten aber heute noch – denn unser Gott ist der Unwandelbare. Sie erwiesen sich als dauerhaft, ohne von den wechselvollen Zeiten, durch die das Werk ging, beeinflusst zu werden.

Und wie wird es in der Zukunft weitergehen? Der Glaube muss in einem unerschütterlichen Vertrauen auf Gott beruhen; denn es ist Sein Arm, der sorgt. Nur in Ihm haben wir volle Genüge. Der Herr Jesus lehrte Seine Jünger: Sorgt und ängstigt euch nicht wegen eurer Nahrung oder eurer Kleidung; denn euer himmlischer Vater, der die Vögel ernährt und das Gras auf dem Feld bekleidet, weiß, was ihr nötig habt; und Er fasste dann Seine Mahnung zusammen in die Worte: »So seid nun nicht besorgt für den morgigen Tag, denn der morgige Tag wird für sich selbst sorgen. Jeder Tag hat an seinem Übel genug.«

Es gibt Dinge in dieser Welt, die den Menschen so dauerhaft erscheinen und nach denen sie fortwährend streben; Gottes Kinder jedoch werden gelehrt, nach den wahren Reichtümern zu trachten, die nicht der Vergänglichkeit unterworfen sind.

Jeder Tag verspricht neues Erleben – ein Leben im Glauben an Gott. Und in dieser Schule des Glaubens erfahren wir Gottes unwandelbare Treue.

Abkürzungen

A. d. H.	Anmerkung des Herausgebers
Menge	*Die Heilige Schrift Alten und Neuen Testaments*, übersetzt von Dr. Hermann Menge, Berlin, 1960.
Schlachter 2000	Die Bibel, übersetzt von F. E. Schlachter (Version 2000), Genf.